尼山世界儒学中心
中国孔子基金会
丛书

陈来 王志民 主编

四书解读

论语解读（上）

齐鲁书社
·济南·

论语解读

目录

传承与训解
——《论语》引论　　　　　　　（陈来）／1509

《论语》中孔子的主体性思想及其当代价值
　　　　　　　　　　　　　　　（安乐哲）／1544

学而第一　　　　　　　　（王中江 解读）／1565

为政第二　　　　　　　　（王中江 解读）／1621

八佾第三　　　　　　　　（王志民 解读）／1664

里仁第四　　　　　　　　（王志民 解读）／1696

公冶长第五　　　　　　　（李存山 解读）／1718

雍也第六　　　　　　　　（李存山 解读）／1757

述而第七　　　　　　　　（孔德立 解读）／1797

泰伯第八　　　　　　　　（孔德立 解读）／1845

子罕第九　　　　　　　　（杨朝明 解读）／1875

乡党第十　　　　　　　　（杨朝明 解读）／1928

先进第十一　　　　　　　（杨海文 解读）／1969

颜渊第十二　　　　　　　（杨海文 解读）／2027

子路第十三　　　　　　　　（梁涛 解读）／2084

宪问第十四　　　　　　　　（梁涛 解读）／2153

卫灵公第十五　　　　　　（肖永明 解读）／2220

季氏第十六　　　　　　　（肖永明 解读）／2267

阳货第十七　　　　　　　（颜炳罡 解读）／2303

微子第十八　　　　　　　（颜炳罡 解读）／2346

子张第十九　　　　　　　（刘瑾辉 解读）／2370

尧曰第二十　　　　　　　（刘瑾辉 解读）／2408

传承与训解
——《论语》引论

陈来

开篇,我先就《论语》的传承、地位和影响,跟大家做一些一般性的介绍,提供一些历史文化的基础知识,帮助大家更好地从总体上了解《论语》传承发展的历史及其在中华文化中的基本地位,为我们进一步解读提供一个基础。

一、《论语》的书名

《论语》的书名,在《汉书·艺文志》里面有一个明确的交代。"《论语》者,孔子应答弟子时人及弟子相与言而接闻于夫子之语也",这是说明《论语》是关于什么内容的书籍。"之语",我把它理解为两部分:一部分是"孔子应答弟子时人"之语,孔子回答弟子及当时一些人的问题;另一部分是"弟子相与言而接闻于夫子之语",弟子之间相互讨论以前听到的夫子说过的话。然后说"当时弟子各有所记。夫子既卒,门人相与辑而论篹,故谓之《论语》",孔子应答弟子、时人讲的那些话,当时弟子们各有所记,等到夫子死了以后,"相与辑而论篹"。"篹"就是编篹,把这些"语"加以编辑整理,所以叫作《论语》。在这个讲法中,我们可以看出班固把《论语》中的"论"解释为"辑而论篹","语"是孔子和他的弟子讲的那些话。这是《汉书·艺文志》给我们的一个说明。

到了东汉,在《释名》里面也提到了《论语》,"《论语》,纪孔子与诸弟子所语之言也"。这句话比较简明,是说《论语》就是记载了孔子和他的弟子们之间的谈话。东汉还有一位学者叫王充,他写了本书叫《论衡》。这本书里面说:"夫《论语》者,弟子共纪孔子之言行。"这个讲法当然更完整一些,表明《论语》里面不仅记载了孔子之言,还记载了孔子之行。同时,在赵岐的《〈孟子〉题辞》里面也讲到"七十子之畴,会集夫子所言,以为《论语》",意思是会集了夫子所讲的话就成了《论语》。其实在孔子跟他弟子的对话之外,《论语》还有一小部分记载了他的弟子的一些言论或者言行,这在整部《论语》里面占的分量比较小,可以说附属于"孔子与诸弟子所语之言也"。关于《论语》的内容,上面应该说都讲清楚了,主要是记载了孔子的言行,当然还有一小部分记载了孔子弟子,比如曾子、子贡等的言行。回到刚才所讲《论语》中的"论"字,照《汉书·艺文志》来讲是"辑而论篹",即编辑整理的意思。汉代对此也有一些解释,像《释名》里面讲到"论,伦也,有伦理也","论"就是伦理,伦理也就是次序的意思;《释名》还把"语"解释为"叙也,叙己所欲说也";因此,"语"是自己讲的话,"论"是把这些话整理得有次序。

有关"论""语"这两个字在汉代还有一些其他的表述,比如在《毛传》里面讲到"直言曰言",我直接说自己的话,这叫"言";"论难曰语",跟别人辩论问题,这叫"语"。郑玄的《周礼注》里面讲"发端曰言,答述曰语","语"主要是对别人的回答,这也是汉人的一种区分。

关于《论语》这本书,在古书里面多有记载和引用。譬如《礼记·坊记》中讲道:"《论语》曰:'三年无改于父之道,可谓孝矣。'"这里完整地出现了《论语》这个书名。《史记》引太史公曰:"《传》曰:'其身正,不令而行;其身不正,虽令不从。'"《汉书·宣帝纪》讲:"《传》曰:'孝弟也者,其为仁之本与!'"《史记》《汉书》里面引用了《论语》中的话,但是成了"《传》曰"。据汉人和后来有些学者的区分,像张华在《博物志》里面讲,"圣人制作曰经,贤者著述曰传",《史记》《汉书》里面引用孔子的话,称其为"《传》曰",是因为《论语》在当时还不属于"经",所以就把它称为"传"。此外,还有一些书称其为《语》,或者称为《记》。在《孟子》一书里面有二十九章引用了孔子的话。这些话,现在见于《论语》者有八段。从这里可以看出,在孟子所处的时代,《论语》这本书应该已经辑定了。刚才提到《坊记》里面直接称其为《论语》,所以在战国时代,应该说在孟子和《礼记》的时代,《论语》这本书应该已经辑定了。

关于《论语》的篇章,我们后面会稍微讲一讲《论语》篇次的数目,这里只是简单地提一下近代以来对《论语》的辨伪研究。在清朝乾嘉时代,有一位学者叫崔述,他最早致力于古史的辨伪。"五四"以后,顾颉刚先生继承了这个传统,编了《古史辨》。崔述的《洙泗考信录》应该说是对《论语》的辨伪研究,主要是对《论语》里面的篇章提出了一些质疑。比如他认为,我们今天看到的《论语》并不是孔门传下的《论语》的原本,也不是汉代鲁国传下的《鲁论语》的旧本,这里面已经出现了篡乱和续补。篡乱是说篇章可能乱了,次序颠倒了;续补是说孔门《论语》编好了以后,我们现在的这个本子又续增了一些内容。崔述认为,今本《论语》二十篇中的前十篇是最纯粹的,没有什么篡乱、续补的地方,而后十篇与前十篇大不相同。首先就是文体不同,尤其是最后五篇更可疑。他的理由是,《论语》前十篇通例称呼孔子为子,但是后五篇不称子,而称孔子或夫子,于是他认为这五篇应该是后人续入的,不是孔门的原本。如果我们从材料的真伪角度来看,后来续入的材料也可以是真材料。比如,前十篇是七十子辑订的《论语》,后十篇是七十子的后学把他们所收集的资料继续加入到了《论语》之中,这些材料虽然属于续补,但内容是真实的,所以不能用辨伪这个概念模糊了内容的真实性。崔述这个观点,对我们今天国内的《论语》研究者影响不是很大,但对国外特别是对美国学者有一定的影响,个别美国学者不仅把它看成定论,甚至把它推向极端,这是非常不恰当的。

二、《论语》的传本

《汉书·艺文志》明确地讲过:"汉兴,(《论语》)有齐、鲁之说。""汉兴",就是汉代刚开始的时候。秦朝焚书坑儒以后,很多经籍的传承应该说受到了很大的影响,相当一部分经典是凭经师的口耳记诵才传承下来的。《论语》也是一样,因为是凭经师的口耳记诵,所以不同的经师传下来的本子就有所不同。"汉兴,有齐、鲁之说",那就是说主要有两个传本,一个是《齐论语》,一个是《鲁论语》。在这里我们主要介绍四个传本。

第一个是《鲁论语》。《汉书·艺文志》里面著录《鲁论语》二十篇。据北宋邢昺《论语注疏》记载,《鲁论语》的篇次跟今传《论语》相同,就是说《鲁论语》和我们今天看到的《论语》的篇名、篇次是相同的。因为它是由鲁国人所传所学的,所以汉代称其为《鲁论语》。汉代《熹平石经》中的《论语》就是《鲁论语》。在西汉的时候,传《鲁论语》的学者有八家,据《汉书·艺文志》里面讲,有"常山都尉龚奋、长信少府夏侯胜、丞相韦贤、鲁扶卿、前将军萧望之、安昌侯张禹"等,可见还是很多的。刚才讲《熹平石经》所刻的是《鲁论语》,但是刊本我们今天不可能看到了。1973 年,在河北定州的西汉墓里面出土了竹简《论语》,这个竹简《论语》可以说是我们迄今所能看到的最早的《论语》抄本,保存下来的内容不到今本的一半。据研究者讲,其中就有《鲁论语》的文字。研究者的结论是：定州的《论语》与许慎所见到的古文《论语》(鲁壁里面发现的用古文书写的《论语》)有明显的差异，所以它不是古文《论语》，而且它与汉代有重大影响的《张侯论》也存在相当多的差异，因此它应当属于今文《鲁论语》的系统。可惜因为受到当时地震的影响，定州竹简有很多遭到了损坏。

第二个是《齐论语》。据《汉书·艺文志》记载，《齐论语》有二十二篇，比《鲁论语》多了两篇。这两篇是什么呢？据记载，是《问王》和《知道》。这两篇是《鲁论语》传本里没有的。何晏在《论语集解》的序文里面说它"二十篇中章句颇多于《鲁论》"，也就是说，《齐论语》不仅比《鲁论语》多了两篇，而且前二十篇里面的字句往往比《鲁论语》要多。《齐论语》前二十篇的题名和《鲁论语》是一样的，但是文句、字数多少还是有所不同的。西汉传《齐论语》者有六家，刚才讲传《鲁论语》者有八家，比《齐论语》要稍微多一些。2015年，在南昌的西汉海昏侯墓里出土的竹简中发现《论语》，据目前披露的消息说，出土的《论语》是《齐论语》，因为它里面有《知道》篇。由此，今天我们在出土文献里面也可以看到《齐论语》的一些真面目了。目前，海昏侯竹简还没有公布，保存的完整程度到底如何，我们还不了解，但对于《论语》研究者来说，无论如何也是一个好消息。可以说，自20世纪70年代发现定州《论语》以来，海昏侯墓出土的竹简为我们研究《论语》提供了新的文本资料。

第三个是《古论语》。《汉书·艺文志》讲："武帝末，鲁共王坏孔子宅，欲以广其宫。"鲁共王觉得自己的宫苑小，就把孔子的故宅拆毁,从中"得《古文尚书》及《礼记》《论语》《孝经》凡数十篇,皆古字也"。《古论语》有一个特点,就是把《尧曰》分成上下两篇,下篇叫作《子张问》。它不仅在分篇上多了一篇,而且每篇的次序与《鲁论语》《齐论语》也有所不同。南北朝的皇侃讲过,《古论语》"以《乡党》为第二篇,《雍也》为第三篇",而我们现在的传本是《为政》第二,《八佾》第三。除了篇次不一样,异文也时有存在。桓谭在《新论》里指出:《古论语》与《鲁论语》《齐论语》相比,"文异者四百余字",有四百多个文字不同。孔安国曾对《古论语》作过注解,此注解后来被何晏的《论语集解》采纳了。

第四个是《张侯论》。何晏《论语集解》里面讲:"安昌侯张禹本受《鲁论》",张侯本来接受《鲁论语》的传习,"兼讲《齐》说",也吸收了《齐论语》的一些文本特点。"善者从之",他觉得《鲁论语》《齐论语》哪一个版本比较好,就采纳哪一种说法。"号曰《张侯论》,为世所贵",他的《张侯论》在当时很受重视。《隋书·经籍志》里面讲:"除去《齐论·问王》《知道》二篇,从《鲁论》二十篇为定,号《张侯论》。"是说《张侯论》把《齐论语》中《问王》《知道》两篇去掉,将《鲁论语》二十篇作为定本。这是强调《张侯论》主要是依从了《鲁论语》的文本体系。西汉之下,《鲁论》《齐论》以后,《张侯论》成为最流行且对后世影响最大的《论语》文本。郑玄依据这个本子作的注,一直流传到今天。

三、《论语》的单注本

关于《论语》的单注本，这里主要讲郑玄注本。西汉孔安国对《古论语》已经作了训解，这可以说是最早的《论语》注解本。除了《古论语》注本，《鲁论语》《齐论语》也都有注本出现，特别是郑玄注本，影响比较深远。何晏《论语集解序》讲："汉末大司农郑玄就《鲁论》篇章考之《齐》《古》，为之注。"就是说，郑玄以《鲁论》的篇章为基础，参考《齐论语》《古论语》，为《论语》作了注解。后来《隋书·经籍志》著录了郑注《论语》十卷，又说道："汉末，郑玄以《张侯论》为本，参考《齐论》《古论》而为之注。"郑注本以《张侯论》为本，一共二十篇，章句里也参考了《齐论语》《古论语》。据后人说，郑注的读音特别参考了《齐论语》《古论语》，甚至有的学者说郑注的读音主要以《齐论语》《古论语》为依据，但是保留了《鲁论语》读音数十条。一直到隋唐时期，郑注本都是最流行的本子。隋唐时期还有一个流行的本子，那就是何晏的《论语集解》本。我们今天流行的《论语》，主要来源于郑注本。

由于《论语》郑注一直到隋唐时期都非常流行，所以我们晚近出土的一些文献，主要是敦煌文书和吐鲁番出土的写本里，都发现了《论语》郑注本的残卷，两者加起来差不多有半部《论语》之多，其中也可以看到大量的异文。郑注本在宋代以后就亡佚了，敦煌和吐鲁番出土的这些残卷，应该能够帮助我们看到隋唐以前郑注本的面貌。吐鲁番出土的这些残卷时代比较早,属于十六国时期,大约公元309—439年,所以非常珍贵。在敦煌文书里面发现的唐写本的郑氏注有篇题,篇题下面有题注"孔氏本,郑氏注"。也就是说,这个本子本来是孔安国所传之本,那就是《古论语》本,然后由郑玄作注。但是这个说法和《汉书·艺文志》的讲法不一样,因此唐写本的研究者就认为"孔氏本,郑氏注"这个讲法可能是书商所为,书商凭自己的想象增加了"孔氏本,郑氏注"。其实关于《论语》郑氏注的底本,我们还是应该遵从何晏之说。出土的郑氏注的写本,近代以来仍受到学者的注意,比如说罗振玉、王国维都专门对《论语》郑注残卷做过研究。罗振玉认为,唐写本的篇次同于《鲁论语》,但题为孔氏本,初不可晓。就是说,那篇次明明是《鲁论语》的篇次,他不明白为什么写成孔氏本。他认为应该是据《古》正《鲁》,还是以《鲁论语》为本,但是参考《古论语》做了一些校定。王国维也认为,"郑氏所据本固为自《鲁论》出之《张侯论》,及以《古论》校之"。可见,近代的一些学问大家也非常关注出土文献里面的《论语》文本。《论语》郑注的特点是重训诂、音韵,这与郑玄对其他经典的注释特点一致。

四、《论语》的集解本

前面讲郑注本是单注本,不是集解本。其实汉代《论语》的单注本已经不少了,比如《古论语》有孔氏注、马融注,《张侯论》有包氏注、周氏注,等等。为了整体地了解汉晋南北朝的这些《论语》注本,我们来看看何晏和皇侃的详细叙述,从中也可以了解何晏、皇侃集解本的特色。

何晏《论语集解序》言:

> 叙曰,汉中垒校尉刘向言:《鲁论语》二十篇,皆孔子弟子记诸善言也。太子太傅夏侯胜、前将军萧望之、丞相韦贤及子玄成等传之。《齐论语》二十二篇,其二十篇中章句颇多于《鲁论》,琅邪王卿及胶东庸生、昌邑中尉王吉皆以教授。故有《鲁论》,有《齐论》。鲁共王时,尝欲以孔子宅为宫,坏,得《古文论语》。《齐论》有《问王》《知道》,多于《鲁论》二篇。《古论》亦无此二篇,分《尧曰》下章《子张问》以为一篇,有两《子张》,凡二十一篇,篇次不与齐、鲁《论》同。

以上讲传本,即文本传授。

> 安昌侯张禹本受《鲁论》,兼讲《齐》说,善者从之,号曰《张侯论》,为世所贵,包氏、周氏章句出焉。《古论》唯博士孔安国为之训解,而世不传。至顺帝时,南郡太守马融亦为之训说。汉末大司农郑玄就《鲁论》篇章考之《齐》《古》,为之注。近故司空陈群、太常王肃、博士周生烈皆为义说。

以上讲义解,即义说训解。

> 前世传授师说虽有异同,不为训解;中间为之训解,至于今多矣。所见不同,互有得失。今集诸家之善,记其姓名,有不安者,颇为改易,名曰《论语集解》。

以上讲集解,即集诸家解。

何晏的《论语集解序》的时代早,也讲得比较清楚。他讲:"《鲁论语》二十篇,皆孔子弟子记诸善言也。"前面我们也提到了何晏的这句话,其中"善言"就是嘉言的意思。"太子太傅夏侯胜、前将军萧望之、丞相韦贤及子玄成等传之。"他指出了有哪些人来传承《鲁论语》。"《齐论语》二十二篇,其二十篇中章句颇多于《鲁论》。"所有关于汉代《论语》情况的说法都依据这句话。"琅邪王卿及胶东庸生、昌邑中尉王吉皆以教授。"我们前面讲,传《鲁论语》的有八家,传《齐论语》的有六家,"传"不仅是文本的传递,同时是用这个文本来进行教学。然后他总结说:"故有《鲁论》,有《齐论》。"他又说:"鲁共王时,尝欲以孔子宅为宫,坏,得《古文论语》。"在《鲁论语》《齐论语》之外,还有《古论语》。《古论语》是鲁共王破坏孔子故居的墙时发现的。"《齐论》有《问王》《知道》,多于《鲁论》二篇。"《齐论语》比《鲁论语》多出了《问王》《知道》两篇,并且《古论语》也没有这两篇,"《古论》亦无此二篇,分《尧曰》下章《子张问》以为一篇"。总体来看,何晏《论语集解序》的第一段主要讲《论语》传本,有《鲁论》《齐论》《古论》。

下面接着讲,"安昌侯张禹本受《鲁论》,兼讲《齐》说,善者从之,号曰《张侯论》,为世所贵,包氏、周氏章句出焉"。包氏、周氏依据《张侯论》作了章句。"《古论》唯博士孔安国为之训解",可见《古论语》在西汉被发现以后,孔安国为其作了训解。"而世不传",但后来没有传下来,没有更多的人关注孔安国的训解。"至顺帝时,南郡太守马融亦为之训说。"西汉时期,除了孔安国,其他人不传《古论语》;到了东汉顺帝时,马融也为《古论语》作了训说。训说、训解都是注释类的著作。"汉末大司农郑玄就《鲁论》篇章考之《齐》《古》,为之注。"郑玄的注本以《鲁论》为主,也参考了《齐论》《古论》。"近故司空陈群、太常王肃、博士周生烈皆为义说。"陈群、王肃、周生烈对郑玄所确定的《论语》文本作了进一步的解释。

  第一段讲的是传本,第二段讲的是义解,义解包括义说、训说、训解等。最后何晏总结:"前世传授师说虽有异同,不为训解。"《论语》在汉代刚开始流传的时候,主要是经师传授,不作训解。"中间为之训解,至于今多矣。"从西汉中期开始,出现了注释类的著作;到了何晏所处的时代,注释类的著作已经很多了。"所见不同,互有得失",每一部训解的观点大有不同。"今集诸家之善,记其姓名,有不安者,颇为改易,名曰《论语集解》。"这就是《论语》史上最有名的著作之一——《论语集解》,是由何晏等人将汉代有关《论语》的训说、训解等注释编集而成的。据后来皇侃对何晏《序》里面所讲的"包氏、周氏章句"的说明,包氏、周氏二人对《张侯论》所作的义说属于注解本,并不是单纯分章的传本。孔安国对《古论》作了训解,马融也为《古论》作了训说;郑玄为《鲁论》作注,同时依据《齐论》《古论》做了一些校定;陈群、王肃、周生烈也为《鲁论》作了义说。所以,《张侯论》《古论》《鲁论》都有注解。

何晏的《序》可以说非常清楚地叙述了《论语》的流传,包括了从传本到个人义解,再到集诸家解这个过程的三个阶段。此后单注本(即个人义解)还在历史上不断出现,同时集解这种形式的注本在历史上也不断出现,但相较而言,应该说集解本在历史上发挥的作用更大。如果不从体例(集解和单注本的体例是不一样的),而是从内容上看,汉代注解的特点是只诠字义,当然有的也讲了读音,但主要是诠解字义,以训诂字义为主。从魏开始,注本就从仅仅训诂字义向阐释义理发展。《论语集解》就是集合了汉魏时期《论语》注的大成,所以它在注解、体例、义理的解说方面都有自己的特点。其特点如下:

第一,它创立了经学注释的集解体,保存了大量的汉魏古注,这是很有价值的。因为何晏坚持"集诸家之善"这个原则,所以他对汉魏的《论语》研究成果进行了集解。在《论语集解》里面收录了八家注释,有孔安国、马融,他们是讲古文的;有包咸、周氏,他们以今文见长;有郑玄,他兼采今古文;有陈群、王肃、周生烈,他们是曹魏时人,重视以义理解说。这些人"所见不同,互有得失",何晏却能够把他们的解释融为一体,不拘师法的界限,不拘今古文的差别,博采章句、训诂、义说种种方法,所以突破了单注的形式,有综合性的优点。

第二,改易各家,自下己意。何晏等人在编《论语集解》的时候,承认诸家"有不安者,颇为改易"。"颇为改易"这个词说明何晏等人是按照他们自己的立场来集解《论语》的注释的,而不是完全照录旧注,所以南朝的皇侃在解释这四个字的时候说:"若先儒注非何意所安者,则何偏为改易,下己意也。"改动《论语》一些旧注的原貌,这是不恰当的。

第三,汉代人的解释以训诂字义为主,曹魏时期开始向义理诠释发展。从义理的角度来看,《论语集解》有一个鲜明的特点,就是以《易传》注《论语》。就何晏本人来说,他善谈"易老","老"是《老子》,"易"是《易传》。何晏自己著有《周易讲说》,因此他主持的《论语集解》里面多有《易传》之说,这可以说是《论语集解》在义理解说方面最突出的特点。因为汉代包括曹魏时期的人都认为《易传》是孔子所作,自然就拿它来跟《论语》比照解释。但是应该指出一点,用《易传》来解释《论语》,推崇《易传》,并不能说它就是代表玄学的本质,或者受到了玄学的影响。比如《论语·公冶长》说"性与天道,不可得而闻也",《论语集解》里面说:"性者,人之所受以生也。天道者,元亨日新之道,深微,故不可得而闻也。"这个解释与老庄没有关系,并不是玄学、道家之言,而是用《系辞》来解释的。所以,以《易》解《论》,这还不能说就是受到了道家或者玄学的影响,而应该说是这个时期义理解释的一个鲜明的特点。

我们再来看皇侃的《论语义疏》。除了何晏的《论语集解》,皇侃的《论语义疏》在历史上的影响也是比较大的。《论语义疏》的序言也很详细:

> 论语,通曰《论语》者,是孔子没后七十弟子之门徒共

所撰录也。……语者,论难答述之谓也。《毛诗传》云:直言曰言,论难曰语。郑注《周礼》云:发端曰言,答述为语。今按此书,既是论难答述之事,宜以论为其名,故名为《论语》也。……又此书遭焚烬,至汉时合壁所得,及口以传授,遂有三本,一曰《古论》,二曰《齐论》,三曰《鲁论》。既有三本,而篇章亦异。《古论》分《尧曰》下章《子张问》更为一篇,合二十一篇,篇次以《乡党》为第二篇,《雍也》为第三篇,内倒错不可具说。《齐论》题目与《鲁论》大体不殊,而长有《问王》《知道》二篇,合二十二篇,篇内亦微有异。《鲁论》有二十篇,即今日所讲者是也。

寻当昔撰录之时,岂有三本之别?将是编简缺落,口传不同耳。故刘向《别录》云:鲁人所学,谓之《鲁论》;齐人所学,谓之《齐论》;合壁所得,谓之《古论》。而《古论》为孔安国所注,无其传学者;《齐论》为琅琊王卿等所学;《鲁论》为太子太傅夏侯胜及前将军萧望之、少傅夏侯建等所学,以此教授于侯王也。晚有安昌侯张禹,就建学《鲁论》,兼讲《齐》说,择善而从之,号曰《张侯论》,为世所贵。至汉顺帝时,有南郡太守扶风马融字季长,建安中,大司农北海郑玄字康成,又就《鲁论》篇章,考《齐》验《古》,为之注解。汉鸿胪卿吴郡包咸字子良,又有周氏不悉其名,至魏司空颍川陈群字长文、太常东海王肃字子雍、博士敦煌周生烈,皆为义说。魏末吏部尚书南阳何晏字平叔,因《鲁论》,集季长等七家,又采《古论》孔注,又自下己意,即世所重者。今日所讲,即是《鲁论》,为张侯所学,何晏所集者也。

晋太保河东卫瓘字伯玉、晋中书令兰陵缪播字宣则、晋广陵太守高平栾肇字永初、晋黄门郎颍川郭象字子玄、晋司徒济阳蔡谟字道明、晋江夏太守陈国袁宏字叔度、晋著作郎济阳江淳字思俊、晋抚军长史蔡系字子叔、晋中书郎江夏李充字弘度、晋廷尉太原孙绰字兴公、晋散骑常侍陈留周坏(怀)字道夷、晋中书令颍阳范宁字武子、晋中书令琅琊王珉字季琰,右十三家,为江熙字太和所集。侃今之讲,先通何集,若江集中诸人有可采者,亦附而申之。其又别有通儒解释,于何集无好者,亦引取为说,以示广闻也……

"通曰《论语》者,是孔子没后七十弟子之门徒共所撰录也。"说明《论语》不是孔子一人所写,而是他的弟子们共同撰录的。"语者,论难答述之谓也。"这句话是汉代以后对"论"和"语"这两个字的解释。"此书遭焚烬,至汉时合壁所得,及口以传授,遂有三本,一曰《古论》,二曰《齐论》,三曰《鲁论》。既有三本,而篇章亦异。"因为此书被烧掉了,只能通过口耳传授,于是就有了三个本子。既然有三个本子,其篇章也是不一样的。"《古论》分《尧曰》下章《子张问》更为一篇,合二十一篇,篇次以《乡党》为第二篇,《雍也》为第三篇,内倒错不可具说。《齐论》题目与《鲁论》大体不殊,而长有《问王》《知道》二篇,合二十二篇,篇内亦微有异。《鲁论》有二十篇,即今日所讲者是也。"他认为《古论语》的篇章是倒错的,《鲁论语》的篇章还是比较正的,在皇侃的时代,使用的文本主要是《鲁论语》。"魏末吏部尚书南阳何晏字平叔,因《鲁论》,集季长等七家,又采《古论》孔注,又自下己意,即世所重者。今日所讲,即是《鲁论》,为张侯所学,何晏所集者也。"今天我们讲《论语》的本子就是《鲁论语》,张侯据之为本所作《张侯论》,以及何晏《集解》的文本里也都体现了《鲁论语》。下面又提到了十三个人的名字,然后说:"右十三家,为江熙字太和所集。侃今之讲,先通何集,若江集中诸人有可采者,亦附而申之。其又别有通儒解释,于何集无好者,亦引取为说,以示广闻也。"这句话比较重要。因为从中我们得知,皇侃的《论语义疏》先对何晏的《集解》做了一些疏通解释,然后将江熙所集的十三家中有可采取者收录进来。如果是在何晏的《论语集解》、江熙的集注里面都没有的另外的通儒的解释,皇侃也将其采纳进来,"以示广闻也"。从中可以看出皇侃《义疏》的一种多样性的特色。这篇序很长,我上面挑的这几句都是值得注意的。另外,我们还要注意以下几点:

第一,西汉《论语》学教授的重点对象是王侯。照皇侃的讲法,"以此教授于侯王也",所以我们在海昏侯墓里发现《论语》是很正常的,因为王侯要学习《论语》。

第二,皇侃的《论语义疏》确实进一步扩大了集解的范围。何晏是集八家之说,而皇侃从江熙所集的十三家《论语》注里面又取材不少,说明江熙也有一个《论语》集注本,虽然没有传下来,但皇侃看到了,他从江熙的集注里面吸取了不少素材。

第三,除了何晏所集的八家、江熙所集的十三家,皇侃的《论语义疏》还吸取了其他通儒的解释。哪些通儒呢?一个是江熙本人,再就是王弼、郭象,所以皇侃集解的范围就远大于何晏的《集解》。

《论语义疏》的特点就是,它的内容有许多关于老庄玄学的应用。前面我们讲何晏的《论语集解》里面含有《易传》与《论语》相比照的解释,而皇侃的《论语义疏》,不仅增加了十三家,还吸取了其他的通儒,像王弼、郭象等玄学代表,所以它有大量的对老庄玄学的应用。比如,在皇《疏》里面引用《老子》的文本不少见,有"重为轻根,静为躁本"(《老子》第二十六章),还有"民安其居而乐其俗,邻国相望而不相与往来"(《老子》第八十章)。而王弼作为通儒被引用,是最明显的代表。皇侃引用了王弼的许多话,比如"举本统末",这就是玄学的思想。再比如"有子"章引王弼曰:"自然亲爱为孝,推爱及物为仁。""一贯"章注引王弼曰:"贯,犹统也。夫事有归,理有会,故得其归……总其会,理虽博,可以至约穷也。"又王弼曰:"忠者,情之尽也;恕者,反情以同物者也。未有反诸其身而不得物之情,未有能全其恕而不尽理之极也。"特别是"性相近"章注引王弼曰:"不性其情,焉能久行其正?此是情之正也。"这是王弼最有代表性的"性其情"的思想。"为政以德"章引郭象曰:"万物皆得性谓之德。夫为政者奚事哉?得万物之性,故云德而已也。……得其性则归之,失其性则违之。""阳货欲见孔子"章又引郭象曰:"圣人无心,仕与不仕随世耳。"这些都是郭象的一些有代表性的玄学思想。所以,

《论语义疏》一方面扩大了《集解》的文本范围,提供了一些汉魏以后难见的资料;另一方面将大量的玄学思想加入了《论语》的注疏文本里面。

前面讲了何晏的《论语集解》、皇侃的《论语义疏》,下面讲北宋邢昺的《论语注疏》。《论语注疏》在宋明的时候也称为《论语正义》,清代中期以后改称为《论语注疏》,题名是"何晏注,邢昺疏"。邢昺于宋真宗咸平二年(999)受诏校定诸经义疏,他做好了以后,颁列学官。《四库提要》里面讲邢《疏》的特点是"大抵翦皇氏之枝蔓,而稍傅以义理"。"皇氏"就是皇侃的《疏》,其内容有的比较支离,邢《疏》把这些东西都剪除了;并且皇侃的《疏》义理诠释还不够,然后邢《疏》就向义理方面做了发展,但这个发展只是初步的,所以说"稍傅以义理",这就为后来宋人义理方面的注释奠定了基础。这是《四库提要》对邢《疏》做的总结,历来被大家所接受。同时《四库提要》也指出了它的一个缺点,即它在何晏《集解》以外引用了很多义说,但都没有标注出处。刚才讲邢《疏》"大抵翦皇氏之枝蔓",就是把皇《疏》里面很多以道家解《论语》的地方都删掉了,因此,邢《疏》的文化取向是非常明显的,就是要回归儒家本来的意义。书中引用《集解》的文,叫作"注";"疏"后的文字,也就是"邢疏"。邢《疏》里面也引用了各家的大量说法,但专属于邢昺的这部分叫作"正义"。周中孚对邢《疏》有一个评价:"章句训诂名器事物之际甚详,故能与何注并传。"就是说,邢《疏》中的章句训诂和名器事物的解释都很详细,依靠它们才能比较深入地了解何晏《集解》中注的意思。

然后又说:"其荟萃群言,创通大义,已为程、朱开其先路矣。"也就是说,邢昺开始向义理方面发展,为程朱义理派的解释开了先河。

接下来就是《论语集注》。前面我们大多把重点放在章句、篇章、篇次等方面,《论语集注》我们要稍微讲得细致一点。从整个《论语》注解的历史来看,可以说从汉代以来就开始谋求义解,但是不同时期义解的方式有所不同。汉代的义解主要是训诂,即关于字义的训解,但从皇《疏》开始,就增加了很多对于义理解说的发挥。当然,在何晏的《集解》里面,也包括了刚才提到的以《易传》来解释《论语》的义理阐释方式。但是从皇《疏》开始,对义理解说的发挥更多了,特别是其中引入了玄学的许多思想。作为《论语》训解里面义理层面的这些努力,反映的是这个时代的思潮。

北宋是一个儒学复兴的时代,这个时代从政治到社会都与之前的朝代有了很大的变化。从唐代开始复兴的儒学,在北宋应该说得到了全面的推展,这种儒学的复兴,必然会在《论语》的解释体系上表现出来。这样看来,第一步就是宋真宗时代的《论语注疏》,它去除了以往像皇侃《义疏》里那些道家玄学的思想要素,使对《论语》思想义理的解释归本儒学大义。同时它也很注意保留汉代以来相关词义训诂的成就,如同前人对邢《疏》的评价,"章句训诂名器事物之际甚详"。再就是在这个基础上发挥这个时代新的儒学义理,将其贯通到《论语》的解释中。这个任务的主导线索应该是道学,就是用道学的义理来重新诠释《论语》。从北宋到南宋,首先开始于二程,然后二程的门人后学做了很多的努力,最后由朱熹集大成。朱子关于《论语》有好几部作品,比如《论语训蒙口义》《论语精义》《论语要义》《论语集注》《论语或问》,其中影响最大的是《论语集注》。朱子的《论语集注》是用以理为中心的义理体系来贯穿对《论语》的解释的。《论语集注》相对于《论语注疏》仅仅"稍傅以义理"来说,那就是一个重大的补充、加强和改进,可以说比《论语注疏》更好地完成了这个时代所要求的儒学对《论语》的再诠释,也就使《论语》的诠释在理论上提升到了一个全新的阶段。《论语集注》的叙述特点是先训读,次解释大意,次引程子、程门之说,最后以"愚谓""愚按"补足之。为了凸显理学的这种诠释特色,我们就《论语集注》举几个例子。第一个例子:

> 子曰:"不然,获罪于天,无所祷也。"(《论语·八佾》)

《集注》:

> 天,即理也;其尊无对,非奥灶之可比也。逆理,则获罪于天矣,岂媚于奥灶所能祷而免乎?言但当顺理,非特不当媚灶,亦不可媚于奥也。

"天,即理也",这明确地继承了二程的理学思想,把《论语》文本中原本带有古代宗教意味的"天"明确解释为"理",

这是理学解经思想的一个最重要的基点。这个"理"是宇宙的普遍法则,所以"其尊无对",人只能顺理而动,不能逆理而行。

第二个例子:

> 子贡曰:"夫子之文章,可得而闻也;夫子之言性与天道,不可得而闻也。"(《论语·公冶长》)

《集注》:

> 文章,德之见乎外者,威仪文辞皆是也。性者,人所受之天理;天道者,天理自然之本体,其实一理也。

此句先解释"文章"可得闻,"性"与"天道"不得闻。什么是"文章",什么是"性",什么是"天道"?"文章"是"德之见乎外者",它不是脱离了德的;"性"是"人所受之天理";"天道"是"天理自然之本体",用"理"来解释"天道"。所以,照这个解释,应该说"命"是"天所赋之天理","性"是"人所受之天理","命"是从施发之赋而言的,"性"是从禀天之受而言的,所以"天命""天性"是同一个过程的两个方面。"天道"是指"天理"本来的存在和状态,天道流行,发育万物,也就是天把"理"赋予人和物,这个过程叫作"天命"。人和物接受了天所给予的"理",那就是"性"。所以"天道"是自然的天理流行,"性"是禀受在人身上的"天理",其实都是"理"。

通过这样对《论语》的解释,朱子就把这种道学的天理论的体系,明确地贯穿到了整个对《论语》的解释中。在理学思想里面讲,"天道者,天理自然之本体",一般以"理"解释"道",像《论语集注》里面解释"食无求饱……就有道而正焉,可谓好学也已",说:"凡言道者,皆谓事物当然之理,人之所共由者也。"在这个解释里面,"道"的基本含义是"事物当然之理",也就是事物的规范原则,这些规范是社会中人人必须共同遵守的。"事物当然之理"主要指人们的规范,这里的"道"主要针对"人道"而言。

再举个例子:

> 曾子曰:"夫子之道,忠恕而已矣。"(《论语·里仁》)

《集注》:

> 尽己之谓忠,推己之谓恕……盖至诚无息者,道之体也,万殊之所以一本也;万物各得其所者,道之用也,一本之所以万殊也。以此观之,一以贯之之实可见矣。

很明显,朱熹用道的体用,也就是理学的体用论来发挥、解释《论语》里面"忠恕一贯"的思想。他首先从人生的最高境界来解说圣人的一贯之道,认为一贯之道指的就是圣人之心浑然一理,而它的应用是各有所当。心浑然一理是体,随时随事各有所用是万殊。如果在道德实践上能够随事精察,那只表明在应用上不错,但还没有达到体一的最高境界,即只完成了具体,还没有达到一贯。朱子还指出,一贯的人生境界和天地之化是一致的,因为天地万物也具有这种万殊和一贯的关系。比如说,夫子境界里面的浑然一理,相应于天地总体的至诚无息;夫子的泛应曲当,相应于万事万物各得其所。所以,天地至诚无息的总体运动是道之体,万事万物各得其所是道之用。这个道之体是万物统一性的本源和根据,是一本;道之用是统一性的个别的、具体的表现,是万殊。这样就用理学的理一分殊的思想对一贯之道进行了诠释。

最后再举一个例子:

> 子在川上,曰:"逝者如斯夫!不舍昼夜。"(《论语·子罕》)

《集注》:

> 天地之化,往者过,来者续,无一息之停,乃道体之本然也。然其可指而易见者,莫如川流。故于此发以示人,欲学者时时省察,而无毫发之间断也。程子曰:"此道体也。天运而不已,日往则月来,寒往则暑来,水流而不息,物生而不穷,皆与道为体,运乎昼夜,未尝已也。是以君子法之,自强不息。及其至也,纯亦不已焉。"……愚按:自此至篇终,皆勉人进学不已之辞。

为了解释"子在川上曰",朱熹发挥了二程道体的观念来做说明。二程认为,"逝者如斯夫",逝是指道体运行不已,天地万物的运动变化都是以道为体的;进而提出,生生不息、流行不已的天地变化过程就是本然的道体,即自然变化就是道的真实的、本来的事情,道并不是抽象的实体。这些都非常鲜明地体现了朱子以系统的道学家的理论来解释《论语》。

朱熹三十四岁时就编成了《论语要义》。在《论语要义序》里,他讲:"独取二先生及其门人朋友数家之说,补辑订正,以为一书,目之曰《论语要义》。"朱子采用了二程和他们的弟子、朋友(如张载等)对《论语》的解释。朱子四十三岁时编成了《论语精义》,其编撰方针与《论语要义》一样。他在《论语精义序》里面讲:"间尝搜辑条疏,以附本章之次,既又取夫学之有同于先生者,与其有得于先生者,若横渠张公,若范氏、二吕氏、谢氏、游氏、杨氏、侯氏、尹氏,凡九家之说,以附益之,名曰《论孟精义》。"朱熹首先收集二程先生的讲法;然后又采用了学术同于二程先生学问宗旨,以及"有得于先生者"的说法,附在每个注解的后面。《论语精义》后来更名为《论语集义》,对九家之说做了进一步的补充。随着自身学问的成熟,朱熹渐渐觉得,他前期几种《论语》著作里面收集的北宋以来道学诸儒的说法,有些未精,比如原来引用的谢上蔡等人的说法,他就认为未精,所以后来又作了《论语集注》。《论语集注》的特点是,在上面几种《论语》著作的基础上,"约其精粹妙得本旨者",把最精粹、最能够真正体现孔子原本宗旨的内容作为"集注"保留下来。所以,朱熹说"《集注》乃

《集义》之精髓"。既然《集注》是对《集义》的一种选择,把精髓选出来,那择取的理由是什么?针对这个问题,他还撰写了一本书叫《论语或问》,详细说明为什么原来在《论语要义》里面选了那么多道学系统的《论语》解释,在《论语集注》里面却只保留这几家,其他家没有保留下来。前面我们说《集注》有一个特点,一上来先讲音读、字义的训诂,这是朱子的自觉。早在他三十四岁编成《论语要义》的时候,他还同时编成了《论语训蒙口义》。他在《论语训蒙口义序》里面讲:"本之注疏以通其训诂,参之《释文》以正其音读。""本之注疏"就是本之以往对于《论语》的注疏,最近的当然是邢昺的《疏》,更远当然还包括何晏的《集解》和皇侃的《义疏》。"参之《释文》以正其音读",《经典释文》里面包括了很多经文的音读。"然后会之于诸老先生之说,以发其精微。""诸老先生"主要指二程、张载。所以,《集注》的基本做法不是突然出现的,朱子在一开始作《论语训蒙口义》的时候,就没有忽视训诂和音读。但是重点是"会之于诸老先生之说,以发其精微",所以他注释的方法和宗旨,应该说还是一贯的。《语类》里面也记载了不少朱子的表白,他说:"某所集注《论语》,至于训诂皆仔细者,盖要人字字与某着意看,字字思索到,莫要只作等闲看过了。"就是说,他所集注的《论语》中的训诂都是很仔细的,是要后来看《集注》的读者把每个字都着意来看。在《论语精义序》里面他也讲了:"汉魏诸儒,正音读,通训诂,考制度,辨名物,其功博矣。学者苟不先涉其流,则亦何以用力于此?"这说明朱子《论语集注》批判地吸取了汉唐经学有益的地方,融入自己的解经著作中，但是他用力的地方还在于精微的义理解释上。朱子兼顾训诂，但还是以义理解经为主；如果我们看道学的解经史，就会发现，他的义理解释在思想上既继承了二程，又和二程在解释方法上有所区别。他自己说过："程先生《经解》，理在解语内。某集注《论语》……理皆在经文内。"这是说，二程先生解经讲的道理是对的，但是这个道理很多不是经文里直接有的，而是离开了经文，另外讲出了一条道理，道理虽然是对的，但不能紧密地贴合文本。朱熹说他集注《论语》，"只是发明其辞，使人玩味经文，理皆在经文内"。他也是要讲理的，但讲理不能脱离辞文，而是要"发明其辞，使人玩味经文"，讲理要贴合经文。所以朱子注重义理，但是他的《集注》在主观上力图使读者能够切就经文来理解经文的义理，引导读者就经文去理解它的意义。所以他是即经求理，不是离经说理。实际上，朱子解经的很多地方也是发挥了经文里面没有说明的义理，像我们前面提到的一些例子，可以看到他的哲学解释的一些特点，这是一切义理派解经学共有的一种必然的归趋。但是，朱子没有忽视训诂、音读和名物的解释，注重经文自身的脉络，所以他的《四书章句集注》能够经得起汉学的批评，同时彰显出义理派的优长。

对这一部分我们做一个总结：如果从文献和文献解释的角度看，从汉代到清代，《论语》最重要的注释恐怕是一部以何晏《集解》为核心的《论语》注疏史，表现出力图理解古注、求文本原意的解释意向。比如何晏的《集解》汇集了两汉三国诸家之说，保留了《论语》几个古本的原貌。而皇侃的《论语义疏》与《集解》一样有名，它是对何晏《集解》的进一步疏解，是以何晏的《集解》为注释对象的。邢昺的《论语注疏》也是对何晏《集解》所作的疏证，只是剪除了那些道家玄学的思想痕迹。清代刘宝楠的《论语正义》，还是对何晏《集解》的注释和疏证。但是，刘宝楠的《正义》更体现了清代汉学的学风，吸取了乾嘉学派的成果，特别注重文字训诂、史实考订，在典章、名物、制度、考证方面吸取了清儒的很多成果。近人程树德的《论语集释》，也可以说是刘宝楠工作的延伸。所以从文献和文献解释的角度来看，在《论语》学史里面最受关注的注释著作，主要是以何晏《集解》为核心，这是一种文本的语文学的诠释学最明显的表现。

　　文本的诠释可以分为几种形态，比如，一种是语文学的诠释学，它是对文本主要进行语文学的一种诠释；另一种是义理学的诠释学，它是对文本主要进行义理方面的一种诠释。文本的语文学的诠释学，主要是研究文本的原始意义，并以此为一个根本任务。这种类型的诠释学认为，由于时间的距离和语言的变化，过去文本的意义对于我们会变得陌生，所以我们需要把陌生的文本、语言换成我们现在所能了解的语言，从而把这种陌生的意义转变为熟悉的意义。这种语文学的诠释学，应该说是《论语》文本诠释的一个主要模式，它的宗旨是重构作品的意义和作者原初所想的意义。这种情况与欧洲文本诠释史类似。欧洲诠释学的早期形态是《圣经》学。18世纪出现的语文学诠释，也是从语文学和文献学的角度，对所有的古典文本进行分析解释的，这跟中国古代对《论语》的研究是一致的。在中国古代，训诂学所对应的是文字，它的取向是语文的意识。与此对照的就是文本的义理学的诠释。义理学的诠释对应的不是文字，而是意义和精神，所以它的取向不是语文的历史，而是哲学的思想。

既然古代是这样解读《论语》的，那么20世纪以来又是如何解读《论语》的呢？我们看《论语》的注解，主要还是语文学的这种模式，思想性的义理诠释极少。在当代，这种思想性的义理诠释的代表是李泽厚的《论语今读》，但是《论语今读》的读者反应并不热烈，这也许说明对于《论语》这部伦理实践性很强的经典，今天的社会文化所需要的主要还是文本的语文学的解释，让读者自己借助语文学的注释，去理解、思考和实践，而不是在注释中做哲学思想的发挥。

除了这两类诠释学，还有第三类，我们把它叫作文本的应用型的诠释学。这种应用型的诠释学，旨在把经典文献里面已知的意义应用于我们要解决的具体现实的问题上。因此经典的意义对它来讲是明确的，不需要反复加以复杂的探究，而应把任务界定在将经典的意义应用于现实问题的实践上。事实上，我们可以参考德国哲学家伽达默尔的哲学解释学，它的目的并不是对《圣经》《论语》的文本进行注解，而是做哲学的发挥，即对经典的基本观念做适应时代的发挥和应用。所以，我们把它叫作应用型的诠释学。这一类诠释学，我觉得今天应该加以重视。在前面讲的两类即语文学和义理学的诠释之间，也可以说语文学和哲学的诠释之间，还有这样一种应用型的诠释学。我们这次所开展的《论语》解读活动就属于应用型的经典诠释。为什么要进行这样的经典解读活动？因为这些年我们的文化实践，包括我们在市面上看到的很多《论语》今译，就属于语文学的诠释，但仅仅有今译是不够的，广大干部群众往往还不能具体地理解经典与今天时代的关联及其意义，只有加上应用型的解读，才能够真正满足我们今天社会广大干部群众读书的需求。我想我们以前做的《孟子》《大学》《中庸》的解读，应该为今天这个时代广大干部群众的读书学习发挥了很重要的作用。

五、《论语》和孔子的权威性

除了我们前面讲的几种重要的集解作品非常受关注，历代还有很多著名学者的单注本。从汉代开始，有夏侯胜的《夏侯论语说》、孔安国的《论语训解》、何休的《论语注》、马融的《论语训说》、郑玄的《论语注》、王肃的《论语注》、虞翻的《论语注》、王弼的《论语释疑》、郭象的《论语体略》、范宁的《论语注》，这些都是汉魏时代的作品。南北朝时期，有释惠琳的《论语琳公说》、梁武帝的《论语注》、祖冲之的《论语注》、陶弘景的《论语集注》、崔浩的《论语解》。唐代，有贾公彦的《论语疏》、韩愈的《论语注》、李翱的《论语笔解》。宋代，有王安石的《论语解》、苏轼的《论语解》、伊川的《论语说》、吕大临的《论语解》、游酢的《论语杂解》、尹焞的《论语解》、杨时的《论语解》、谢良佐的《论语解》、侯仲良的《论语说》、胡宏的《论语指南》、张栻的《论语解》、吕祖谦的《论语说》、薛季宣的《论语小学》、杨简的《论语传》、孙应时的《论语说》。明代,有李材的《论语大意》、罗汝芳的《论语答问集》、刘宗周的《论语学案》。近代,有康有为的《论语注》。提到这些人的名字和他们的著作有什么意义?20世纪长期在香港提倡中国文化的唐君毅先生,曾经写过一篇文章《孔子在中国历史文化的地位之形成》,他主张孔子不是先秦诸子之一,孔子地位的形成非由帝王之提倡,而是由各时代不同学术文化的特出人物之尊崇,当然还有历史上的一些不是学者的人物,包括政治家对孔子的推崇。我们上面提到的是政治人物以外的学者,大家可以看到从汉代以来历代的主要思想家和学者都注解过《论语》。当然,他们是依据各自的思想立场来注解《论语》的,但一致的是,在中华文明几千年的历史上,这些最杰出的思想家和学者对《论语》的理解注释,汇聚为一条历史文化的长流,也可以说是洪流,这股长流或洪流造就了中华民族、民族文化对孔子的认可和推崇。以往有人统计过,历史上的《论语》注解有三千多家,这可能已经包括了韩国和日本。当然,这并不是说每一部《论语》的注解都能够发挥出很重要的思想,但是几千年绵延不断对《论语》的注解,而且是中华文化里面历代主要的思想家对《论语》的注解,的确塑造了孔子和《论语》的生命,缔造了中华文化的繁荣,也塑造了中华文化的价值观,构成了浩浩荡荡的孔子文化景观,中华文化的生命之流也是这样传承和发展的。借助着这股历史洪流,《论语》长久不断地渗透进几千年中国的社会文化和人民大众中,成为中华美德教育的根本堡垒。

《论语》和孔子的地位,应该说在先秦已经被各家所称述。秦末陈涉称王,好儒术,立孔子后人孔甲为博士,这体现出《论语》和孔子地位的提高。汉高祖过泰山,以太牢祭孔子。太牢是大祀,与祭天地日月相同,是最高的祀等,这表示孔子地位的提高。汉文帝的时候立传记博士,其中《论语》也置了博士,跟秦末陈涉称王的时候立博士是同类的,显示出当时《论语》受到极高的重视。汉武帝的时候不再设传记博士,但是《论语》《孝经》是学习"五经"的前提,这是社会的一种共识。西汉的扬雄就曾说过:"经莫大于《易》……传莫大于《论语》。"《论语》的地位很明显是非常高的。

《汉书·艺文志》里面有九流之说,九流之中有儒家,儒家是"祖述尧舜,宪章文武,宗师仲尼"。在《汉书·艺文志》里面,《论语》排在"六经"之后、儒家之前,不属于儒家五十三种之内,故唐君毅认为孔子不是先秦诸子之一,孔子本人应该在历史上就没有列在儒家之内。儒家有谁呢?有孟子、荀子等。因此,孔子的地位比儒家更高,他是"上承六艺,下统九流"。所以《论语》是"六经"之辅翼,地位特殊。东汉刻《熹平石经》,"五经"之外加了《论语》《公羊传》,立于太学,可见,《论语》此时应该说已经明确获得了经典的地位。事实上,这样一种趋向在董仲舒的时代也已经表现出来了,因为董仲舒把孔子和"五经"并列为独尊的地位,他说:"诸不在六艺之科、孔子之术者,皆绝其道,勿使并进。"到了唐代,由于宗老子,所以《论语》没有列入"九经"。但是在唐末文宗下令刊刻《开成石经》的时候,在"九经"之后又加了《孝经》《论语》

《尔雅》,一共十二种。到了北宋刻"十三经"的时候,又加入了《孟子》。到了南宋,朱熹集注"四书",把"四书"合为一编,变成大经。元明清时期,"四书"的地位甚至超越了"五经"。东汉以后,祭祀孔子成为国家级的祭祀,地位跟社稷之祀相同。唐代以后,每个县都要建庙祭祀孔子,朝廷以"至圣先师"封赠孔子,孔子得到特别的尊崇。

《论语》是中国人的"圣经",也是人生向善的指南,是教人做人、做事的指南,是君子人格和君子德行的集中体现,是中华美德最集中的表现,也是中华文化养成美德的根本精神。《论语》中由孔子所提炼概括的美好德行,作为君子的典范,在中华文化中有丰富的表现。《论语》中所表达的君子人格和君子德行,是中华文化核心价值具有丰富魅力的具体体现,是中华文化基因的一部分。后人说"半部《论语》治天下",说明《论语》包含了普遍性的原理,它的作用是兼覆内外,对治国理政也有重要的价值。总之,《论语》奠定了中华文明的道德基础,确立了中国文明的基本价值观,赋予了中华文化道德的精神和力量,它的地位在中国文化史上是不可替代的。

以上是我讲的《论语》概论,基本没有涉及《论语》的思想,其思想留给各位名家在具体解读的时候再来讲述。但是我还想讲一点:孔子思想的核心到底是什么?美国的一些学者把我国清代崔述的观点极端化,认为《论语》的文本大部分是不可靠的。对此,国内给予驳斥的人还不多,但相信的人也不多。20世纪70年代,美国有一位著名哲学家名叫赫伯特·芬格莱特,他不是汉学家,但在汉学方面也做了一点努力,写了一本书叫《孔子:即凡而圣》。这本书的封面上写了一个"礼"字,他在对孔子的解读中认为"礼"是孔子思想的核心。其实这个看法在中国历史上也曾提出过,但他特别强调这一点。为什么要强调这一点呢?我感觉是这样的:"礼"的概念对于西方人来说很陌生。若讲仁,"仁者爱人",在西方的宗教文化里有相应的说法,无论是圣爱还是博爱,都很容易理解,所以西方人并未对《论语》中的"仁"给予特别的重视。但这个"礼"字对他们来讲很陌生,所以我们看到很多美国学者都很关注这个"礼"字。因此,在美国的学界里面用"礼"来解读孔子,把它作为美国文化里面的一种讨论,也无可厚非,因为除了现实的需求,它与文化的陌生感也有一定的关系。但是,从我们对《论语》本身的了解来讲,把《论语》的核心思想解释为"礼"而不是"仁",这与我们中国绝大多数学者的共识是相违背的。从《吕氏春秋》讲"孔子贵仁"开始,历代思想家中的绝大部分都认为"仁"是孔子思想的核心。如果讲仁和礼的关系,一般都认为以仁统礼、以仁贯礼。所以仁对于礼来讲,不仅有优先性,而且是统贯于礼之中的一个根本。当然,仁、礼是相结合的,在儒家思想特别是早期儒家思想里,也重视仁与礼的结合,而不是分离。但是二者当中,仁应该是统礼、贯礼的根本,这一点在历代学者包括我们今天的学者的认识中也是一致的。从我们今天来看,在孔子思想里面,"仁"是一种最高的道德、最高的德行、最高的原则,同时"仁"又是德行的全体,其地位是任何一种德目都不能相比的。宋明时期也很强调"仁","仁"不仅是最高的德行、最高的道德、最高的原则,同时还是最高的精神境界,这些是"礼"所不能包含、表达的。20世纪以来,我们更关注"仁"作为伦理的金律所具有的普世意义,所以"仁"是孔子思想的核心。这一点是我们今天在学习《论语》的时候要认清并坚持的。

《论语》中孔子的主体性思想及其当代价值

安乐哲

对以儒家角色伦理为基础的由关系构成的人的概念的常见关注之一围绕身份和主体这两个问题展开,并且在与自由个人主义所假定的自主、自觉式的人的概念相对比时变得更为明显。问题在于:焦点——场域的人观,能否对个人的身份、完整性、自主性提供足够清晰的说明?回应上述关注的一种可能方式是去反思儒家文本是如何塑造个人身份和主体性的,尤其是这两者又是如何在孔子本人身上反映出来的。若能这样做,我们或许可以找到一种方法——一种诉诸腿与行走之间、身体与具身化生活(embodied living)之间重要分别的方法,来替代那种早已陈旧却仍根深蒂固的"物"(thing)的思维模式。在这里,我们首先要区分两种主体观:前者视人为离散的个体,并以每个人的意向为指引其活动的内驱力;后者既与每个人密切相关,又推动着世界上分散却又非常集中的人之活动(activities)或事件(events)的出现。正如行走是双腿与世界之间的一项重大协作,我们不能简单地视之为与情景离散或者分离的某物(thing);同样,人是作为事件(events)存在于世界的,主体的概念必须具备反映这一事实的复杂性。

《论语》中间部分的一些篇章为读者提供了一系列与孔子生活相关联的真实画面,它们与孔子的饮食、行坐、衣着有关,也与孔子在不同的场合如何与人相处有关。这些不同段落,为读者提供了很多图像与轶事,将这位模范老师的生活呈现给他那个时代的追随者,以及代代相传至今的学生。也正是在这些核心篇章内,孔子被描述为有四件他个人绝不能容忍的事情——"四毋",这深刻揭示了孔子的自我认识和他自己的价值观:

> 子绝四:毋意,毋必,毋固,毋我。(孔子杜绝了四种毛病:不凭空臆测,不武断绝对,不固执拘泥,不自以为是。《论语·子罕》)

这四个"毋"加起来就成了一个整体,其积极含义在于:对孔子而言,过一种道德的生活,不仅仅指遵守某种道德教义、依从某些既定规则。依据这些严苛的要求,我们可以推论孔子有他自己所期许的一套总体的、自觉性高而且诠释性强的个人行为习惯;我们也可以看出孔子毕生所追求的是务实的参与(pragmatic engagement)而非抽象的假设(abstract speculation),开放、包容的态度而非对终局(finality)的执着,灵活的意愿而非固执己见,对他人之需求的敏感与尊重而非对一己私利的过度关注。这种惯常的、高自觉性倾向即使不能使人们做到像整个文化传统之榜样的孔子那样圣贤,也足以激发人们对德行的追求。

孔子的过程宇宙论(process cosmology)回避了一切强目的论或者唯心主义,它的焦点是如何更好地活在"当下"(very now)。作为一种个人的处事方式,孔子的"四毋"将行为与人类经验中最直接的东西——关系——联系起来,并且专注于塑造一种习惯性倾向,而这种习惯性倾向在具体应对不断变化的环境时最为有效。虽然我们可以视"四毋"为一个整体,认为四者相互蕴含,但我们仍可追问:当单独分析这四者时,我们又如何推知孔子自觉的道德主体?

子绝四之一——"毋意"(不凭空臆测)。这恰是我们在《论语》中看到的孔子形象——他并不是一个墨守成规的人。也就是说,我们并不觉得他只依据那些由僵固的前设原则所决定而与任何特定环境无关的迂阔理论行事。正好相反,孔子的主体性似乎已经渗透在当下(here-and-now)发生的每一件特定的人类叙事之中,并对其做出反应。与此同时,他也正在努力把实践转化成理论,以期产生更明智的结果。《论语》中大部分表达孔子道德愿景的语言都是情态性的(modal),而不指涉具体的行动,是在行动中所持的一种特定意见(a particular attitude),而非任何具体的行为准则(specific rules of conduct)。我们应该以"诚"作为行动依归,于己存"忠"并好学不断,对其他人则应该有"信"。如此强调情态而非具体内容,也反映出这样一个事实,即我们的大多数行为都是我们的角色和关系中存在着的一种承诺的运行(a function of existential commitment),它们并不是由我们一连串零散的选择依次序决定的。而且,生活本身的复杂性也要求最理想的道德行为必然是对特定环境的有效反应,而不是预先决定的。

从记载他生平的文本传统中,我们可以看到孔子的思维和行为习惯:他并不看重迂阔的抽象原则所提供的表面明晰,而是务实地利用更直接、更显而易见的信息。孔子似乎专注于思量我们生活中错综复杂的角色和事件中那些现成的杂乱无章而具体的可能性,并依此行事。孔子之叙事的结构和节奏在他致力于克己复礼(即完善自己的各种角色和关系)的过程中充分表现出来。

在对人的理解方面,孔子不但抗拒臆测,而且为我们提供了一套完全自然主义视角的主体观,不诉诸自我的形而上学,也不诉诸任何统一的基础,如灵魂、心灵、自然或性格。孔子把"人"定义为"仁",展现了一个在活动中而非活动前、关系中而非关系外的具有批判意识、自我意识的主体。在对经验世界的理解方面,孔子同样抗拒臆测,反而引领我们朝着每一天都在发生的日常事件进发,从中寻找我们行为的依据和理由。孔子给我们提供的这一个主体概念,远非诉诸某种简单、孤立、高高在上的统一性,对其最恰当的描述应为:通过一个个生活片段中与孔子相交的同仁、学生和朋友对孔子所表现出的尊敬而聚焦的自觉的决心。在上述的这些关系中,"诚"在人们的选择方面似乎担当了重要角色:孔子并没有把自己的意愿强加于其他人身上,他的影响力似乎更多地通过他对周围人需求的尊重和理解发挥作用,而这些人的行为也受到了他这一做法的影响。

理解个人自主性(personal autonomy)的传统方式是自我规范(self-legislating):人们受个人意志所支配,在自己的行为中行使自由和控制权。在更专业的康德哲学的意义上,自主性是指人的意志自由地服从普遍的道德法则,因为它由客观理性所决定。与这些假设相反,对由关系构成而不是离散的人们而言,他们关系中强制力(coercion)的缺乏可能成为我们思考关于自治这种替代理解的另一种方式。对孔子而言,自主性似乎被表达为人们对自己的角色和行为有自觉的决心,对自己生活中的事件有充分的、创造性的参与;他们通过协商的尊重模式(negotiated patterns of deference)行事,而在这一模式下,他们能够在尊重他人利益的同时获得自己需求的满足,并在与同伴的关系中达至一种融合的品质,使他们在所做的事情上不受强制。这样的一种自主性,表现为一个人在行动上的复杂统一(complex coherence),正如《孟子·公孙丑上》所描述的,这就是"配义与道"。

这种在推测性假设上的阙如,立即就体现在以家庭而非以上帝为中心的宗教观念之中,这是儒家传统的标志之一。当樊迟问及"智慧"时,孔子并没有尝试为它下一个我们从柏拉图对话中熟知的那种通用、正式的定义。孔子仅就樊迟这个人自身而言,告诫他要分清事情的本末轻重(樊迟给人的印象是热衷于发问。他曾经在《论语》的其他篇章向孔子请教"仁""智"。见《颜渊》"樊迟问仁"章、《子路》"樊迟问仁"

章。他似乎不是一个学得很快的人,而总是重复地问孔子早已回答过的问题。有一次,樊迟请学稼。对于在成仁一事上似乎不能分清本末次序的樊迟,孔子表现出了困惑以及不耐烦。见《子路》"樊迟请学稼"章):

务民之义,敬鬼神而远之,可谓知矣。(《论语·雍也》)

鉴于亚伯拉罕宗教信仰中普遍存在的推测性假设,孔子这一与人建立务实有效的关系、与鬼神保持距离的建议,使得许多评论家认为孔子对人为培养的宗教信仰的各种要求缺乏兴趣,尽管他也未必厌恶它们。对这类评论家来说,孔子在寻求与神灵世界建立亲密关系这一点上,总是表现得静默,所以也就清楚地证明了孔子在乎的是一种世俗的人文主义(secular humanism)。这种人文主义解读,在《论语》另一段落,即当文本谈及孔子的课程内容时得到强化;或许更重要的是,这一段描述了他的教学体系所排除的内容:

子贡曰:"夫子之文章,可得而闻也;夫子之言性与天道,不可得而闻也。"(《论语·公冶长》)

在这一段中,我们被告知:虽然孔子乐于把自己的见解灌注于已被接受并仍在不断发展的人类文化中,但他不愿意去推测人类未来的命运,也不愿意去推测宇宙的将来会怎样演变。

孔子专注于探究我们是谁,以及我们的文化取得了什么成就,却似乎不太愿意冒险猜测我们和我们的世界可能会变成什么样子。

在解释这些段落时,虽然有些人把孔子的思想归类为去魅的人文主义(disenchanted humanism),但其实,我们也可以另辟蹊径进行另一种解读,从而与孔子以家庭为中心的"宗教"设想统一起来。例如,我们可以得出结论:对于孔子来说,真正的宗教信仰,并不在于敬畏和祈求远古的神祇,而应该在于邻里之间建立联系。这种另类的宗教信仰表现为一种共享的、以家庭为中心的精神性(spirituality),这种精神性通过追求一种家庭和社群之间的卓越生活而实现。对孔子来说,一个人的成长总是围绕个人的自修展开,同时应致力于在紧密的家庭和社群关系中不断向四周延伸出去,以至于达到宇宙整体(cosmic totality)的高度。在那里,有一个相互渗透的中心和外围,最自觉的集中具有最大的延展范围及影响力,与此同时,最广泛的延展又被反射回来巩固最集中的东西。更具体来说,我们可以这样推断:对孔子而言,在家庭道德生活中流露的自觉的尊重、崇敬和感恩,同与对祖先的崇敬和一种自然的虔诚的表达相关联的那种静逸欢愉的精神性之间,具有直接而密不可分的联系。或者更简单地说,这种儒家的宗教信仰只不过是一种宇宙归属感,是由我们在最直接、最亲密的关系中获得的价值感所激发的。

如果拉丁文"宗教"(religare)一词的本义确实意味着"紧密结合"(to bind tightly),那么,礼似乎就是理解这种以家庭为中心的宗教的关键词,因为它是一种社会语法(social grammar),能够在社会结构中产生有意义的联系并增强其强韧度。"礼",始于对家庭和宗族的仪式化奉献,然后扩展到社群,并同时把众人的角色以及他们之间的关系神圣化。在这一解读下,传承至今的传统春节应被视为一个意义深远的"宗教"事件。在这一人类历史上规模最大的人口迁移中,我们见证了主要移民城市人口大量向外流动的现象。在中国,几乎每个人都会用尽一切可用的交通方式在春节期间返回家乡,进行持续一段时间的庄重的道德"再创造"(re-creation)。这一再创造活动由一些终其一生都受到道德教育的熏陶、十分尊敬培育了自己的家族、长辈、老师以及社群的人参与,并且他们会把自己的"老家"视为判别自己个人身份的一项主要决定因素。本着这种对家庭的崇敬,他们回归自己的"根",去续存他们最亲密的关系,在几周后,蓄积了足够的力量,又返回城市里去工作。如此这般,年复一年。

唐君毅先生将这一充分体现了以家庭而非上帝为中心的宗教信仰的早期中国天道观(cosmology)概括为"性即天道观"。这一主张承认了这样一个事实,即我们正在成为什么样的人这件事从根本上被嵌入我们无限的叙事中,因此,只能通过考虑我们全盘的情境化关系来全息地理解。这种对焦点—场域主体性(focus-field agency)的理解,要求人们从最远的外围场域走近焦点,然后进入中心点,同时要从整体到特殊,从与我们无关紧要的各种因素走向与我们最相关的各项细节。这种焦点—场域的主体性描述了一个人的自我意识显现为整体中或多或少有意义的决心的中心。孔子本身就是一个叙事场域,他的后人可以在《论语》以及其他经典文献中看到这些故事。后学通过在孔子的大小故事里面寻找灵感来塑造自己独特的人格与行为习惯,而把孔子的叙事变成他们自己生活的一部分。

子绝四之二——"毋必"(不武断绝对)。这种避免将固定的、终极的东西作为命令或普遍法则是基于孔子对变化和新奇的基本尊重。它反映了孔子对置身于"生生不已"这个宇宙法则之中的人类生命的开放式复杂性(open-ended complexities)的一种觉悟。"生生不已"四字出自《周易》,有连续不断并且不可逆转的变动的深邃意涵。在《周易》的其他段落,这一"生生"的过程被明确表述为"天地之大德曰生"。这表明我们的出生、成长、生活都在情境化的、不断发展的自然、社会和文化关系中展开,在这一背景下,自我意识的成长本身就是宇宙道德的实质。在这一个过程中,主体感首先出现在我们不断展开的个人叙事中,目的明确、深思熟虑地担负起至关重要的、常与人协作的角色时。焦点—场域的、关系性的主体性的这一典型特征,要求我们不仅要对这些角色的持续成长保持不懈关注,还要具备足够的道德想象力,去意识到并且应对不断变化的外在环境。不可化约的复杂的人是生动而活跃的,在不断地尊重他人、与他人协作的过程中,他们必须保持随机应变、知错能改以及乐于助人。对他们来说,这一切既没有终局也没有结束。

与此相关的是子绝四之三——"毋固"(不固执拘泥)。

这种灵活性,为明于自省的人所必备,因为他们敏锐地意识到人类经验交易、联合的性质,并坦然接受在周围其他人的域境内自己身份之多重性,是多变而又确定的焦点。这种焦点—场域的主体,必须被理解为在他们重要的关系模式之中自觉地去塑造或接受塑造的、不可化约的交易性的主体。根本而言,这种主体性只能通过已然确立的认同和顺从习惯而议定。也就是说,虽然这种行动在受到过去影响的意义上必然是被动的,即总是"承受"着他人的行动,但它同时必须在自觉性、灵活性、目的性、前瞻性几个方面找到适当的平衡。简而言之,我们只有在定义我们身份的活动中灵活反应,才能过一种道德上负责任的生活。

子绝四之四——"毋我"(不自以为是)。具有高度自觉意识的主体有不可化约的社会性,不以自我为中心。随着通过在关联中塑造他们的符号学过程、符号学能力而逐渐适应于一种文化(enculturated),这些焦点—场域的主体从与他人的"内在"主观关系("intra-"subjective relations)中发展出自己的一套自我反思和反省意识。这些既是精神的又是极度物质的物活性主体(hylozoistic agents),必然以他们散漫却活力充沛的血肉之躯,演活他们生命之中的多种角色。但是,当他们努力在变化着的同样有机的身体和社会关系(equally organic physical and social relations)结构中实现自己的一致性时,他们的身体就像形成了多孔薄膜那样,不断地将经验内化为他们发展着的身份的一部分。

这些焦点—场域的主体必须施展他们通过学习得来的能

力以应对所处的环境,同时在与其他人共享的活动之中,非强制地展现出一种由关系定义的自主性。这种自主性是这些环境当中合作关系的最直接结果——将合作网络的价值和目的变成与每个协作者的相一致。

尽管儒家角色伦理学是从一个独特的视角考察道德生活,有着自己的一套特定、专门的词汇,但在另一种哲学背景下更好地理解这一学说,并更有效地与当代西方哲学家沟通的另一种方法也许是问这样一个问题:对于当代自由主义讨论伦理学理论常用的专业术语,例如"自主""选择",我们能否将之重构,然后用来有效地解释儒家角色伦理学呢?

自主性(autonomy)一词在个人主义的意义上是自我(Gk autós)+法则(Gk nomos),字面的意思为对自己发号施令的人,或自我立法的人。在儒家角色伦理学里,我们不能把"自主的人"理解为独立、理性的行动者;也不能把"选择"理解为人们可以在他们日常生活发生的事情之中,以独立行动者的身份进行自由选择。在儒家的传统内,拥有自主性的行动者的选择,一定指的是受关系制约并且彻底嵌入其中的人,通过投身于他们自己特定叙事中的角色的特性而表达自己的偏好。我们所理解的"关系性自主"(relational autonomy),并不是指那些对自己特殊、独立的行动拥有操控权的个体,而是指那些有自我意识但又有不可化约的社会性的主体,他们通过在持续的交往中相互适应,能够在非强制的情形下行动。同样地,我们所说的"抉择"(thick choices),并不是指离散个体不受他人影响、不考虑他人利益地行使自己的自由时,所做出的碎片式的重大决定，而是指具有批判性自我意识的社会性主体，随着时间的推移，表明了他对自己的角色和关系中的某种行为模式一以贯之的坚持。

传统上，自由理论中的"自主"是指自我管治（self-governance）意义上的独立自主，由一个被认为是离散、排他的自我开始。可以说，这种个体离散性的概念仅仅是一种功能性的抽象，并且有时候所谓绝对自主对这一点的声称其实是一种误导性的，却仍然具有强大影响力的虚构。事实上，假如关联生活（associated living）是实情的话，我们表面的离散就不是一个初始条件，同时不会排斥别人。相反，我们会变得独特甚至出色恰是因我们一直以来能够与人相处而具有的特性。儒家的人观为我们提供了关于独特的、相互依存的人的另一种动名词的概念，对他们来说，他们的关系性、独特性、社会性，正是他们个性化（individuation）的来源及表现。而且，对他们来说，这种个性化——独特、坚定的特质——非但没有拒人于千里之弊，反而是通过他们在构成自己的关系模式中所达到的水平高低来衡量的。自觉的、关系性的自主所描述的是目的明确、非强制的活动，因为这些活动在我们的角色和关系中实现圆满。有批判性自我意识的、不可化约的社会性的主体的抉择（thick choices）描述了这些主体在其生活角色中所具有的决心和承诺。

由关系构成的人与人相互依赖，彼此没有特定界限，因此在任何情况下，作为"自我管治"的自主都需要一个集中但在程度上分散的个人身份，以及在交际中，它必须将所有相关的利益都作为其自主特性的组成部分。对以上这种相互依存的自我来说,关系性的自主要根据彼此之间的关联做出协调,即协调人与人之间的特殊差异,以期在大家共享的明智做法中实现有意义的多样性。这样的一种关系性自主定义,跟一些表面上独立自主的选择的说法大相径庭;它具备一种功能,在自愿尊重他人利益的前提下来达到自己的合理目的,从而能够在常见的共同活动中把强制减少。事实上,那些被视为模范的人,他们的自主性比其他人更强,甚至变成了启迪别人的榜样——他们能够吸引人群,并且通过获得大家尊重的方式,使自己的价值观影响和塑造群体行为。以圣雄甘地、马丁·路德·金、纳尔逊·曼德拉三人的模范人格故事为例,他们都具备这么一种关系性自主,通过榜样的作用,影响了一代又一代人,并且已经造成了定义我们这个时代的价值观的持续巨变。通过尊重他们所代表的东西,以及追随他们的价值观,我们所有人都与他们每一个人的共同身份(corporate identities)关联起来。

这里要说明的一点是,本构关系(constitutive relations)原则并不会剥夺人们各自的主体性或者选择权,而只是要求我们以与关联性生活的经验事实相符合的方式重新思考我们所熟悉的如自主、选择这样的术语。鉴于基础个人主义(foundational individualism)作为一种存在已久的常识性看法所具有的巨大吸引力,提及由关系构成的人的概念,会常常被误解为要向我们提供一种被大大弱化的个人身份感。然而,一个强有力的例子可以证明,在关系上建立的人观不但没有损害作为个人自主性表述而受到高度评价的独特身份，实际上反而提升了它。例如，在希腊唯心主义人类范式中，个体身份是外部关联、个体分散式的，每个个体都被赋予一些相同的特征（eidos）。在这样的一个范式下，人被视为本质上是同一的，只是偶然会有一点分别。在这个模型中，个人身份只能带有一种相对残缺的独特感。相比之下，本构关系之假设——我们每一个人都是一个非凡、独特、不可替代的，是且仅是我们自己的关系矩阵，其中的一个学说就是一种彻底嵌入式的人的模型，这一模型反而将那些可被归于个人的特殊性和独特性放大了。

此外，通过说明个体身份自觉、专注、目的明确、有决心，并且同时在重要程度上扩散到我们的关系中，角色伦理学在生活的事件当中定位人，从而提供了一种经验上更有说服力的人的主体性概念。虽然我们焦点身份的独特性由这样的决心而得到确定，但这种独特性与我们对他人的意义相关，并且依赖于此。在我作为母亲的儿子这个角色中，我一直以来的身份与行为必然受到我对亲爱的母亲的感情的尊重的影响。个人身份当然是特殊和独特的，但同时也是具有多种意义的，其中包含了多段错综复杂的关系，所以它是包括而不是排除我们周边的其他人。如此理解我们的角色身份，那么它虽然是持久的，但也在不断地变化；虽然非常自觉地富有目的性，但同时非常包容和圆通；虽然出自主观个人，但同时尊重并关心其他人。

当我们转向儒家文本去证实这种关系性的自主而非个人

性的自主,以及一以贯之的抉择而非碎片化的选择时,我们或许可以套用黄百锐从《论语》中引用的一段话作为说明。黄百锐就是以它为例发展出他自己称之为"关系性的、自主的自我"(relational and autonomous selves)的微妙概念:

> 子欲居九夷。或曰:"陋,如之何?"子曰:"君子居之,何陋之有?"(《论语·子罕》)

黄百锐对这段话的理解是:孔子比大多数人更"自主",因为作为一个模范人物,他是自己行为的唯一控制者,能够坚持一种理想的整体特质——"义",而不受被他影响的人的影响。这里表现出来的正义感,使得他能够不受那些在特定环境下由特定的人触发的特定情境特征的影响。用黄百锐自己的话说就是:"似乎贵族阶层的部分成就就在于这种保持道德卓越的能力,无论他们走到哪里,和谁一起生活,他们都能对他人施加影响。"(黄百锐:《人际关系的自我与自主的自我》,《中国哲学》2004年第4期)

我们随即就会想到一些也许能够支持黄百锐上述说法的《论语》文本佐证。举例来说:

> 季康子问政于孔子曰:"如杀无道,以就有道,何如?"孔子对曰:"子为政,焉用杀?子欲善而民善矣。君子之德风,小人之德草。草上之风,必偃。"(《论语·颜渊》)

我们也许可以从这段话中得出与黄百锐的解读相关的一个类比：孔子是明辨是非的典范，而东夷人是蒙昧的不辨是非的人，这些人将不得不俯首于孔子的正面影响之"义"。

孔子在这一对话中想要表达什么？首先，身为国相兼三家之首的季康子，被孔子视为篡夺鲁国王权的人。而从这个段落以及其他几个段落，我们知道孔子把这个篡权者看作一个无能力管治国家的人。季康子想要把杀死一些自己的人民作为管治国家的方法这一事实也遭到孔子谴责。对孔子来说，有效的管治，取决于统治者在多大程度上是他们用以教化人民的价值观的典范。而这些价值的来源又是什么？"善"在这段话中被解释成统治者努力达至行为上的"善"（good），而不是单从人所固有的某种先天的或更高层次的"善"（goodness）衍生出来的某种优越的品格特征，也不是某种通过指导一个人的行为而得到践行的"善"的一般原则。也就是说，道德成长意义上的"善"始于连续叙事中散漫的关系性活动。只有这样，它才能充当对一个人或一种行为的一般描述。"善"是通过相互联系（relating）和有效沟通来发展我们的关系并使它们变得有意义（meaningful）的社交活动。要想真正做好我们所做的事情，并且使得这样的行为对我们的同伴也是善的，需要尊敬和尊重。

一切行为的那种不可化约的关系性质，以及"善"作为一种特性的事实，被理解为要在关系本身中得到实现，而不是作为模范者的某种品质。以上这一点，在《论语》另外一个相关段落中得到明确阐释，即文明人与"野蛮人"之间的区别，它与追求行为完满的人们所要求的行为质量无关,无论是与家人、公众,还是与昔日的"野蛮人"打交道,完美的行为都需要真诚的尊重、尊敬和尽心:

> 樊迟问仁。子曰:"居处恭,执事敬,与人忠。虽之夷狄,不可弃也。"(《论语·子路》)

《论语》中提到的德风草偃比喻的话,在《孟子》中也有出现:

> (世子)谓然友曰:"吾他日未尝学问,好驰马试剑。今也父兄百官不我足也,恐其不能尽于大事,子为我问孟子。"然友复之邹问孟子。孟子曰:"然。不可以他求者也。孔子曰:'君薨,听于冢宰。歠粥,面深墨。即位而哭,百官有司,莫敢不哀,先之也。'上有好者,下必有甚焉者矣。'君子之德,风也;小人之德,草也。草尚之风必偃。'是在世子。"然友反命。世子曰:"然。是诚在我。"五月居庐,未有命戒。百官族人可谓曰知。及至葬,四方来观之,颜色之戚,哭泣之哀,吊者大悦。(《孟子·滕文公上》)

就一位国君之死,孟子向其储君提出忠告,建议后者遵从孔子的训示,为朝廷设立一套新的守丧三年的规矩。同样,这里传达的信息一定是:统治者必须成为影响人民做出改变的榜样。

但要指出的重要一点是,模范人物的影响,来自他们与其他人交往时的尊敬和尊重,因为这种态度,本身就是他们为"善"和做"在一定情况下最适当的事情"(义)的源泉。

孟子对这位世子的劝告,始于世子自觉地认识到自己过去荒废学业而没有受到朝廷官员和亲人的重视。因此,作为新即位的国君,他将难以获得他们在国家事务上的支持。世子遵从孟子的劝告,注重自己的品格,以提升和完善自己的行为,给人民树立榜样。通过这样做,他赢得了朝廷的尊重并且能够改变大臣们的行为。如此一来,这种改变是并行的:世子的品格,因为人民的期望而得到改善,而他的人民,也因为他现在的模范行为而相应得到改变。

下面我们按照解读《孟子》中这一段话的方式来解读《论语》中孔子想要与东夷人一起生活的段落。对孔子来说,"义"有"做最适当的事情"的意思,这当然也是他在这种情况下(或者在任何其他情况下),将其作为最终决定因素而援引的标准。不过,对孔子而言,"义"的观念又肯定不是某种遥不可及的、前置的原则,凭借着明示的客观性和普遍性,可以放诸四海而皆准。相反,孔子认为,与"夷人"一起生活,那些渴望成为榜样的人和"夷人"一样,通过相互迁就以及在人际关系中追求最适当的关系,彼此都会变得越来越"意义重大"(significant,义)。而在这个共同的叙事中,孔子和"夷人"的身份都会发生重大转变。考虑到人是由关系构成的,黄百锐所说的"理想的整体特质"其实就是通过多数人的利益和典范人物的行为关联起来而实现的。这样,由孔子行动随之而来的"行而宜之"(义),就会符合所有相关方(即孔子和"夷人")的利益。正是这种在多样性中实现的共享和谐(一多不分)构成了孔子的关系性自主。"夷人"受到启迪,向孔子学习并以孔子为榜样,他们的行为肯定会有所改变,能够戒除任何陋习。与此同时,随着"夷人"在他的影响下行为既得到道德上的提升又保留了自身独特性,孔子也将扩大自己的影响范围。重要的是,这段话并非期许单方面将一个既定的标准强加于"夷人",孔子与"夷人"必须以一种并行关系在携手合作中相互适应、共同成长。

从孔子的角度出发,通过接触和学习另一种文化,他对"义"的理解(即什么是适当的和有意义的)会变得更加丰富。事实上,当孔子的学说被接受并且适应于新人群的不同思维方式和生活方式时,孔子本人的地位和影响也将得到价值提升。榜样当然会激励那些效仿他们的人,如果没有这样的效仿,他们也不能成为榜样,并且效仿者对榜样的尊敬,也会引起这些榜样自身的重要变化。

作为理解上面这个段落的一种具体方式,我们或许可以思考儒家文化对朝鲜、日本、越南这三个东方民族历史的延伸。这种文化价值观与制度不是通过武力或者占领强加给其他东方国家的。在过去的几个世纪,儒家文化一直都在以不同方式在不同程度上,被这些不同的人群自觉接受和使用。而且,在此一转变过程中,被转化的不仅仅是这三者,而其实牵涉四个汉文化传统。韩国、日本和越南的独特文化,以及中国儒家文化自身的本质,全部都因为这一全息的焦点—场域过程而变得不同并且更加丰富。在这种全息的焦点—场域过程中,每种文化都与其他文化相互关联。在这种模式下,自主并不是一个所谓"正确"的范本通过单方面超越其他文化影响并将秩序强加于他人,从而控制他人。相反,关系性的自主需要同时结合非强制性的解决方案和回应性的尊重。这是一个机会,让身处关系里的所有各方,都可以以自己独特的方式,为不断演变的文化传统做出贡献;这种传统,同时是"一多不分"的。如此一来,所有各方都在这个多边进程中得到转化。

在当前历史时刻,中国、韩国、日本和越南这四种独特的儒家传统似乎都处于上升阶段,鉴于他们所信奉的儒家价值观,他们应逐渐成为当下不停变动的世界文化秩序的重要资源。但很不幸,近几十年来,这些不同的儒家文化本身,都未能实现他们自己包容、互敬与多元共享的价值观,结果变得支离破碎,相互冲突。本来,儒家作为亚洲东部地区的一种整体性现象,对当下这个不停变动的世界文化秩序的塑造,应该是很有作为的,但随着他们自身关系的弱化,他们对这种新文化秩序产生影响的可能性,就在很大程度上被削减了。

这里,我们可以考虑一个简短但兴许有帮助的问题:假如上述的这些儒家文化传统之间实现了关系性自主,他们可能会对"西夷"产生一种类似的转化作用。但迄今为止,阻碍"西夷"进行任何此类改变的,就是那些源自西方文化内部本身的现代性(modernity)和西化(westernization)对其他可能性永无止境并且不加批判的扼杀。鉴于普世主义作为一种突出和持久的民族中心主义在这些西方传统的演变过程中担当的重要角色,他们已经形成了一种经久不衰的对自给自足(self-sufficiency)的自我理解,排除了新兴儒家文化可能带来的任何实在性的重大影响。美国人类学家克利福德·格尔茨(Clifford Geertz)将这类情况恰当地描述为"正在纡尊降贵地拯救世界"。在我们这个历史时刻,东亚的迅速崛起,给世界经济和政治秩序带来了翻天覆地的变化,我们只能寄希望于这四种儒家文化之间的关系会变得更好,以及"西夷"的精英主义和排外的自我理解,或许会被新兴的世界力量的各种形式所调和。

(张喜仪 译　关欣 校)

学而第一

王中江 解读

作为学养,想必大家对中国早期的一些典籍都有所学习和体会,对《论语》应该有自己的心得和见解,在这里我和大家一起来探讨。

前面陈来教授和大家讨论了《论语》的整体情况,做了概述和总结,为我们之后的分篇解读做了铺垫。这很重要。按照诠释学理论,部分的解释须从整体的解释中看;反过来,整体的解释又要基于部分的细致的认识,即所谓"致广大而尽精微"。

《论语》的书名何意?"论"和"语"分别是什么?"语"主要是记录孔子和他的弟子以及当时的人们之间的对话;同时,除了言论,也记录了他们的一些行为和事迹。"论"就是对这些言论和事迹进行编撰,把它们保留下来。

从整体上讲,《论语》是后来孔子的弟子和再传弟子们共同编撰形成的。古代书的形成和现在不一样,"五经"的形成过程非常漫长;子书的形成时间相对较短,但也不是一次性形成的。这样,一本书就出现了不同的传本。陈来教授也讲了,《论语》形成过程中有不同的传本,有齐国传的《齐论语》,也有鲁国传的《鲁论语》,还有文字不同的《古论语》。我们现在用的可能主要是《鲁论语》。可喜的是,考古工作者发掘出土了一些古代抄本,特别是发现了战国时期或汉代的《论语》,这是非常珍贵的。因为流传下来的传本,在一代又一代往下传的过程中,内容难免有变化。从版本学上讲,越早的版本就越接近原来的样子,一般称之为善本。从目录学、文献学、校勘学研究上说,一定要选一个好的底本。而底本好坏的一个非常重要的判断标准就是时间的早晚。目前已发现的《论语》出土文献,最早是刻在竹简上、抄在帛书上的。汉代基本上还是以竹简或帛书为主,没有纸张,或者纸张还不成熟。

历史上《论语》有许多不同的注解,由此形成了《论语》诠释史。一部著作形成之后有一个流传的过程,它的地位越来越高,从一般的著作变成重要的著作,甚至进一步变成经典。我们现在说的名著、经典,都是指一些重要的著作。古代创造的文化都体现和凝聚为这些伟大的著作,而这些著作也构成了传统文化非常重要的组成部分。《论语》的各种注解慢慢多了,就会出现集解,即学者把之前的注解汇合起来,对字、词、章的意义进行解释。因为各注解者的治学特点或立场观点不同,注解就会出现差异性。什么样的注解是最好的?作集解的人在当时也会做出自己的判断。这些都是在《论语》经典化过程中出现的具有普遍性的注释和解释行为。

《论语》的核心思想是什么?对此学术界有争论,有人认为儒家的思想整体上是以礼为中心的。礼确实是儒家文化的重要组成部分，中国的早期文明，特别是从西周开始，称为礼乐文明，后来儒家从春秋开始传承了礼乐文明。但是儒家又是一个强调中国文化伦理道德价值的学派，除了礼，它其实更多传承的是道德价值和伦理价值，后来汉代总结为"五常"——仁、义、礼、智、信。这五种道德价值的关系是什么？儒家是礼乐文明，那么仁和礼乐是什么关系？乐是音乐、乐教，现在称之为艺术。礼体现在一系列的礼仪规范上，它和仁是什么关系？儒家的思想千言万语，经典众多，卷帙浩繁，概括起来最核心的思想是什么？在理解这个问题时，我们可以参考在儒家的演变过程中，特别是早期，人们是怎么去认识儒家的。春秋战国时期的人尤其是诸子学派，以及汉代的人，他们是怎么看待儒家的，这也是我们概括儒家的核心思想时要参照的。比如《吕氏春秋》就概括得很好。过去称《吕氏春秋》为杂家，其实也不能说是杂家，它吸收的东西非常多，我们更乐意称之为一种综合的思想体系。《吕氏春秋》是由吕不韦主编，集体创作完成的。因为吕不韦养士，所以宾客非常多，有人说他的宾客有几千乃至上万人，当时还称之为食客，有些人可能是去吃闲饭的，但是在关键时刻也会发挥作用。他们集体创作了《吕氏春秋》，不仅概括了儒家的思想，而且概括了老子的思想以及其他子学的思想。其中说到孔子的思想，他们的概括就两个字——"贵仁"。现在我们称某某主义、某某思想、某某论，其实古代形容最推崇、最重视的思想和价值是用"贵"这个字。还有一种类似的说法是"尚"，比如

"尚贤"指的是在政治生活里贤人非常重要,要重视选拔贤人。

《汉书·艺文志》讲儒家是"游文于六经之中",他们学习的重点是"六经","六经"就是"六艺"。儒家追求的价值是什么?"留意于仁义之际",又加上"义"的概念。"义"作为一种道德价值也是非常重要的。现在讲的公平和正义,其实是在世界性的思潮下要维持良好的秩序,构成社会的合作。如果不能稳定地按照公平正义去发展,社会迟早会出问题。因为如果社会大众处于不公正的地位,受到不公平的待遇,他们是不愿意合作的。中国历史上在一个朝代晚期往往会出现很多政治危机,最后导致起义或者革命这种反抗运动,根本原因是什么?说得直白一点,肯定是老百姓活不下去,生活没有保障,社会失去公平正义,人们忍无可忍。"义"现在涵盖的意思很多,其中包含的公平正义的价值观对建立好的秩序是非常重要的。

一般来讲,大家都说《论语》是经典,特别是儒家的经典。到了唐末之后,它成为"十二经"之一;到了宋代以后,成为"十三经"之一。怎么看待经典?为什么要不断地去学习、认识经典?近代以来,社会发展得非常快,发生了文明的转型,出现了传统和现代的关系问题。很多人就把传统和现代对立起来,认为传统都是过去的产物,很保守,和现在的时代需求不能统一,所以出现了反传统思潮。而经典就是传统的一部分,所以过去我们对经典实际上是否定的。但是如果理性、客观地看,不把传统和现代完全对立起来,就会看到传统和现代之间既有变化,又有连续性和统一性。古代的伟大传统和著作,实际上可以不断地提供丰富的思想价值和智慧资源。

我们比较不同的文明,会发现它们实际上有一个共同的特点:都是有经典的。认识古代文明的伟大,现在考古是一种方法,流传下来的经典文献的善本是文物,出土的经典文献也是文物。它们都是文本,保留了每个时代,特别是文明早期,人类处于文明高峰、创造力最强的时候留下的著作。所以文明的发展,一方面是不断地变化,另一方面是不断地从最初的那些伟大的著作和经典里面寻找活力,现在称之为返本归根。强调这一点是因为五四运动以后我们对过去否定太多,好像古人都是愚蠢的,没有留下什么了不起的东西,而现在的一切都是先进的、文明的。很奇怪的是,过去的人认为中国是世界文明的中心,但是在近代新文化运动的时候,人们突然认为中国没有产生现代文明,法制也不健全,等等,甚至中国好像突然变得很野蛮。这非常激进,是不正确的,所以我们要学习经典。

儒家的经典在中国传统里面非常宏大。这个传统非常早,最早是先秦"六经"的体系,经过孔子的整理、编纂和加工,才开始稳定下来,即《诗》《书》《礼》《乐》《易》《春秋》这六部经典。过去否定先秦有"六经",认为"六经"到汉代才形成,现在出土文献研究证实了"六经"在先秦就已存在。其实在先秦的传世文献记载里面已经有"六经"了,而且"六经"是什么书都很明确。可是后来又都否认这些记载,认为这些记载不可靠,并通过近代的所谓"辨伪"把很多部经认作伪书,或者把成书年代往后推,认为是晚出的书。这种现象很普遍,现在我们要重新正本清源。孔子和他的弟子们学习的主要内容是什么?其中就包含这六部经典,这一点是很清楚的。在学习的过程中,要对这些书进行解释、注解,这样就形成了解释经的一种做法,叫作传或者传述。传或传述就是最早的解释、注解。学习古文都要看注释来帮助理解。因为传的产生,儒家经典在早期就出现了经和传的区分,后来进一步分化成其他种类的著作,《礼记》的"记",其实也是传述类的一种。原则上讲,《论语》是孔子和他的弟子们以及当时其他人交流、讨论问题时的语录,这些语录一方面是他们自己思考、体验的结果,另一方面也可以说是他们自己学习了经典之后的体会。这一类著作都是称为"传"的著作,又称为子学。《论语》是以孔子为主记下来的语录,在儒家里面的地位非常重要。当然,儒家学派在子学里面也是重要的一派。孔子的弟子非常多,留下的东西也很多,因此,儒家的典籍在当下流传的先秦典籍中数量是最多的,内容是最丰富的,在出土文献里也是这样。

孔子强调要崇尚三代圣人、周公,认为只有圣人能创作、能著书立说,即"圣作则",其他人都只是记载、传述、解释,也就是"述而不作"。当然,现在的观点认为大家都可以去立一家之言、去创作,这是现代社会发生的变化。经典的形成其实不是靠政治和权势,而是有一种内在的创造性,留下来的作品有一种内在的力量,吸引大家不断地去学习、理解、接受、应用,然后才渐渐形成了经典。

儒家的意义和价值非常复杂，因为这个系统非常庞大。儒家拥有自己的一套学问系统，这一部分称为学统，学术的谱系博大精深。儒家对宇宙、天道的认识，这一部分称为道统。道统有天道论、宇宙观、世界观，这一部分也称为天道。但是儒家的学问从来都是要与社会人生结合起来的，所以天道一定会发展为人道。人道最核心的是伦理价值、道德价值，人生观、价值观等，是一个非常大的体系，也是道统的一部分。儒家从来都是讲求入世的，所以会从天道发展出人道，然后到政道，或者称为治道。儒家把治理国家、社会或天下的最好的道理、方法称为治道。儒家的意义和价值非常复杂，同时结构体系非常系统，包括道统、政统、学统等。这些是理论性的、义理性的。

儒家从来不会满足于只是作为思想家、理论家，而是会把理论、思想、道理和现实结合起来，所以儒家特别强调实践和运用，具体体现在鼓励人们去参与政治，从修身开始，然后治国、平天下。举个例子，最近中央电视台要做一个节目叫《典籍里的中国》，他们和我们联系，选的典籍就有《论语》《老子》等大概十种，还有艺术类的。节目组所选择的这些典籍都是伟大的著作经典，要做成一个节目不容易，因为既要有思想性，体现经典内在的东西，又要有可视性，让大家觉得非常好看，不只是图文并茂。他们与学界合作，和我们联系讨论怎么讲《论语》的故事。《论语》这本书影响了哪些人，在哪些时候产生了什么样的影响，都要讲成故事展现出来，而不只是去讲道理。

比如说，半部《论语》治天下，即宋朝皇帝赵匡胤的宰相赵普用半部《论语》治天下。赵普出任了宰相，但是藏书不多，读书也不多。传说他家里只有《论语》，这有些不可思议，现在不做学问的人家里也不会只有一种书。那时《论语》是线装书，最多也就一箱子的体积。当时的人不相信，就去他家看，结果没有发现其他书。他就是只学《论语》，觉得《论语》最重要，用好了就完全可以了，无须学更多。赵普说半部《论语》治天下，那么还有半部做什么？我们要结合起来说：半部《论语》也可以打天下，先把天下打下来，然后就是治天下。确实，任何经典著作运用好了都可以给我们提供无限的力量和智慧，让我们受用无穷。赵普对此是有真正体会的，这是一种政治运用。

经典只是在政治上有用吗？对人生有没有指导呢？答案是肯定的。比如我们现在经常讲的儒商，可能大家会疑惑，在古代社会里，儒家的思想怎么会和商业结合起来呢？因为在中国市民阶层里面，士农工商，商是排在最后的。古代社会确实是以农业为本位，现在称为实体经济，其实就是生产的环节。虽然社会同样需要处在流通环节的商业，但是商业在传统中一直被看作"末"。因为儒家特别强调义利之辨，而商业是在流通环节追求利益的，儒家从社会政治理念出发认为商业是次要的。现在经常讲儒商，好像儒家与商业之间关系变得非常密切，不再简单地认为儒家反对商业，而是肯定了对利益的追求。举一本书作为例子，《论语与算盘》讲的就是《论语》在商业上的运用。中国在近代以来走向文明转型，当然要发展商业,但是这个过程比较缓慢。而西方的商业文明出现之后,产品输入中国,就出现了商战,中国与西方的竞争就变成商业文明的竞争了。西方有商业文明、工业文明和科学文明,中国当时都没有,都要发展。

日本近代转型开始比较早,近代化的过程比较快,很早就出现了实业兴国的思想。有一位日本近代非常著名的企业家,叫涩泽荣一,被称为日本的近代化之父。他本来从事政治,升到了很高的官位,类似日本财政部副部长的级别,按说应该积极在政治领域里发展,但是政治领域有时候也会出现变化:时任财政部部长受到了一些批判,辞职引退,涩泽荣一也就不愿意再做官了,和财政部部长一起辞职。现在人们可能很难理解他为什么轻易辞职,当时的日本也有很多人感到不解,认为即使他和财政部部长共事,也不一定捆绑在一起,劝他不要辞职,但他就是坚定要辞职。当时涩泽荣一不只是因为人事上的变动产生了辞职的想法,他还有更深层的考虑,他不想再继续从事政治了,要转行到商业。日本的商业文明在近代开始发展,但是仍然不发达,因为日本受中国文化影响,自古以来也有一种被称为"官本位"的思想,好像政治领域和权力才是最重要的,和中国有点类似。所以涩泽荣一想通过经商去改变日本对商业的轻视。他认为一手要拿着算盘,学习如何去经营;但是单靠这个不行,另一手还要拿着《论语》。《论语》里面的真理是非常重要的,儒家从来不会把义和利、仁和富对立起来,所以他就把《论语》和算盘结合起来经商。最后涩泽荣一取得了很大的成就,成为日本近代化之父,创立的企业集团有几百家,包括很多日本的银行。涩泽荣一在日本的地位非常高,原来日本面值最大的纸币1万日币上印的头像是福泽谕吉,后来改为涩泽荣一。福泽谕吉是一位教育家,创立了庆应义塾大学,这所大学是现在东京的十所大学之一。福泽谕吉这个人也没有选择去当官,而是去从事教育。我在日本学习的时候对他的思想产生了兴趣,做的博士学位论文是《严复与福泽谕吉:中日启蒙思想比较》。福泽谕吉是一位教书先生,可是他创立了庆应义塾大学,影响非常大,在日本受到普遍的敬仰,他去世的时候日本给他举行的是国葬。日本1万日币的头像都是近代以来为日本做出杰出贡献的人物,原来是福泽谕吉这样的教育家,说明日本强调教育立国、科技立国;现在改成了涩泽荣一,说明日本现在又强调商业价值、企业价值。我在日本学习的时候,凑巧看到了《论语与算盘》这本书,后来又比较早地将它翻译成中文。中国改革开放早期,有一些商人不择手段,认为如果要追求富裕,就不能有仁爱之心、讲社会关怀,讲利的同时一定不能讲义。涩泽荣一认为这种观点完全是错误的,只有贪图小利之人才会这样做,如果要追求长远的利益是不能这样做的。从上述内容我们可以看出,《论语》的地位很高,其影响范围已经超出了中国。

我们已经讲了很多内容来铺垫,下面来看解读《论语》的方法。我们主要是采取分章的方式去解读《论语》。解释每一章时,我们先把这一章的主旨讲一下,然后采取语文学的方法去解释一些疑难字词,同时解释其中的义理,最后再做一些引申和运用的讨论。

《学而》是《论语》的第一篇,篇名取自这一篇的头两个字。"学而"这个篇名不具有实质的意义,也不是一个固定的词,是把一个实词"学"和一个连词"而"放在一起而成的。古人为书籍名篇的方法和我们现在不一样,大部分情况下是抽取篇章开头的两个字。如果开头是人名并且人名是三个字的话,就不能把人名断开,这样太不尊重人,于是就有了三个字的篇名出现,比如《论语》里的《公冶长》篇。在《庄子》里面也如此,除了内七篇《逍遥游》《齐物论》这些篇名是三个字,后面大部分的篇名,如果不是人名,都是两个字。这也涉及一个问题,为什么《庄子》内七篇的篇名都是三个字?我们根据先秦古籍名篇的方法,以及汉朝乃至魏晋名篇的方法,并结合一些其他的记载,认为《庄子》内七篇的篇名是被后人所改的,其篇名最早也不是三个字,比如《逍遥游》其实可以命名为《逍遥》,《齐物论》就是《齐物》。以两字名篇的现象非常普遍,个别的是三个字。《论语》里面大部分的篇名是两个字,有的以人名为篇名的是三个字。但是因为很多篇的开头是"子曰",不能都用"子曰"来名篇,所以如果遇到这种情况,就用"子曰"之后最前面的两个字作为篇名。

还有一种名篇的方法,就是根据篇章的意旨去名篇,这种名篇方式是后来才出现的。《孟子》也是抽取篇章开头的两个字或者三个字的人名来名篇的,而到了之后的《墨子》、《庄子》和《荀子》,篇名的主题性就非常强了。作者写一篇文章会有中心思想,就用两个字对中心思想进行概括。《荀子》第一篇是《劝学》,讲学习的重要性,勉励人们好好学习。前面所讲的日本近代的福泽谕吉,他的一本著作的书名翻译成中文也叫《劝学》,用了《荀子》中这一篇的篇名,鼓励人们去学习。中国还有一部书影响很大,也叫《劝学篇》,由清代的张之洞所写。所以"劝学"这个篇名从先秦时期的荀子开始用,清代的张之洞用过,后来日本的福泽谕吉也用过,当然他是用日文表达的。这说明学习是很重要的。

为什么把《学而》放在第一篇?《论语》从整体上讲是按一定顺序排列的。现在写论文或著作都要有一个逻辑上的结构和先后关系,内容怎么排列,是需要从整体上考虑的,并不是随意排列的。如果是随意排列的著作,没有严格的统一性,最多称之为杂论。严格意义上的著作一般都是有体系、有排序的。为什么《论语》把《学而》排在首篇?朱熹在《论语集注》中是这样解释的:"此为书之首篇,故所记多务本之意,乃入道之门、积德之基、学者之先务也。"他认为从整体上讲,做事情、思考问题要抓住根本,《学而》篇是入道之门、积德之基,所以学者要先好好学习这一篇。可以去反思朱熹的解释,如果这篇是最重要的,是不是意味着最后一篇就不重要?这也是一个问题。

《学而》篇共有十六章,其中涉及论学的内容有六章。这一篇讨论了儒家的很多价值,包括学(如果学是一种美德、品质的话,那么也属于此类)、孝、道、礼、信等。

1·1 子曰:"学而时习之,不亦说乎?有朋自远方来,不亦

乐乎？人不知而不愠，不亦君子乎？"

我们先讲这一章文字上的问题。简单看一下"子"这个概念，现在常见的用法是儿子、孙子，指的是男性后代，这种用法也是从古代演变下来的。在先秦时代，"子"是对男子的尊称。不过卫灵公宠爱的夫人叫南子，也称"子"，这有点奇怪。《论语》中"子曰"的"子"是实指，不只是说孔子是男性，还是孔子弟子对老师的尊称，弟子不称老师名字，只称"子"。"子"在《论语》里面也可以泛指现在的老师、先生。子学文献里称"子"，比如墨子、庄子、公孙龙子，也是这样的意思。孔子的尊称还有一个比较常用的词叫"夫子"。现在有时候用"老夫子"这个词，好像是有些讽刺的意味，甚至说这个人有些迂腐了，于是"夫子"这个词又变成了一个贬义词，不再是古人的褒义的运用。先秦的学者都称"子"，很有意思的是，他们的著作也称为"子"，这样的现象很普遍，比如《孟子》《庄子》《墨子》《公孙龙子》《荀子》，甚至包括过去怀疑的一些著作，都是称为"子"的。这是古代"子"这一概念的使用情况。

再看"学而时习之"里的"学"。古人一开始造"学"这个字，并非现在作动词或者名词用的"学习"的意思。"学"在古代的本义指的是学校，也就是学习的地方，比如庠、序都是学习的场所，称为"学"。现在"学校"一词还有"学"字，但是"学"常用的意思可能不是这个了。中国的字不断出现各种各样的引申义，甚至有的读音都变了。"学"在后来作动词用，其中一个意思就是在学校里学习。那么"习"的本义是什么?"习"的本义是和鸟联系在一起的,是长有羽毛的鸟练习飞行。虽然鸟生下来就有飞行的潜力或者能力,但它也得去练、去习,才能飞起来。有些小鸟第一次练习飞行时会从树上摔下来,小孩子学走路也是一样,跌倒之后再爬起来,反复练习,慢慢学会走路。所以"习"字一开始是和鸟练习飞行结合在一起的,后来引申成练习、复习。人要练习各种能力,巩固所学,掌握课堂上老师讲的知识内容,称为"习"。

"学而时习之","时"和"习"连在一起,"时"不是指随时去复习,古代教育是有复习的时间的,按时去复习叫时习。现在一般是白天上课,复习的时间在晚上,所以叫晚自习。古代也是这样,白天孔子带他的学生学习新东西,然后把晚上的时间留给学生复习巩固。复习有规定的时间,上课时间是不能去复习的。现在有些学生上课看别的东西,考试就临时应付。比如政治课,内容相对枯燥,为了让学生对课堂内容感兴趣,有些老师甚至挖空心思。我当年在清华大学的时候,有一个讲思想政治课的老师就很有智慧,他讲辩证法,重点放在马克思主义辩证法是怎么来的,从古希腊苏格拉底讲到黑格尔。辩证法在具体的发展过程中,哲学家的不同看法确实很有意思,并且这些内容学生没有听过,他们自然愿意听。这是一种灵活运用的技巧。

"习"在《论语》里非常重要。因为上课时间是有限的,要把所学的知识巩固下来,进而灵活运用,确实需要下大功夫——课前要预习,上课要听老师讲解,然后复习,甚至反反复复地复习。这个过程非常复杂。曾子说:"传不习乎?"

(《论语·学而》)老师传授的知识,不复习就会忘掉,就算拥有好的记忆力也会忘,所以"传不习"是不能真正掌握知识的。子夏也说过,"日知其所亡,月无忘其所能"(《论语·子张》)。"日知其所亡",就是说我们每天都要总结,要知道有什么知识还没有掌握,这才是一个努力的学生。"月无忘其所能",以前学习的技能,每个月都要反复练习才不会忘记。"温故而知新"(《论语·为政》)里的"温故",其实也是一种复习、加深理解的过程。

"学习"这个词非常重要,是我们现在的常用词。很多人每天都要使用"学习强国"来学习,这是因为中国要通过学习成为强国,所以大家要随时随地学习。

"说"是"悦"的假借字,指的是愉悦、愉快。古代文字特别是先秦文字中的假借字非常多。我们今天所见到的出土文献进一步证明了假借字的大量存在。为什么古代会使用假借字?一种情况是,当时这个字还没造出来,只能用另外一个字代替,后来这个字才造出来;还有一种情况,它实际上就是错别字,当时想不起来了,所以找另一个字假借。假借的原则是必须找音近或音同的字,有一定的规范。出土文献是很重要的考古发现的文本,发掘出来之后,古文字学研究者要做的一项很重要的工作就是整理、释文,把假借字的本字恢复出来。

"不亦"中的"亦"是"也"的意思,"不亦说乎"是一个反问句式。

"学而时习之,不亦说乎?"这句话的意思就是学生听老师讲课之后一定要复习。在孔子看来,复习是一件很愉快的事情,孔子的弟子们跟随孔子学习应该也是很愉快的。

这一章谈学习,学习也是这一篇的重点,我们分四点来讲解。

(一) 如何获得知识

孔子在《论语·季氏》篇专门讲过这个问题,区分了三种"知"的来源。第一种是生而知之,生下来就知道的。现实中是否有这种人不得而知,但孔子把它作为知识来源的一种。第二种是学而知之,通过后天的学习学到知识。第三种是困而学之。第二种和第三种的区分很奇怪,学而知之和困而学之到底是什么意思?学而知之的人就没有困惑吗?一学就能知道吗?困而学之是说他确实有困惑了,有不明白的地方了才去学,这样他才知道。这是讲学习的原因,为了解决困惑去学习。学而知之和困而学之之间的区分没有严格的逻辑关系,但孔子就是这样分的。对孔子来说,这三种知识的来源存在等级:生而知之是最好的;学而知之次之,也就是通过后天学习获得知识,并不如第一种;然后是困而学之,有困惑才去学,这是第三等的。但是和困而不学相比,困而学之又是好的,有困惑也不去学习是最不好的。有的人认为掌握的知识足够生活日用就行了,即便有困惑也不会去学习,因为他们认为即使不知道也可以生活得很好。这就是孔子批评的困而不学。

什么人是生而知之者呢?天才吗?从最新研究来看也不是这样。爱因斯坦似乎是天才,但爱因斯坦也是要学习的。爱因斯坦的数学学得也不好,当他研究相对论的时候,数学不好成了一种麻烦,所以他去补数学课。这么看来爱因斯坦也不是生而知之者。到底什么人是生而知之者?汉代以后,人们把孔子神化,认为孔子是生而知之者。但孔子本人并不承认自己是生而知之者。在孔子看来,只有圣人才是生而知之者。谁是圣人?尧、舜、禹、汤、文、武、周公。但是不是这样?我们也不这样认为。圣的繁体字"聖"由耳、口、王组成,是聪明的意思。聪明在古代往往还意味着拥有一种特殊能力——听,圣人不用去看,一听声音就能够对事情进行判断。圣的概念本来是指聪明,后来又演变成了道德境界高的意思。所以,中国的圣人有两个意思,一指特别聪明的人,才性、悟性特别高;二指道德境界最高的人。儒家所讲的圣人本来也是指聪明的人,但后来意思发生了变化,认为圣人不一定就非常聪明,只要道德境界高、人格境界高即可,甚至于说即使是普通人也都可以成为圣人。因为聪明才智这种能力不可能人人都很强,相比而言,为人处世更容易做好,只要做好了就可以成为圣人。

　　孔子认为圣人是生而知之者,但是他认为自己不是生而知之者。他说:"我非生而知之者,好古,敏以求之者也。"(《论语·述而》)孔子是通过勤奋学习古代的经典才掌握知识的,他确实是这样做的,《子张》篇里提到学无常师,就是指随时随地可以学习。孔子还说过"三人行,必有我师焉"(《论语·述而》),三个人一起出行可以相互学习。孔子年轻的时候"入太庙,每事问"(《论语·乡党》),好奇心非常旺盛,求知欲非常强烈,不知道的事情他都要去问,还"不耻下问"

(《论语·公冶长》),降低自己的身份去询问。儒家好学的精神始于孔子。

生而知之可能也牵扯到对大脑的科学研究。古希腊有一位哲学家叫柏拉图,他大概会赞同有"生而知之者",因为他认为学习就是回忆,人出生时,脑中已有知识,但是它不显现出来,得慢慢回忆。人生下来之后什么时候开始回忆?这个问题很复杂。有伦理学家认为,道德能力是后天学习培养出来的;还有很多人认为,认知也是后天通过学习培养出来的,但必须依靠先天的能力。比如人类的语言能力和动物的语言能力肯定不一样,所拥有的潜能也不同,无论如何培养,鹦鹉也不可能培养出人类那样复杂的语言能力。所以,一定要先有先天蕴藏在人类遗传基因里的语言能力,通过进化,它逐渐成为人类基因的一部分。每个人都有着潜在的能力,必须要把这种能力在后天激发出来。完整地看,先天和后天必须结合,只有先天能力不行,完全靠后天也不行。这让我们联想起孟子,他认为人有成善的可能,但是如果后天没有不断学习,它也不能表现出来。

(二)孔子及其弟子的好学

学习的思想是孔子和儒家最突出的思想之一,它还体现在好学上。儒家好学的代表就是孔子。他这样描述自己的学习态度:"默而识之,学而不厌,诲人不倦,何有于我哉?"(《论语·述而》)就是静下来默默地背诵,学习是从来不厌倦的,教诲人也是从来不厌倦的,这对于我是没有什么困难的。

鲁哀公在孔子晚年的时候与孔子有很密切的关系,孔子是他的顾问。他问孔子哪个弟子最好学,孔子说颜回最好学,达到了"不迁怒,不贰过"(《论语·雍也》)的境界。遇到什么事情都不会拿别人撒气,这叫"不迁怒";"不贰过"就是同样的错误不会第二次犯,非常善于总结经验教训。孔子又说,可是颜回非常不幸,短命,现在我的弟子里面要找一个最好学的代表,还不好说。

　　从这段话里面可以看出孔子对颜回的评价是非常高的。学习其实是无穷无尽的,我们称之为学海无涯,特别是现在我们称之为知识爆炸。为什么会出现知识爆炸?因为大家都在创造知识。如果可以通过高科技手段帮助人记忆,通过现代人工智能把人所需要的知识储存起来植入大脑,以后人们可能就不需要再去机械地记忆了。大量的精力会放到哪里?第一是去休闲;第二是通过休闲把身体状态调整好,去进行创造性思维。这样就可以省去记忆需要花费的大量精力。这可能是未来不可预测、不可想象的一种变化。

　　古代人学习主要靠记诵,因为知识太多了,所以学不完。庄子就感叹知识太多学不完,他觉得知无涯,学有涯,每个人生命有限和知识无限就产生了矛盾,无限的知识在有限的生命中是学不完的,麻烦的是有些学过的知识还会忘记。有人认为学得越多忘得越多,学了会忘就别学了。当然这是消极的想法。庄子认为人生有限,"以有涯随无涯"(《庄子·养生主》),就会陷入困境。知识学不完,干脆不学,就没有苦恼了。这种思想不是儒家思想。儒家认为虽然人生有限,但是还要不断地学,到老的时候,离开这个世界的时候才可以休息。一般来讲,好学不具有道德价值,但是儒家认为好学可能也是一种美德,鼓励人人都要去努力学习。

(三)学习的内容

要学习什么?对于孔子的弟子来讲,通常要学习的就是周王朝流传下来的六种技能——礼、乐、射、御、书、数。音乐非常重要,现在只有音乐学院的学生才好好学音乐,那时候音乐是必备技能,孔子的弟子都一定要学音乐。然后是射击、驾车(即"御"),当然驾车现在成为基本技能之一,几乎人人都要学会驾驶了。第五种技能是书法,最后一种技能是数学,在古代,数学也是一种基本能力。当然现在所需要的技能更多,做饭、计算机、外语等能力都变成了必需。除了这些技术化的能力,孔子的弟子们也要学习精神性的东西,就是学习经典。

要学习哪些经典?儒家讲过"博学于文"(《论语·雍也》),实际上在孔子的时代,广义上属于文化的内容都要学。文化中包含了各种文献,文献中包括了经典,具体而言就是"六经",即《诗》《书》《礼》《乐》《易》《春秋》。现在的学科在文科、理科、工科之下又有细致划分,但是都有一定的基础学科要学,然后再开始专门化,到了研究生阶段再进一步分化。在孔子弟子的时代,相对来讲学习的范围还没那么广,技术还没那么发达,"六经"就是最重要的。通过阅读、记诵来学习"六经",这在儒家看来是最基本的。

进一步发展是什么?要"下学而上达",学习基本内容后,一定要培养更高的理解力、创造力。掌握真理是更重要的,儒家认为要学习道,所以孔子讲志于道,追求最高的真理。

下学而上达，更重要的是自我完善、自我实现，涵盖了非常多的方面。比如说追求自己喜欢的事业，或者说在哪一方面想有一种特长，比如政治、商业、科技领域，都可以去专攻。儒家认为除了学习知识，更重要的是学以成人，就是成就人格，包括精神人格、道德人格、境界、品质等，最后成为君子、贤人、圣人。

有些父母对孩子期望高，希望自己的孩子成为贤人、圣人，就给自己的孩子起名叫希贤、希圣。君子和贤人之间差别有多大？是不是君子的范围可能更广一点？君子一般对应小人，贤人对应不肖，而最高的是圣人，圣人是中国文化和儒家传统里的最高理想。成为圣人太难了，那么成不了圣人该怎么办？难道就不活了吗？儒家可能不会带给人们这么大的心理压力，倡导一步一步做就可以，做到哪一步都行，但是不能去做坏人、不肖的人。如果不能成为圣人，那么一生就都没有意义和价值了吗？如果统一标准的话，也是强人所难了。所以说儒家在这方面不会形成一个强制的命令，而是为你的人生定下目标。孔子到最后成为圣人了吗？孔子很谦虚，认为自己还不是圣人。后来我们尊称孔子为圣人，还有尧、舜、禹、汤、文、武、周公可以被称为圣人。我们追求成为圣人，而圣人的数量却非常少，这就产生了矛盾，但是我们仍然可以把成为圣人作为目标。我们把发展最好的国家称为理想国、桃花源，都是美好的寄托和想象，但即使没有生活在桃花源，我们还是一样去生活。虽然目标无法达成，但是人始终要追求更好。过去有一种进步主义的观点认为未来一定就是最好的，但是地球以后会消失,太阳系、宇宙以后也会消失,这是最好的吗?如此看来好像人活着没意义。所以有人在追寻"人生的意义是什么"这个问题时会认为人生没有意义,因为人类最后就不存在了,这样就想得太远了,纠缠一个问题陷入死胡同,这不是儒家的立场和态度。学习是一个过程,只要在这个过程中努力就行,不管最终的结果是什么样子,我们都欣然地、坦然地、达观地去接受。追求任何事物都是这样,不要和自己过不去,如果一直用高标准衡量或苛求自己,就成了心理负担,可能就会让自己出问题了。所以,儒家虽然认为人生要有目标,比如王阳明认为人生下来就要学着做天下第一等人,做天下第一等事,但是如果做不到,难道人生就没有意义了吗?显然不是这样。在这一点上,儒家还是持开放的立场的。

第二十四届世界哲学大会会议的主题是"学以成人"。全世界哲学那么复杂,选的主题是"学以成人",这在当时引起了很大的争论。北京大学主办这次会议,杜维明教授参与了会议筹备,他是研究儒家的学者,对儒家有特别的情感,他认为"成人"始终是非常重要的,"成人"的道路是非常漫长的,所以将会议的主题定为"学以成人"。

过去我们批评传统,认为儒家思想不好,一切新的都是好的,旧的都是不好的。迷信未来,否定过去,这种进步主义大行其道。当时冯友兰先生还想为儒家辩护,认为儒家的东西并不完全过时,他提出了抽象继承法,指出对于儒家文化我们哪些方面要继承,哪些方面要抛弃。抽象继承法是什么意思呢?古代提出了一些原则比如仁、义、礼、智、信,因为古代生活与现代生活不一样,所以这些原则在古代所体现的具体内容肯定有一些在现代并不适用了。但是从抽象上讲,人与人的交往不需要信用吗?不需要礼仪吗?不需要智慧和知识吗?冯友兰先生举了一个例子,是对"学而时习之"这句话的解释。孔子的时代学习的内容和现在当然不一样,当时学的是"六艺",培养六种技能,包括驾马车;现在北京的街道上、邹城的街道上都不能行马车了,如果一定要学驾马车,那就不对了。不过,虽然现在不用再学驾马车的技能了,但要掌握汽车驾驶的技能。驾车这一技能虽然在不同时代有不同的内容,但都是需要的。冯友兰先生想表达的是,虽然各个时代学习的内容是不同的,但是我们都要学习。学习这个抽象原则是没错的,是儒家思想里面不会过时的原则。

(四)学习的乐趣:"乐学"和"学乐"

"学而时习之,不亦说乎?"学习的乐趣是什么?有人认为自觉学习、自主学习是人生的快乐,孔子认为学习、复习就是快乐。人生下来是不是天性好学?这个问题很复杂。若学好了,可能乐趣就多了;若学不好,可能乐趣就少了。中国的考试教育就是这样。"学而时习之,不亦说乎",可能是儒家鼓励人们学习,劝人们一定要学。

魏晋时期的张叔辽写了一篇《自然好学论》,认为人生下来就好学,这是第一个论点。第二个论点讲得更具体,认为人不仅生下来好学,而且生下来就喜欢学习儒家经典,不喜欢学习老、庄。看到张叔辽的这篇文章,嵇康表示不太赞成。嵇康是魏晋的名士,竹林七贤之一,他认为张的观点不对,就写了一篇《难〈自然好学论〉》，要与张叔辽辩论。在文中，嵇康拿自己来论证，说自己生下来就不好学，而且更不是生下来就只喜欢学习儒家经典。

广义上讲，人都是要学习的。学习是一个人成长、发展的重要历程，不学习要在社会上生存是很困难的。即使是动物也要学习，因为这是它生存的基本要求。改革开放早期的时候，中国出版了一本书，名字就叫《学习》，当时这本书的影响非常大。我们现在也可以称为学习时代。儒家认为一定要快乐地学习，因为如果学习是快乐的，就越想学习；如果不快乐，就越不想学习。这是儒家的立场。

"有朋自远方来，不亦乐乎？"此处提到了朋友的概念。古代什么叫"朋"？即同一位老师门下的同学。孔子讲"有朋自远方来"，就是说老同学好久没见了，从很远的地方过来了，这很难得，所以应该是很愉快的。为什么孔子强调这一点呢？因为在我们的人生中，除了亲人，朋友确实是很重要的。一个人如果完全把自己封闭起来，不交往、不交流，没有朋友，就可能会很不愉快；并且这种不愉快还不是突然发生的，而是会占据你整个人生的相当一部分。

我们能和谁成为同学呢？这也不是先天决定的，而是自然形成的机缘。大家想想我们过去的经历，和谁成为同学是一件随机的事情，是可遇不可求的。好的同学关系也是朋友关系，但是同学最后还是要分开，到各个地方去工作学习。所以如果有机会再见面进行交流，那自然就是人生中令人高兴的事情之一。当然同学之间也会有关系不好的情况，这是一种不幸的现象。孔子的弟子们好像关系都还比较好，不过历史上也有一些同学关系不好的，比如韩非和李斯。当时李斯到秦国去当国相（宰相），韩非后来也去了。韩非写作能力非常强，创作的《韩非子》影响非常大，秦始皇非常喜欢他，但是他不善于表达，最后被李斯陷害。总体上讲，同学之间的情谊是人生经历中非常重要的一部分，也是人生中最快乐的一部分，留给我们的大部分都是美好的回忆。我们应该好好发扬这种朋友之情、同学之情。

"人不知而不愠，不亦君子乎？""愠"是发怒、生气。"君子"有时指有德、有涵养的人，有时指有官位的人。《论语》中的"君子"主要指前者。"君子"是儒家人生修养的主要目标之一。

如果别人不知道自己也不生气，这个人就是君子。这里涉及一个问题，即被人了解为什么那么重要？儒家不只是一种讲道理的学问，其蕴含的道理与我们的生活体验、实践相关。儒家除了要指明道理，同时要我们联想别人不了解自己的时候。希望被人了解是人之常情，一般来说，是希望被身边的人了解。比如作为学生，就希望老师了解我们的志向和性情，希望同学和熟人了解我们，而不可能让天下那么多人都了解我们。儒家讲的爱人也一样，"仁者爱人"不是说对所有人都表现出具体行为，而是在一个有限的范围内。人在与别人的相处过程中希望被了解，甚至希望别人成为自己的知己，但人生中真正能了解我们的人是有限的，大部分人是一般的了解或表面的了解，不是真正的了解。人生难得一知己，如果只有知己算是朋友,那朋友就太少了,所以古代社会里面还讲究同学、乡亲、熟人。这里的了解是不同层次的,有深有浅。

现代社会是陌生社会,对别人的了解就更少了。为什么现代社会成为陌生社会?因为现代社会是自古以来流动最普遍的社会,很多人离开了小乡村,离开了熟人社会,都集中到大城市去了。在偌大的城市里,我们能被多少人了解呢?所以现代社会就成为陌生社会,坐在对面的人大多是陌生的,或者是长期不交往的,这就是现代的现象。

但我们还是希望能被更多人了解,因为每个人都希望被尊重、被肯定。被肯定就是人的荣誉感,这一点可以说既是人类天生的,也是后天发展的一种自我意识。小孩子刚出生的时候是没有自我意识的,自我意识完全是后天培养出来的,逐渐发展出这种荣誉感、被人尊重感,这是普遍的现象,既是天性的一部分,也是人后来在社会生活中追求的一部分。所以如果说一个人不被尊重、了解、肯定,甚至于被批评、被否定,哪怕是陌生人的否定,也一定会觉得很痛苦。历史为什么不断地被创造?就是人们希望不仅是生前被了解、被记住,死后也要被了解、被记住。所以中国古代就有一种说法叫"三不朽":立德、立功、立言。老子讲"死而不亡者寿",人死而不亡,就是说被人们记住了。

被人了解是人生的快乐之一。人生中快乐的范围非常广,不同的哲学家、伦理学家研究了很多种快乐。一般哲学家认为快乐有两种,一种是身体上的,还有一种是灵魂的快乐或者精神的快乐。古希腊哲学家伊壁鸠鲁认为快乐和幸福就是身体没有痛苦,灵魂没有纷扰。身体非常健康,没有痛苦,这是一个标准,但是光有这个还不行,因为如果精神不宁,灵魂不安,还是会有很多苦恼,这样也称不上快乐和幸福。苦恼来自哪里?这个佛教里讲得非常多。哲学家认为只要没有纷扰,没有各种各样烦心的事情,就可以很快乐。上述两条标准低吗?特别是第一条标准可能到一定时候就不低了,因为要保持健康确实不容易,需要锻炼、保健等。

相比于身体的快乐,儒家更强调精神的快乐。儒家认为不能一味追求改善物质生活,而要追求精神快乐,追求更高的境界。对于乐,孔子有很多区分,他认为有益的快乐有三种:"乐节礼乐,乐道人之善,乐多贤友。"有害的快乐也有三种:"乐骄乐,乐佚游,乐宴乐。"(《论语·季氏》)孔子认为,如果只关心身体的享乐,不关心灵魂、精神的快乐,这是有问题的。

儒家有一个故事影响很大,就是孔颜乐处。孔子和颜渊在生活上清贫简单,粗茶淡饭,他们不追求物质享乐,而是追求精神快乐。"一箪食,一瓢饮,在陋巷。人不堪其忧,回也不改其乐。"(《论语·雍也》)但是一定要追求这种生活吗?孔子和颜回他们乐意这样、希望这样吗?显然不是这样的。因为如果是这样的话,那么孔子的弟子看起来就像愚蠢的人了。孔颜乐处这个故事,首先是强调人不能一直想着追求物质上的快乐而不追求精神快乐。其次,我们生活的好坏是变化的,有现状与未来,如果现下生活得不好该怎么办?孔颜乐处实际上就是告诉我们要有一种态度和立场来面对这种情况。困难来了,有时候可以躲,但是很多时候不能躲,这时我们就要面对这个困难。生活也一样,有时生活状况不那么好,我们努力改善,即使改善不了,也要用一种达观、坦然的态度来面对。所以,孔颜乐处绝不是说孔子和颜回就喜欢这种生活,好的生活不要,只追求清贫的生活。这种理解不仅是错误的,也是不近人情的,它不是儒家观点,儒家强调义和利是统一起来的。

1·2 有子曰:"其为人也孝弟,而好犯上者,鲜矣;不好犯上,而好作乱者,未之有也。君子务本,本立而道生。孝弟也者,其为仁之本与!"

这段文本并不长,记载了孔子的弟子有若的话,主要讨论孝悌,认为孝悌是仁爱美德的根本,或者说是做到仁爱的入手处。

《论语》主要记载的是孔子的言论,但有一部分是孔子弟子的言论,这段话就是其中之一。这个弟子叫有子,是孔子的学生,姓有名若。他是鲁国人,比孔子小三十多岁。在《论语》中记载孔子的言论一般都称孔子为"子",弟子一般都称字。但有几个人例外:曾参、有若、闵子骞和冉有这四个人在《论语》里也称为"子"。这里的"子"是尊称。孔子称"子",学生也称"子",难道学生和老师的地位一样吗?不一定。为什么学生也称"子"?《论语》是否可能是由曾参、有若的弟子编的?弟子和老师关系比较近,所以也称曾参、有若为"子"。

"其"字意思很多,这里为假设词,表示若、如果、假定。

"为人"就是我们讲的为人处世、做人。"孝"讲的是子女对父母的爱和敬,因为父母地位高,有权威,所以不仅要爱,还要尊敬。这里的"弟"同"悌",指弟弟对兄长的爱和尊敬。中国传统社会里,长子的地位和其他的兄弟是不一样的,如果父亲不在了,就由兄长代替父亲的角色。在政治领域中,有长子继承制。从三代开始,在中国几千年的文明里,长子继承制与其说是一种制度,不如说是一项特权。当然,这里有各种各样的复杂因素,也有把长子废掉的情况。孝和悌在中国儒家传统文化里是家庭关系,在家庭关系中乃至往外延伸时,这种尊老爱幼的思想很普遍。在家庭关系里,儒家特别提倡孝和悌这两种基本的道德规范。《论语义疏》说:"善事父母曰孝,善事兄曰悌也。"二者有时单独称,有时合称为"孝悌"。

"犯"就是冒犯的意思,"上"一般指长者、居上位的人,"犯上"就是冒犯上司、长者。"鲜"是少的意思。"作乱"是兴乱。

《孔子家语》里有一篇《五仪解》记载了鲁哀公和孔子的对话,他问孔子:"智者寿乎?仁者寿乎?"我们现在讲的"仁者寿"就出自这里。是有智慧的人长寿,还是有仁爱之心的人长寿?孔子讲"知者乐水,仁者乐山"(《论语·雍也》),"知者不惑,仁者不忧,勇者不惧"(《论语·子罕》),有时候把仁和智放在一起说,有时候把智、仁、勇三者放在一起说。孔子没有直接回答这个问题,而是说人不能够长寿,甚至死于非命的有三种情况:一是"寝处不时,饮食不节,逸劳过度者,疾共杀之"。如果生活饮食、睡眠调节不好,就容易产生疾病,甚至会危害性命。二是"居下位而上干其君,嗜欲无厌而求不止者,刑共杀之"。其实这指的就是犯上作乱。处于下位的人冒犯处于上位的人,会受到刑律的惩罚,这种人肯定不会长寿。三是"以少犯众,以弱侮强,忿怒不类,动不量力者,兵共杀之"。愤怒不该愤怒的,常常好勇斗狠,这里可能是指国与国之间的战争问题。这三种情况都可能造成短寿和死于非命。孔子认为这些人都是咎由自取,做出了错误选择,造成了对自己的伤害。如果志士仁人生活得非常健康,行为合乎"义",喜怒按照"时",该愤怒时愤怒,比如在战场上要愤怒,但是不能随时随地发怒,不损害其本性,这些人就会长寿。

这一章主要是说一个人如果孝敬父母、遵从兄长,在外面犯上作乱是很少见的。不想犯上的人会去作乱,这是从来没有过的。这种说法其实是一种推论。或许有人会问,一定是这样吗?或者反过来说,在外面做得很好的人,在家里一定会孝敬父母、遵从兄长吗?儒家认为,君子应该在家里、外面保持一致。可是现实中可能不完全是这样,有保持一致的,也有不能一致的。

"务"是专心、致力于。"本"是根本的意思。"道"是人道。"仁"即"爱",是孔子道德的最高价值。这段话是说君子致力于根本,根本确立了,仁道就会随之产生,孝悌这种美德大概就是仁爱的根本吧。我们要做到仁爱,就要先从孝悌这一家庭伦理做起,向外推广延伸。

以上是这一章的主要内容,重点涉及以下几个观念。

(一)孔子的道

道家讲"道",儒家也讲"道",二者有什么不一样?《论语》里讲的"道"是什么?

第一,"道"是社会政治的理想和目标。具体来讲,指社会治理得非常好,有序、规范,人们安居乐业。孔子说:"齐一变,至于鲁;鲁一变,至于道。"(《论语·雍也》)鲁国治理得特别好,齐国改革了,就可以像鲁国一样治理得好;鲁国改变了,就可以达到"道"的理想标准——天下有道。这是"道"的重要意义,而且这个意义一直延续至今。后来人说某某"有道","有道"就是一个尊称。现在台湾同胞还这样写信,比如称"王有道",即王先生有道,是对这位王先生人格的尊称,"有道"成为礼貌用语。

第二,"道"指真理。讲不讲理实际是指是否合乎理(真理)。对事物的解释、对社会的看法是否正确,都可以说是否合乎"道"。这个"道"用现在的话讲就是真理、真实的意思。在孔子的思想里面,这层意思也非常明显,比如孔子说"朝闻道,夕死可矣"(《论语·里仁》)。追求真理不容易,有的人一生可能只有一个发现,特别是重大发现,但一旦完成,人生的意义也就实现了。"士志于道"(《论语·里仁》),儒家认为士就是要追求"道",这个"道"也可以有真理的意思。"人能弘道,非道弘人"(《论语·卫灵公》),"信道不笃"(《论语·子张》),"君子学以致其道"(《论语·子张》),都可以把其中的"道"理解为真理。

第三,"道"和"德"合在一起时,指道德价值、道德规范、伦理价值等。

第四,"道"在儒家还指原则、方法和途径。做任何事情都要有一个好的方法,这样更容易做好。比如出门都要选好路,不能常常想着舍弃大路走小路,更不能走邪道。

(二)孝与中国文化

"孝"是中国儒家文化中非常重要的核心,历史上塑造的"孝"的典型有二十四孝,现在很多地方还在宣传。曾子不仅是孝子,还写有《孝经》。

在山东有很多关于"孝"的故事,比如西汉临淄大孝女淳于缇萦的故事。缇萦的父亲淳于意是医师,被人诬陷,要被送到长安受刑罚。可是淳于意的五个孩子都是女儿,他认为女孩子遇事起不了什么作用,在关键时候帮不上忙。淳于意的女儿们很伤心,觉得自己没有办法帮助父亲。这时候最小的女儿缇萦站了出来,说要随父亲到长安去。这在当时是非常不容易的。怎么帮父亲呢?她想了办法,最后上书汉文帝,陈述了三点:第一,她父亲是无罪的,是被人诬陷的。第二,人如果受肉刑,在脸上刺字或是其他肉刑,会伤害身体,一旦伤害了就没法改变,即便他悔过自新了,造成的伤害仍然会留下来,成为永远的耻辱。第三,如果她父亲真的犯了罪,她愿意代替父亲受罚。所以一定要免了父亲的刑罚。缇萦的上书感动了文帝,文帝最后确实觉得有道理,可能也经过调查,就赦免了淳于意,当然也没有惩罚缇萦,因为她没有罪。而且因为缇萦之事,汉文帝废除了肉刑,这在当时是一件了不起的事情。

（三）孝悌与仁之本

孝悌与血缘亲情是联系在一起的，并不是对社会上所有人都要讲"孝""悌"。所谓"亲亲尊尊"，"亲亲"是处理家庭内部关系的规范；"尊尊"是对外的，比如在政治生活、公共领域里，对执政者要尊重、忠诚。

《中庸》认为仁爱的思想是人的本质。作为一个人就必须有爱心，爱心之中"亲亲为大"。郭店竹简《唐虞之道》就讲到尧舜已经这样做了，舜是大孝子，即便受到父亲的不公正对待，依然做孝子。《孟子·离娄上》也讲"仁之实，事亲是也"，对于"仁"来说，非常重要的事情就是侍奉父母。《孟子·离娄上》还讲，"不得乎亲，不可以为人"。儒家经典里这样的论述非常多。

为什么要孝呢？孝出自血缘亲情，好像是自然而然的。儒家认为人的身体是父母所给，自己的身体和父母相连，一定要孝敬父母："身也者，父母之遗体也。"（《礼记·祭义》）"身者，亲之遗体也。"（《大戴礼记·曾子大孝》）这是把孝和血缘亲情联系在一起。

孝为什么又是仁爱之本？检验一个人有没有仁爱之心，首先要看他能不能做到在家庭里对父母、兄弟好。如何理解"仁之本"？仁爱思想是普遍的，不只是爱家庭、爱父母、爱兄弟，整个社会大众相互之间都要有爱心。儒家特别强调孝的重要性和首要性。宋明理学家们认为，为了把对天下人的爱统一起来，要从孝敬父母入手。所谓百善孝为先，基于父子亲情关系和身心之间的紧密关联，子女对父母，天然就会亲近、有爱心，同其他关系相比,亲情有优先的、亲密的和厚重的特点。

随之也产生了一些问题。在与其他学派或其他文明的价值对比中,有人认为儒家的仁爱有些狭隘,过于强调家庭关系。基督教讲"博爱",不讲过多家庭孝悌和礼的问题,或者不讲太多父为子纲的问题。墨家讲兼爱,认为天下如一家,爱别人和爱自己的亲人一样,爱别人的家乡和爱自己的家乡一样,爱别人的国家和爱自己的国家一样。而儒家的爱好像没那么普遍,是有等差的。如何看待这个问题?

儒家强调孝悌,但是没有把爱限定在孝悌的范围内。这里要区分两个概念,一是爱的范围,二是爱的程度。儒家认为孝悌在爱里边重要,但没有限制爱的范围,只是强调人在出生后最先接触的社会关系是家庭关系、亲情关系。

为什么儒家这样讲?"仁"字左边是"亻",右边是"二",指的是发生在人与人之间的相互关系。但后来发现其实一开始"仁"这个字上面是一个"身",下面是一个"心",指的是自我的身心关系。孟子讲恻隐之心,首先是自己身心里的恻隐之心,自己的心对痛痒等的感知是最直接的,所以首先是从这里发展出来的。自己的身心和父母的身心关系最紧密。小孩子生下来首先要自爱,要成长,然后发展出对父母的爱,一步一步往外推,推己及父母,推己及人,推己及物,即爱自己、爱父母、爱人、爱万物。宋明理学讲要爱万物,程颢就提出"仁者以天地万物为一体"。儒家爱的范围非常广,不限于爱人类,还要爱物。儒家讲成己成物,除了成就自己,还要成就他人、成就万物。从这种意义上讲,孝的思想不完全等于仁,实际上只是爱的一部分。

中国文化里还有忠的思想,孝与忠是什么关系?刚才说的"亲亲尊尊","尊尊"就指向忠的概念,上下关系要相互沟通、有很好的合作,还要有忠诚之心。中国古代认为治理家庭、社会关系要靠孝,治理国家就要靠忠。忠孝成了一个固定搭配,一个人对外要忠,对内要孝,但这又会产生矛盾。首先是以孝治天下,好像只要做到孝了,人人都会忠,不忠是因为不孝,是不是这样?还有一种忠孝之间的矛盾,有时候陷入困境,忠孝不能兼顾,比如要打仗或者有紧急公务,无法照顾父母,就不能忠孝两全了。

有一个故事说,一个鲁国人特别讲孝道,战场上,号令一响,别的人都往前面冲,唯独他往后退。长官问他为何不冲,他说家有老父老母,自己是独子,如果死在战场上,老父老母没人照顾。如果是法家听到这种辩解,肯定是不同意的,因为法家认为军人首先要尽忠卫国,违反军令就要判死刑。孔子听说了这件事,称赞这个鲁国人是大孝子。孔子认为忠孝难两全的情况下要先尽孝。可是这种情况确实很矛盾,因为尽忠尽孝都是应该的,这就是道德困境。

比较中国文化和日本文化,人们提出一个看法:中国文化强调孝,日本文化强调忠。后来日本发展出公司至上思想,即所谓集体主义。

近代以来多讨论公德和私德问题,认为公德是公共领域的,现代社会的公务员首先应该考虑公德,要遵守职业道德,而家庭中的关系都是私人关系,私人关系不能影响公共关系。

公司、社会、国家和家庭的关系,就变为公德和私德的关系。

1·3 子曰:"巧言令色,鲜矣仁。"

第三章主要讲人的言语表达、表情表现与"仁"的关系。"巧言"就是说好听的话、花言巧语。"令"是好、善、美的意思,"色"就是面目表情,"令色"可以说是和颜悦色。"令"字在这里有点表演的成分,并非自然的情感。所以朱熹注说:"好其言,善其色,致饰于外,务以悦人。"他外表这样,是为了讨好别人,内心里并不是这样。对一个人并不是那么喜欢,可是为了某种目的又不能表现出不喜欢,还说好听的话,表现得和颜悦色。孔子认为这种做法不是爱,而是表里不一。所以,这句话的意思是,孔子认为经常花言巧语,表演、假装,很会取悦别人的人,很少有爱心、爱德。

这里涉及一个内外、表里的关系,在美学上就是内心美和外表美的关系。理想的状况应该是统一起来的,外表美,内心也美,不能只有表面上美,内心不美。别有用心、别有企图、算计别人,这就是内里不好。孔子说"巧言令色"的人缺乏仁爱,说得还比较客气,实际上这种人可能是虚伪的,有自欺欺人的行为。孔子当然不喜欢这种人,而且孔子说此话肯定是因为遇到过这种人,因为孔子的哲学不是坐在房间里凭空想出来的,而是在生活中遇到各种人、各种事,总结提炼出来的。而且这个道理孔子不仅在这个地方讲,在其他地方也讲。比如在《论语·颜渊》里孔子还说"色取仁而行违",表面好像非常仁爱、亲近,但实际在背后做的是另一套,这就很糟糕。孔子在《论语》中还有一处提到了巧言令色:"巧言、令色、足恭,左丘明耻之,丘亦耻之。"(《论语·公冶长》)有的人巧言令色,表现得非常谦恭,当时的人物左丘明不齿于这种行为,孔子也看不起这种人,以这种人为耻。所以,在这个问题上,孔子认为做人要表里如一,不能说一套做一套。

1·4 曾子曰:"吾日三省吾身:为人谋而不忠乎?与朋友交而不信乎?传不习乎?"

这一章记载了曾子的话。曾子也是圣人之一,姓曾名参,字子舆,鲁国人,鄫国贵族的后代,是孔子的得意门生。前面讲了曾子是大孝子,作有《孝经》,影响非常大。

"省"即察看,也可以说是反思、反省。"三"不一定是三次,也可以说是多次,因为《论语》里有很多"三",有时是实指,有时是虚指,比如"三人行""举一反三"。

"身"在此处不仅仅指身体,而是包括身心。儒家的"身"有时指完整的一个人,既是身体的也是精神的。如修身就不单单指保健(把身体保养好),更重要的当然是修养精神与道德。到后来,儒家和道家把身、心区分开来。孟子讲大体、小体,大体就是心,小体就是身体、感官。

"忠",朱熹注曰:"尽己之谓忠。"对人尽心竭力就叫忠。"信"是信任,是五常之一。"信"也可以是诚。在儒家后来的发展过程中,"诚信"二字结合了起来。

这一章的大意是,曾子说:"我每天要多次反省自己:为人做事是不是尽心竭力了?同朋友交往是不是做到真实诚信了?老师传授给我的东西是不是按时复习了?"

这一章讲的是人与人之间的关系,不限于家庭。人在家庭中生活,同时也生活在社会中。除了家人,与自己合作的大部分是同事或者朋友,之所以要讲信和忠,是因为人确实是社会的动物——人是政治的动物,既要忠实于自己,又要忠实于他人,不仅要在行为上表现出真诚,内心更要真诚。

道德良知是后天发展出来的还是先天即有的?前面已提到这个问题。其实从人的演化讲,人类的基因是逐步演化出来的,因为人类的形成也有一个过程,从类人猿演化成智人、早期人,然后到人类。人类要在地球上生存、繁衍靠的是什么?第一当然是技术手段,即必须有生存手段和工具。第二是合作,人与人之间必须合作。人出于生存的需要而合作,由此衍生出了道德规范、伦理价值,这些道德规范、伦理价值后来就成了人类内在基因的一部分。从这个意义上说,孟子讲得有道理,人确实有先天的道德能力,这是人类共同的基因,一代一代延续下来。知识和道德的发展并非完全同步,有人认为,有了技术后,知识的发展非常快,但人类的道德能力似乎发展很慢,与知识的发展速度无法匹配。为什么道德能力发展慢?是合作不重要了吗?并不是这样。对人类而言,"第一生存能力"可能是最重要的。"第一生存能力"首先指向活下来,即要有生存权,因而工具等物质条件更重要,只有生存下来才有可能谈发展精神层面的道德。所以,虽然合作很重要,虽然道德的部分也是天生的,但这里有先后顺序,首先要满足基本的生存需要,然后往高级层面发展。

1·5 子曰:"道千乘之国,敬事而信,节用而爱人,使民以时。"

在这一章里,孔子说明了一个诸侯国的君主要如何治理一个国家的问题。这里的"道"同"导",作动词用,表示治理。"乘"在这里读 shèng,指车辆。"千乘之国"是指这个国家有一千辆战车,用千乘说明一个国家的军事力量。一辆车要配备的甲士是三人,车下有步卒七十二人、后勤人员二十五人,即一辆车需配备一百人。孔子生活在春秋时期,当时的千乘之国算得上是大国了。战国时期的大国就不止"千乘",而是"万乘"了。

"敬事"指诸侯国的君主要兢兢业业,做事情首先要谨慎专一,不能一会儿想干这个工程,一会儿想干那个工程。因为一个国家财力物资有限,人力有限,有限的人力、财力决定了肆意做事是行不通的。

同时,人力、财力的有限性使得节约开支也很重要,这就是"节用"。古人在财政上一直强调不能浪费。

"爱人"指国君先爱护他的官员,而不是先爱护天下百姓,因为替君主做事的首先是各级官员。由爱护官员扩展开来就是爱百姓。在孔子看来,国君一定要爱自己的下属,要照顾、关心他们。在军队里也一样,将领对自己管理的军人是非常好的,在古代有很多此类故事。因为如果将领对下属不好,军人就会离心,在战场上作战能力就会削弱。

"时"是农时。古代中国是农业社会,季节非常重要,比如春耕的时候就不能不让老百姓种地,这是强调农业的重要性。

在此章中,孔子认为君主如果治理有一千辆战车的大型国家,一定要做到谨慎处理各种事务,节约开支,维持收支平衡,信任和爱护他的官员,同时不能影响老百姓的农业生产。因为国家需要税收,要收粮食,影响农业生产势必会影响农民的生活和国家的税收。

这里强调三方面:第一,君主要有责任感、使命感,一定要勤政。春秋时期的很多君主不勤政,这肯定会影响官员的施政,继而对百姓生活造成非常大的影响。第二,君主要节约开支,爱护他的官吏。在现代也一样,经济不景气时,国家财政收入可能减少,压缩预算是普遍的做法。第三,要以农业为本,不能耽误农时。古代春耕夏种,秋收冬藏,节气和农业生产的关系非常密切,每一个环节都不能耽误。

孔子为什么强调这三方面?很有可能是在现实中这三方面不能得到保证。造成这种局面的原因主要有两种:一是战争。老子讲"戎马生于郊",如果战场在农业地区,战马在农田里奔跑,农田就会遭到破坏。另外,打仗要征兵,农民都上战场了,田地就会荒芜。所以战争是影响农业生产的一个重要因素。二是劳役。国家兴修大型水利工程、修筑边防工事,都需要抽调年轻力壮的劳动力。如果劳动力在农耕时被抽调,就会影响农业生产。

1·6 子曰:"弟子入则孝,出则弟,谨而信,泛爱众,而亲仁。行有余力,则以学文。"

第六章又讲到孝悌的问题。从这一章可以看出孔子教导学生如何做人、做事。"弟子"这个词在当时有两种意思:一种指年纪较小的,为人弟和为人子的人;一种指学生。这里采用的是后者。到现在也经常把学生称为"弟子"。"入"就是回到家里。还有一种说法认为"入"指儿子到父亲那里去,这涉及古人的生活方式,古时候父子可能住在不同的地方。与"入"相对的就是"出",即外出拜师学习。"出则弟"指出去要尊敬师长,"师长"泛指年长于自己的人。少说话,寡言少语称为"谨"。"泛"是广泛爱人。"亲"是亲近。"仁"是仁人、有爱心的人。"行"是行动、行事。"文"是文学、礼乐文化知识、经籍、经典等,指称范围非常广。

在这一章中,孔子说弟子们在自己父母身边时,要时时刻刻孝敬父母,如果出门在外就要尊敬师长。言行一定要谨慎,同时要诚实可信,要广泛有爱心地对待别人,亲近有仁德的人,如果你觉得这个人不好就敬而远之。人们一定要躬行实践这些东西,如果还有余力的话就要学习文化知识,人生有限,不要浪费时间。

在这一章中,孔子教导弟子应如何孝敬父母和尊重师长。要真正做到是非常不容易的,古代和现代都如此。父子关系和师生关系有时会处理不好,原因可能是多方面的。举一个例子,现在有些学生向老师请教时不说"请教""指导",而说"老师,我想和你聊聊"。很多人认为师生之间太严肃不应是常态,轻松一点似乎也可以。虽然儒家所讲不必苛求,但还是要有一个相对尊敬的态度。有时候开会讨论问题,老师之间都说"请教",师生之间反而不用了。

1·7 子夏曰:"贤贤易色,事父母能竭其力,事君能致其身,与朋友交言而有信。虽曰未学,吾必谓之学矣。"

这一章主要讲子夏提出如何对待自己的父母、如何对待君主(国家领导人)、如何交朋友的问题,认为忠、孝、信是一致的。内容与前几章有很多交叉。

子夏姓卜,名商,字子夏。他是孔子的学生,比孔子小四十四岁,师生之间的年龄差距很大。他在孔门四科中以文学见长,是孔子弟子里著名的文学家。

子夏确实是孔子弟子里比较优秀的学生,经常有一些独到的见解,受到孔子的赞许。比如《诗经》里有一句话"巧笑倩兮,美目盼兮,素以为绚兮",子夏问孔子是什么意思。孔子说"绘事后素",要先以粉地为质,然后施以五彩,进一步化妆。即首先要美质,然后进一步文饰,这是有先后的。子夏说,老师,礼也是靠后的吗?孔子说,这个问题提得好!你能够启发我也思考这个问题,然后我可以和你进一步讨论《诗》的问题了。

《论语》里记录子夏的言论较多,子夏在孔子弟子中的地位比较高。比如《子张》篇中所记载的子夏之言:"博学而笃志,切问而近思,仁在其中矣。"恳切地请教别人,好好去思考,广泛学习,这就是有仁爱之心了。后来有一本书叫《近思录》,就是借用"切问而近思"中的"近思"。"百工居肆以成其事,君子学以致其道。""日知其所亡,月无忘其所能,可谓好学也已矣。""虽小道,必有可观者焉",小技艺里也有可以学习和借鉴的地方,有其精彩之处。这些都是子夏所言。子夏还说过一句非常著名的话,"仕而优则学,学而优则仕","优"就是有闲暇。做官做好了就学习,学习学好了就做官。孔子也有类似的说法,"行有余力,则以学文",工作做完了,有闲暇的时间就去学习。

孔子去世后,子夏到魏国西河郡教书育人,也有很多著名的弟子,比如李悝、吴起。子夏被魏文侯尊为师傅,地位很高,很多人向他学习。

"贤贤",第一个"贤"作动词用,是尊重的意思,尊重贤者叫"贤贤"。"易"指取代、改变。这里的"色",有人认为是美色、美人,指女性长相比较美;也有人认为指脸色。尊重贤人一定要和颜悦色吗?这里的"色"还是解释成美色比较好,指女性的形象美。人们一般爱美人,好色似乎是人之常情,孔子也不否定,但他认为不可以只爱色。孔子有一句感叹:"吾未见好德如好色者也。"(《论语·卫灵公》)这不是一句平白无故的话。孔子在卫国时见卫灵公不认真执政,不爱护贤人,却过于宠爱南子,就不高兴了。孔子所说的"好色"实际上是好美色的意思。结合起来,这一章里的"色"不能解释成脸色,"贤贤易色"应是讲爱美人的同时也要爱贤人。孟子常劝齐宣王要努力治理国家。齐宣王这个人很真实、可爱,他说"寡人有疾",讲了自己的几个缺点,其中一个就是"寡人好色"。孟子怎么看待这个问题?孟子也很实在,他没有劝说齐宣王不应该好色,而是认为好色也可以,但你不能一个人好色,要君民同好,君王自己好色的同时也要保证天下的男子都能够结婚。孟子这样讲也很合情合理。所以,"贤贤易色"是说尊重贤人非常重要,特别是在政治生活中。

"事"指侍奉。"事父母能竭其力,事君能致其身",对内要孝,对外要忠,竭尽全力。过去有人认为忠臣没有好下场,其实是有些大臣没做好,因为他们过于耿直,进谏时把君主批评得一塌糊涂,让君主没有脸面。开明的君主或许还可以接受,昏庸的君主听到一点不同意见都会觉得大臣不尊重他。人是有荣誉感的,都需要被肯定,君主也是人,也需要被肯定。所以,大臣不能认为只要尽忠就行,还要讲究方法和策略。

魏徵是很能进谏的人,虽然魏徵进谏让李世民时常不高兴,但李世民开明,能够接受。魏徵对李世民说:我不做忠臣,而做良臣。忠臣和良臣有什么不一样?魏徵认为忠臣不好,忠臣太耿直,为了自己得到美名就很激烈地批评皇上,皇上一生气把他杀了,结果忠臣的名声传出去了,皇上的恶名却留在了史书上;如果当良臣,尽到进谏的责任之后,皇上会接受他的进谏,这样皇上和大臣都能得到美名。李世民特别肯定魏徵,说自己这一生有三面镜子:以铜为镜,可以正衣冠;以古为镜,可以知兴替;以人为镜,可以明得失。魏徵的去世让李世民失去了一面镜子。这说明魏徵在李世民心目中的地位确实很高。

"与朋友交言而有信",交朋友,一定要讲信用,特别是为政者,话不必多,讲太多而实际做不到,就是空话。

1·8 子曰:"君子不重则不威,学则不固。主忠信。无友不如己者,过则勿惮改。"

这一章的内容仍然是孔子教诲人们如何做一个"君子"。"君子"在先秦的典籍中出现得非常多,它的本义是君王之子,后来延伸为政治地位很高的人。而孔子所讲的"君子",主要指有道德、有品格的人,或者是儒家人格修养的目标之一。"重"是庄重、郑重的意思。"威"指威仪。"固"有两种解释:一指牢固,不庄重就没有威仪,所学也不牢固;二指固陋,见解少。这里采用第一种解释。"主"是注重,"主忠信"即以忠信为根本。"无"不是没有,而是不要。"如"是比得上。"无友不如己者"即不要交不如自己的朋友。有人认为这种理解不符合孔子的原意,孔子并非看不起人。孔子还说过,"道不同,不相为谋"(《论语·卫灵公》),道不同的人就不要与他交朋友、共事或合作,因为志向不一样。"无友不如己者"的意思应该是不要与自己性情不合或没有忠信的人交朋友。"过"是过错、过失。"惮"是害怕。犯了过错不敢改正或者不敢承认,这是不对的。

首先，孔子认为君子做事要严肃，至少要庄重，特别是在关键时刻，这样才会受到尊重。

其次，孔子说明了交朋友的技巧。在儒家看来，交朋友是人的重要交往之一，朋友之间要讲信用，这是很重要的，孟子就强调"朋友有信"。

什么是良好的朋友关系？孔子讲"益者三友"，好的朋友关系有三种：一是交正直的人，二是交诚实的人，三是交知识广博的人。交这样的朋友能给自己带来很大帮助。那什么样的朋友不能交？"便辟"，行为古怪的；"善柔"，假装和善的；"便佞"，巧言善辩、巧言令色的。对这些人要敬而远之。

子贡问孔子对待朋友的方法。孔子说"忠告而善道之"（《论语·颜渊》），如果朋友做得不好，要提出忠告，不要鼓励他做不好的事情，而要帮助、引导他。但是他不听就不要硬劝了，因为如果硬劝会有强迫之感。曾子也言"君子以文会友"（《论语·颜渊》），君子之交淡如水，而非金钱酒肉朋友。有一种说法认为朋友是另一个自己。为什么这么说？因为"物以类聚，人以群分"，人一般会选择和自己性情相投的人做朋友，如果三观不合，话不投机，可能也成不了朋友。从这个角度看，"无友不如己者"的意思也应该是不要同与自己性情不合或没有忠信的人交朋友。

最后讲的道理是知错就改。人犯错误，这是难免的，关键在于是否敢于承认错误。孔子说，有了过错，就不要害怕改正。但人们往往不愿意承认错误，甚至习惯于文过饰非、转嫁他人。孔子认为不可以这样，知错就改是一种美德，知错就改人才能进步。

1·9 曾子曰:"慎终追远,民德归厚矣。"

这一章主要讲如何尽孝,以及此做法对政治生活和百姓的影响。"慎"是虔敬、尊敬的意思。"终"是逝世。"远"是祖先。"慎终追远"指一定要虔敬认真地办理好父母的丧事,祭祀追念祖先。这种观点在儒家文献中出现多次,比如《论语·为政》有"生,事之以礼;死,葬之以礼,祭之以礼",《中庸》言"事死如事生,事亡如事存"。有些人可能觉得亲人死后,反正看不见,于是祭祀就可以不认真。儒家认为不能这样,要对先人保有一颗尊敬、恭敬的心。"事死如事生,事亡如事存",这就是孝的最高境界了。

"慎终追远,民德归厚矣",这句话应该是讲给统治者的——君主"慎终追远",老百姓自然就淳朴忠厚了。

"慎终""追远"这两件事情都和孝联系在一起,体现在礼仪上就是丧礼和祭祀。儒家有"三礼",第一讲礼的道理、义理,即为什么要守礼,礼的根源是什么。第二讲礼的制度,具体有婚礼、丧礼、军礼等。第三讲礼仪,即具体可操作的行为规范。

中国古代的祭祀有三大体系,第一个体系是最高的神,即上天。第二个体系是自然神,如山神、水神、井神等。第三个体系是祖先神,也就是鬼神。

为什么要祭祀?一是感恩报德,二是祈福,换言之,一是感谢,二是希望得到护佑。通过祭祀进行纪念,构成了社会和集体的记忆,由此形成了文化传统,直到现在仍很普遍,比如每年举行的祭黄帝、祭孔仪式。

1·10 子禽问于子贡曰:"夫子至于是邦也,必闻其政。求之与,抑与之与?"子贡曰:"夫子温、良、恭、俭、让以得之。夫子之求之也,其诸异乎人之求之与?"

这一章主要讲子禽向子贡请教。子禽问子贡:为什么老师到一个国家就一定会听到那个国家的政治事务?到了齐国等诸侯国,君主都接待他,让他问政,这个机会是如何得到的?是夫子主动要求的,还是国君主动给他的呢?子贡回答:这是夫子受到尊敬的结果。夫子为什么受到尊敬?因为夫子非常温和、善良、恭敬、俭朴、谦让,有这五种美德,所以君主很尊敬孔子。

这里出现了两位学生:一是子禽,名陈亢,陈国人。他比孔子小四十岁,可能和孔子并非直接的师生关系,而是子贡的弟子。二是子贡。在孔子的弟子中,子贡、子路、颜渊几人是最主要的。子贡姓端木,名赐,字子贡,比孔子小三十一岁。子贡是孔门四科中善于言语的学生,而且特别有怀疑精神,敢于质疑自己的老师。

"夫子"是古代对老师的一种敬称,《论语》中指孔子。"邦"是诸侯国。"抑"表示还是。"其诸"是大概、或者的意思。

这一章强调了孔子的五德,现在看来仍然很重要。首先,对人要温和,不要横眉竖眼;当然,温和不能只是表面的,同时要善良,有善心。其次,对人要有恭敬之心;同时生活上要俭朴,即便自己很富有也要俭朴。最后,还要谦让,温和与谦让可以结合在一起看。

讲到这里,好像孔子有很多机会施展政治抱负,但实际上孔子的政治生涯并不是很顺利,自五十五岁离开鲁国以后,孔子十几年都没有在某个诸侯国获得过很重要的政治地位,只是担任顾问之类的职务。为什么那些君主尊敬他却又不给他官位?主要原因还是孔子太理想化,目标提得太高,君主觉得做不到,所以不听孔子的话。关于孔子的政治生涯,之后谈孔子的经历时我们再进一步展开。

1·11 子曰:"父在,观其志;父没,观其行。三年无改于父之道,可谓孝矣。"

这一章还是讲如何尽孝。"观"就是看。"志"是志向、意愿。"行"是行为举止、所做之事。"父在,观其志;父没,观其行。"这里的"其"指儿子。有人认为"其"指父亲,可是"父在"的时候看父亲的志向,"父没"的时候"其"又变成谁?父亲去世之后还怎么看他的行为?这里前后无法统一。所以,"其"应该指儿子。父亲在世的时候,看儿子的志向是什么,合不合乎父亲的志向;父亲去世后,过去父亲做得好的地方儿子应该继承。

"三年"是虚数,非实指。虽然守丧是三年,但父亲好的经验或道理可以一直听,甚至会影响自己一生。

"三年无改于父之道",可如果父亲做得不好怎么办？父亲说的话不对我们还要听吗？虽然"天下无不是之父母"的说法过于绝对,但一般来讲,大部分父母都希望自己的子女健康、优秀。父母不是圣人,他们说得不对、做得不好的时候,做子女的也不要生硬地批判,甚至强烈地对抗,最好以温和的方式动之以情、晓之以理。

我们常讲"父慈子孝",现代社会孝的方法和途径相比于古代肯定不一样,但总体上看,当下父母对孩子的付出往往比孩子对父母的付出要多,现在的"孝"常常不如"慈",有些子女甚至谈不上"孝"。虽然社会发生了变化,但"孝"始终有其重要意义。

1·12 有子曰:"礼之用,和为贵。先王之道,斯为美,小大由之。有所不行,知和而和,不以礼节之,亦不可行也。"

这一章是有子关于礼仪的言论和看法。"礼"在前面已讲述过,此处主要讲礼仪的规范和价值。"和"也是儒家的一个重要思想,在这里主要讲的是和谐、恰当。"先王之道"就是古代圣王的治国之道,具体来说,就是传承尧、舜、禹、汤、文、武、周公等古代圣贤君王的治世之道。"斯"就是这。"斯为美"指这是非常好的,需要保留的。

这一章讲如何让礼发挥好的作用。第一,礼确实是原则规范,但如何表现要有一个尺度,做得太复杂不合乎礼,太简单也不合乎礼。先王就做得非常和谐、非常好。第二,如果是做表面的礼怎么办?即便内心不愿意,可是为了得到别人的肯定,也要大肆铺张。孔子对此非常反对,认为如果只是做表面文章,而缺少内心的真诚,那宁可不要这种礼。孔子讲"无礼之礼",表面的礼是需要的,但一定要发自内心,形式上也恰到好处,这样的礼才被需要。

孔子否定没有内在的东西,他认为与其奢侈,还不如简单一点,不要做表面文章。礼是人与人的交往之中非常重要的规范。礼表现为尊重,如果不尊重对方,对方就会觉得受到了轻视,相互之间的关系就处理不好。礼具有重要作用,一方面具有普遍性,另一方面又有差别性。礼的差别性尤其体现在国家之间交往的时候,不同的政要受到接待的礼是不一样的,古代更是有等级和层次,现代社会虽然没有太过复杂,但也是非常明显的。

西周的礼乐文明特别复杂,到了春秋时期,礼崩乐坏,人们不遵守古礼,孔子就有很多批判礼崩乐坏的话,他认为如果完全不要礼,就是文明堕落。孔子要复周礼,须恢复礼的价值。现代社会的礼显然没有古代复杂,特别是传统文化中的很多礼被否定,导致当下的礼太过简单,有时甚至表现得好像没有礼貌,这又走向了另一个极端。现代社会仍是需要礼的,只是内容发生了变化。

1·13 有子曰:"信近于义,言可复也;恭近于礼,远耻辱也;因不失其亲,亦可宗也。"

这一章讲的是关于信和义、恭敬和礼的美德,以及对待宗亲的做法。"近"是接近、符合。"义"是正义、正当、公平。"信近于义"指所守的诺言符合道义。"复"是可以做,做得到。"言可复也",许诺的话就可以做到。"恭"是恭敬。"远"是远离、避开。"恭近于礼,远耻辱也"指待人谦恭,尽量合乎礼仪,就不会让人耻笑。"因"是宗亲。"因不失其亲"指对待宗亲要做到不失去亲情,在亲人和亲戚之间兼顾好,这样后人也可以效法。

信是五常之一,诚信非常重要。如何避免耻辱?常有人说自取其辱,就是自己做得不好而感受到耻辱,并非别人所施加,这就要求人们自己承认错误。当然,如果是别人侮辱自己,那么可能是他人做得不好,这是双向的。这些道理在现代社会仍然通行,并不过时。

1·14 子曰:"君子食无求饱,居无求安,敏于事而慎于言,就有道而正焉,可谓好学也已。"

"君子食无求饱"并不是让人饿肚子,"求饱"的"饱"指追求吃得好。孔子认为,对于吃饭、居住条件,不要要求太高,吃饭不要求饱足,居住不要求安逸,勤奋敏捷地做事,谨慎地说话,向有道的人学习,让他们帮助自己,这可以称得上是好学了。

关于吃饭、居住的问题,温饱是一般标准。君子的重心不应放在追求精美的食物、舒适的住处上,或者不能一直挑剔。

好的生活并不一定就是奢侈、豪华的,也可以是非常简单的。人的追求有很多,除了吃、住,人更应该好好学习、上进,这就是"就有道而正焉"。

人如何提高自己、发展自我?要多看别人的优点,不要一直看缺点。因为总是看别人的缺点,或者总是批评、否定别人,并不能提高自己。孔子说"见贤思齐焉,见不贤而内自省也",看到比自己强的人一定要学习,看到不好的人也不要轻易批评,要多反思对比,如此较为客观。这个道理对做人做事都很重要。

1·15 子贡曰:"贫而无谄,富而无骄,何如?"子曰:"可也。未若贫而乐,富而好礼者也。"子贡曰:"《诗》云,'如切如磋,如琢如磨',其斯之谓与?"子曰:"赐也,始可与言《诗》已矣,告诸往而知来者。"

"谄"是谄媚。"如切如磋,如琢如磨"出自《诗经》,加工骨头、象牙、玉石等,切磋琢磨,用不同的工具就有不同的方法,后来延伸成切磋学问、互相学习等。"告诸往而知来者",是说子贡能举一反三,是对子贡的肯定。这一章讲子贡向孔子请教问题,最后孔子肯定了子贡,说可以与子贡讨论《诗》了。

子贡提出的问题是,贫穷但不谄媚别人,富贵但不骄傲自大、盛气凌人,这样是不是就很好?孔子说这样也不错,但还是不如贫穷的时候乐于道,富裕的时候谦虚好礼。子贡说,是不是就像《诗经》里说的,对待不同的物料,要用不同的工具、不同的方法,切磋琢磨？然后孔子夸赞子贡讲得很好,认为子贡也启发了他,可以进一步与子贡讨论《诗》了。

这里强调两个方面。首先,孔子并不是让人安于贫穷,而是说即便处于贫穷状态也要自尊自爱,不能自认低人一等。富人则容易傲慢,看不起人,所以孔子希望人能"富而好礼",富裕的同时拥有好的修养、品行。其次是举一反三的问题。学习和做事的目的都是使自己不断变好,成就更好的自己。在这个过程中,不断思考是一个重要方式——不仅要知其一,还要通过一推出更多。

1·16 子曰:"不患人之不己知,患不知人也。"

"己知"就是知己,知道、了解自己。"知人"是知道、了解别人。别人了解我们和我们了解别人,哪一个更重要？孔子认为了解别人更重要。在这一篇的首章孔子就说过,"人不知而不愠,不亦君子乎？"从侧面指出人们是希望别人了解自己的,为什么在这里孔子强调了解别人更重要？

孔子主张学习他人的优点和长处,其中一点就是见贤思齐,向贤人学习。当然,见到别人不好的地方,也要告诫自己,尽量避免。从这个角度来说,了解别人很重要。孔子还讲过:"不患人之不己知,患其不能也。"(《论语·宪问》)不担心别人不了解我们,而是担心自己做不到,没有能力。所以,了解别人和了解自己在儒家思想里都是存在的。

这里有一个问题需要稍做讨论——人为什么要认识自己？自己难道还不了解自己吗？哲学家苏格拉底说，哲学是用来认知自己的，认知自己是哲学智慧的核心。老子讲"知人者智，自知者明"，知人者有智慧，了解自己则是"明"（明智、明哲）。认识自己并不是一件简单的事情，高估或低估都不是正确认知自己。苏格拉底认为，要认知自己，很重要的一点是认知自己的无知。有的人常觉得自己有知，不懂也说自己懂了，这就是不能认知自己。认识到自己的无知和不足才能不断学习，反之，如果自我满足，好像自己很了不起，而实际并非如此，那就是自己不了解自己。

在这里孔子强调认知他人很重要。比如，一个人是行政官员，就要能认知和使用人才；如果是老师，就要了解学生，这样才能因材施教。同样，父母也要了解孩子。父母大多希望孩子按照自己的意愿做事，而忽略孩子自己的兴趣爱好。比如大学里的学科选择，在很多家长看来，人文学科不如社会科学，社会科学又不如工科、理科，因为前者就业不易，挣钱太慢。如果孩子的兴趣爱好是人文学科，父母对孩子不了解，用自己的价值观代替孩子的价值观，就容易产生矛盾，这在教育中是不好的事情。

《学而》篇总共十六章，简单总结一下，主要内容可归纳为四点：

第一，讲学习的重要性。学习在任何时代、任何时候都是重要的，它是让人进步的最重要的方式。要学，要练习，其中还有一个反复巩固提高的过程。

第二,讲了很多价值理论,包括仁、礼、义的思想,尤其涉及大量孝的思想。有些是从原则上讲的,如"孝弟也者,其为仁之本与",讲孝的重要性。有时候讲具体怎么尽孝,"事父母能竭其力",或者"慎终追远",又或者更具体的"三年无改于父之道"。孝在儒家思想中确实非常重要,这也是中国文化的一种特色。从一定意义上讲,孝在现代仍然是重要的,礼的思想就更不必说。

第三,讲修身。修身就是要学以成人,不断发展自我,成就自我,成就好的人格,发展自身能力,成为一个德与能兼备的人。现代教育追求"德、智、体"全面发展,但往往发展不均衡,"智"被过分强化,"体"得不到重视,"德"这部分也不易发展。培养出来的人发展不全面,就容易产生各种各样的问题,比如不能与人很好地合作。儒家重视道德教育、品质教育,总结起来,就是强调两条,即如何做人、如何做事。

第四,强调认知他人、认知自己。这两方面都很重要,了解自己才能更好地发展、进步,但也不能因为别人不了解自己而抱怨;了解他人才能更好地尊重他人,而不是简单地将自己认为好的强加给别人。

为政第二

王中江 解读

《为政》篇总共有二十四章。"为"就是做,"为政"可以解释成从事政治。"为政"背后是一个从上到下的官僚体系。孔子讲"为政",首先针对的是国家,是君主如何建立秩序、管理国家。

《论语》并不是严格按内容分篇的,前后内容会有一些交叉,学习的时候需要前后照应。比如"孝""礼""仁"等概念,孔子在不同章都讲过。在这里可以先概括一下《为政》篇的主要内容。

第一,讲如何从事政治。儒家的理念认为,从事政治一定要跟道德、伦理、做人结合起来,这是《为政》里面要讲的。

第二,讲谋求官职和从政为官的基本原则。政治不只是有一些规范性的东西,还包括我们要遵循的原则、道理和价值,同时还有方法。政治是一个复杂的事物,如果把政治看得太简单,或者认为政治只是如何获得权力,甚至于把权力当成目的的话,政治就变成权术了。那么,从事政治的人就会被批评为政客,因为他没有把政治与理想统一起来,政治纯粹变成了自己升官发财的工具,这是不符合儒家思想的。当然,政治岗位肯定要有俸禄,但是我们的主要目的是通过政治舞台实现自己的政治理念,如果没有政治理念,就容易腐败。关于如何获得权力,如何很好地运用权力实现政治理念,这是《为政》里面要讲的。

第三,讲学习,讲我们要思考问题,同时对问题提出见解,即学习已有的道理、经典,同时结合自己的实际情况思考,看看之前的看法怎么样,正确不正确,由此不断加深认识。从广义上讲,学习和思考是一个整体,不能只学不思考。当然,《论语》里面也讲不能什么也不学不看,老是自己坐在那里冥思苦想,这种思考也是不行的,后面我们都会讲到。

第四,讲人生的道理,例如如何修养自我、成就自我,过一种好的精神生活、伦理生活、价值生活,让自己更充实。在学习过程中,孔子特别讲到了"温故",通过自己掌握的东西,进一步从里面发掘出新的东西,现在称之为创造性转化,是一种对优秀传统文化进行学习的方式,不能生搬硬套,不能食古不化,一定要活学活用。虽然是古代的东西,但其中有很多道理、很多原则、很多观念完全可以和现在对话,也可以被现在吸收,转化成我们现在可运用的资源。

2·1 子曰:"为政以德,譬如北辰,居其所而众星共之。"

这一章主要讲从事政治一定要与"德"结合起来,也就是讲"德"在政治领域中的重要性。孔子把"德"在政治领域中的地位与北辰做了一个类比。"北辰"一般被解释成北极星。"所"就是位置。"共"是假借字,同"拱",在这里是环绕的意思。北辰是天枢,像枢纽一样,是不动的,众星围绕北辰旋转,就叫"众星共之"。从事政治有一个非常重要的原则,就是跟道德、价值结合起来,跟政治目的结合起来。孔子说君王要以道德教化来治理国家,就像北极星居于一定的方位,群星都围绕在它周围一样。这等于说,从事政治一定要抓住中心、抓住根本。儒家强调以德治国的重要性,认为这样就会有最好的治理。

中国古代的思想文化中有道理、道德的概念,很多学派都讲道德,除了儒家,道家也讲道德,比如老子的书就叫《道德经》。"道"与"德"在先秦时期是分开讲的,现在合起来变成了"道德"。"道"与"理"在先秦也是分开讲的,中国古代以单音节字表达概念的现象非常普遍。

"德"的概念在儒家是非常重要的,孔子讲"志于道,据于德"(《论语·述而》),"德"是一个总的原则,说一个人有德是对这个人的总体评价。德是发展的,关于德的条目非常多,仁、义、礼、智、信可以称为五常,也可以称为五德;此外,我们还可以列出孝、忠、廉洁、刚正、中庸等很多不同侧面的德的条目。所有道德规范和原则都可以看作德的具体表现、具体类型。一言以蔽之,德可以被解释成道德的总的原则、总的概念,也可以被解释成品质、品德、德行等。与具体的品质、德行相联系,德又分为很多种。下面举几个《论语》里的例子。

"骥不称其力,称其德也。"(《论语·宪问》)孔子说马有马德,也就是马的品质。"德不孤,必有邻。"(《论语·里仁》)德不是一个孤立存在的人才会表现出来的,实际上大家都可以相互学习,共同修养自我。还有"中庸之为德也,其至矣乎!"(《论语·雍也》)"主忠信,徙义,崇德也。"(《论语·颜渊》)

德在不同的情况下会跟具体的德行联系在一起,表现为某一种意义上的德。比如,礼是一种德,按照礼去做,就是有德的。仁、信也是德,仁和礼、仁和信之间的关系表现为不同的层次。归根结底,学习儒家的东西包含两方面:一是游文于"六经"之中;二是留意于仁义之际。除了学习知识,还要追求价值和意义,其中核心的价值和意义就是仁义,总结起来就是通过学习"六经"去追求道德价值。

"道"在道家里面是最高的概念,同时在儒家思想中占据重要地位。"德"可以拿到"道"里面去看;"道"的含义更广,不限于"德"那一部分。"道"的第一种含义是追求最高的真理。儒家的学习不能停留在一般的知识性的东西上,而要变成一种追求道的工作。"道"的第二种含义是跟最高的价值联系在一起的,或者说普遍的价值、普遍的意义,甚至与我们的信念和信仰结合起来。追求道就是追求信念、追求信仰。"道"的第三种含义是我们做事情的方法、途径。这层意思可能跟"道"的本义最接近。在中国文化中,"道"字最初产生的时候就是道路的意思。去任何地方都需要路,如果没有路就修一条路,或者人经常走就形成了一条路,这就是"道"。后来这个字的运用延伸到其他事物,每个事物都有它的运行方式和轨迹,即天、地、人各有其道。在中国文化里面,除了这三种道,还有所谓鬼道,也就是中国人的祖先信仰、鬼神信仰。以上讲的是"道"和"德"的关系。

在孔子的弟子中,德行最好的是颜渊、闵子骞、冉伯牛和仲弓。当然,他们四个人也不完全一样,各有各的特点。比如,坚持仁爱是非常不容易的,而颜回可以三个月不违背仁。

"为政以德",儒家思想把道德当作政治的根本。德治是中国传统政治领域中非常重要的一个部分。而德治里面非常重要的一部分叫"礼",有很多具体的制度、规范是通过礼来界定的,某种程度上,德治也可以称为礼治。

现代社会形成了一个巨大的转变,道德领域和政治领域变成两个空间、两个世界,政治领域不再是道德的试验场,或者说在政治领域,不再用道德来衡量人了。政治领域是运用权力的领域,特别是运用制度的领域,制度也不都是通过礼来规范了。这种转变在西方尤其大,他们的政治以法治为中心,好像把道德从政治领域剔除出去了,或者至少认为这两个领域是不能混在一起的。中国的德治传统从近代开始发生转变。这个转变虽然也受西方影响,但其实早在先秦时期,荀子就提出了关于人治和法治的问题。有人认为儒家只讲人治、只讲礼治、只讲德治,其实并不是这样,儒家是以德为本、以刑为辅的。古代的刑法实际上就是关于刑事犯罪这一类的法律体系。儒家认为刑法在政治领域应是起辅助作用的，不能作为主导，而不是说完全不要法律。现代社会以法治为首要，但政治领域不能完全不要道德。类似经济学领域，不以道德为主，但也要讲道德。儒家的义利之辩就是讲这个问题。

2·2 子曰："《诗》三百，一言以蔽之，曰：'思无邪。'"

这一章主要是孔子对《诗经》的精神、核心价值做的一个概括。《诗经》是中国古代最早的一部诗歌总集。这些诗歌的时间跨度非常长，从西周初年到春秋中叶；产生的地域主要是黄河流域，集中在陕西，也涉及甘肃、山西、山东、河北、河南、安徽、湖北等地，反映了这些地方数百年间的社会面貌。这些诗的作者都是佚名，传说整部《诗》是尹吉甫这个人采集的，但他一个人不太可能采集时间跨度那么长的诗。可以肯定的是，最后定型的三百余篇的《诗》是孔子编订的，"《诗》三百"是取一个整数。这部书在先秦时期称为《诗》，后来成为"六经"之一，就称作《诗经》了。现在我们见到的《诗经》，内容分为《风》《雅》《颂》三个部分：《风》主要是各地的歌谣，反映当地的生活、民俗等，这部分跟社会大众的关系更密切；《雅》主要是西周人的正音雅乐，包括《小雅》和《大雅》；《颂》主要是反映周王、王庭和贵族宗庙相关内容的乐歌，分《周颂》《鲁颂》《商颂》三种。

"一言以蔽之"，就是用一句话来概括整部《诗》。"思无邪"有不同的解释,现在我们一般解释为情感纯正、思想纯正。比如说,《风》主要是讲情感的,历史上有各种各样的解释,其中有一种是美刺说,就是说一个人如果做得很好,我们就赞美他;如果做得不好,我们就讽刺他。这主要是从道德层面去理解《诗经》。

先秦时期,《诗经》是作为当时人的共同教养、基本修养存在的。大家都学《诗经》,《诗经》和每个人的志向、情操联系在一起,所谓"《诗》言志"或者"《诗》以道志"(《庄子·天下》),即大家认为《诗》主要是讲人的志向的。从先秦到汉代,《诗》都是表达人的志愿、志向的一种核心符号。

孔子在这里讲"思无邪",并不是否定《诗》与志的关系,而是说得更具体了,将志具体到人的情感、思想、理念等方面。出土文献里面有一篇《孔子诗论》,说"《诗》无隐志",就是《诗》把人们的情感、愿望、情操充分表现出来的意思。

先秦时期,各国的使者经常引《诗》来说明自己的立场,先说《诗》里面怎么讲,再表达自己的具体思想,这叫引经据典。引用《诗》的时候经常以"《诗》云"起头,那个时代就被称为"《诗》云时代"。

对于儒家来讲,引《诗》主要还是为了实际运用。《论语·子路》讲:"诵《诗》三百,授之以政,不达;使于四方,不能专对;虽多,亦奚以为?"你将整部《诗》都背了下来,但从事政治的时候不能运用,背得再多也没什么实际作用。但若是能活学活用,特别是在政治生活中,关键时刻恰到好处地引出一首诗,不仅能充分反映自己的学养,也能很好地表达自己的政治思想。

2·3 子曰:"道之以政,齐之以刑,民免而无耻;道之以德,齐之以礼,有耻且格。"

这一章与前面讲的第一章有一定联系,讲的是不同的治理模式,即你是用政令、法律这种单一的方法去治理,还是结合道德的方法,培养正直人格,进行感化教化,以身作则去治理的问题。

这里的"道"是一个假借字,本字是"导",意为引导、指导。这里的"政"不是指广义的政治领域,而是指政令,类似于我们现在的政策或条例。"齐"就是整齐,这里是约束的意思。"免"就是避免,避免被惩罚。"民免"就是免于刑。前面我们讲到刑,刑在中国古代就是刑律、刑法。古代没有专门的民法,虽然不可能没有民事纠纷,但一部分归入刑法,另一部分则通过调解解决。不轻易诉诸法律是儒家的传统,这在中国的法律实践里面成了一个特点。不要大事小事都去开庭审理,可以先进行调解,在彼此都可以接受的情况下解决问题;如果调解无效,再走法律程序。我认为这是一个好方法。相比之下,现在的西方社会更强调法律,很多人都有自己的律师,最后法律就变成律师之间的一种较量了,随之带来的是社会成本的飙升。"格"本来是至的意思,在这个地方指归向。"有耻且格",就是说人们都有耻辱之心,有自尊。"格"的第二个意思,就是讲远处的人都会归附于我们,很乐于接受我们的治理。"格"在其他地方也有类似的说法:"夫民教之以德,齐之以礼,则民有格心;教之以政,齐之以刑,则民有遁心。"(《礼记·缁衣》)"遁"是逃避的意思。这句话的意思是,如果用道德教化百姓,用礼治理百姓,则会民心归附;如果用政法来引导他们,用刑罚来管制他们,百姓就要逃避了。逃避和归从正好是相对的。

这一章孔子说,治理一个国家,如果纯粹用政令去管理百姓,用刑法去强制约束百姓,百姓由于害怕惩罚而避免触犯政令,并不是内心里不愿意去作恶,这样的结果就是丧失了羞耻之心。但是反过来,如果先用道德教化引导百姓,教育百姓不要做那样的事情,然后用礼治这种软性的、弹性的手段去规范百姓的言行,百姓就会不仅有廉耻之心,还会追求更高尚的人格,不断发展自己的人格。

儒家认为,仅仅靠政令、法律并不是最好的治理方法,用道德和礼去治理才是最好的。其实这就是两种不同的治理模式,以哪一个为主,哪一个为辅,儒家分得很清楚——始终是以道德治理为主。有时候道德治理就简化成了以孝治理,历朝历代都有以孝治天下的说法,把孝变成了第一位的,强调孝的作用。

孔子在当大司寇的时候负责诉讼,有父子二人前来打官司,孔子将二人关在同一间牢房里,三个月不审判。最后父亲要求撤诉,孔子便将父子二人释放了。孔子为什么把他们放走?首先,孔子认为父子之间发生矛盾是一件不幸的事情。其次,发生这种事情的一个很重要的原因是管理者没有做好,没有好好教育百姓,责任不在百姓,而在管理者,所以不能轻易给百姓判刑。从这件事情可以看出来,孔子在对百姓的治理上是很包容、宽容的,不轻易动用法律。

孔子强调教化、弹性治理、软性治理的重要性。但是任何社会不能只有软性、弹性的治理,同时一定要有硬性治理、强制治理。也就是说,要宽猛相济。宽,就是社会秩序比较好的时候可以宽容一点;宽到一定程度,社会犯罪有增多的倾向,这个时候就要猛一点,也就是严一点。总之,不能始终宽,更不能一直很严,让社会处在高压之下。宽猛相济做得比较好的有子产。孔子也认为子产的治理非常好,认为宽与猛确实要统一,他说:"政宽则民慢,慢则纠之以猛;猛则民残,残则施之以宽。宽以济猛,猛以济宽,政是以和。"(《左传·昭公二十年》)"政宽则民慢",政治过于宽松,百姓就会散漫,不遵守法纪,这种情况下要用"猛"来纠正。如果政治过于严苛,百姓会受到伤害,这时候要稍放松一点。总之,要把握好分寸,从儒家来讲就是一定要掌握中庸、中道,"宽"与"猛"搭配好,才能政通人和。

2·4 子曰:"吾十有五而志于学,三十而立,四十而不惑,五十而知天命,六十而耳顺,七十而从心所欲,不逾矩。"

这一章可以看成孔子为自己一生做的一个简短的自传。"十有五"就是十五岁,"有"通"又"。"志",心之所向谓之"志"。"立",立足于社会。"惑"在这里是困惑的意思。"不惑"就是深通事物之理,对事物了然于胸,简单来讲就是掌握了基本知识,不被外界的事物所迷惑。这里的"天命"指的是天所主宰的必然性。"耳顺",这里有两种解释,一种是听一听就能判断事物的信息、道理真伪;另一种是能听进去不同的意见,特别是批评意见。"逾"是逾越、超过。"矩"是规矩、法度。

孔子说:我十五岁开始立志学习;三十岁能够自立于世;四十岁时对各种各样的事物及其道理不再困惑;五十岁的时候懂得了天命的道理;六十岁的时候能听进去很多不同的意见;七十岁的时候就达到了中庸、自由的境界,做事的时候不会逾越法度、规矩。

"十有五而志于学",这跟中国古代的教育有关系。这里的立志学习并不是说启蒙阶段立志要努力学习,而是学到了一定阶段,开始立大志,学习的标准更高了。孔子勤学好问,虽然家族后来没落了,但他还是立志学习,用很高的标准要求自己。

"三十而立",关于立什么,学界有很多争论。有人认为是立于礼,能熟练掌握礼了。但是好像也不能简单地理解成立于礼。我们看孔子的经历,三十岁的时候是鲁昭公二十年(522),孔子没有从事政治,而是治学、办学,办私人教育。在孔子的一生中,这是一个非常重要的转折点,他在为自己订立更高的学习目标之后,通过培养弟子来自立于世。孔子的弟子来源非常多,有家庭不好的,书费都交不起,孔子说有教无类,不能只收贵族子弟。孔子的弟子数量也很多,他周游列国的时间很长,在那段时间收了多少弟子还需要进一步研究,现在能基本弄清楚的是七十二贤的名字。

到了四十岁,孔子不困惑了。《论语·子罕》里说"知者不惑",这就把"不惑"跟"知"联系在一起了。"知"通"智",儒家的智除了知识类的东西,还包括道德、人文等各个领域。人生下来就有各种各样的困惑,特别是孩子,经常会问这问那。这种好奇心是最难得的,要给予保护。但在应试教育下,学生仅仅把知识当作固有的东西记下来就可以了,长此以往,失去了好奇心,也就失去了创造性。好奇心和创造性是紧密联系在一起的,好奇心、想象力是所有创造的基础,同时好奇心是一种快乐之源。科学研究也要有想象力,提出假说,进行推测,实验证明,都需要想象力的参与。儒家讲仁、义、礼、智、信五常,其中仁和智是两个经常并提的概念,孔子有时候也专门讲仁与智的关系。一个人的发展是和智力、智能、知识联系在一起的,我们认识世界、认识社会、认识人生、认识各种事情也都是跟智联系在一起的。

孔子讲天和命多数情况是分开说的。孔子讲的天有不同的天,命也有不同的命,有正义的天、公道的天,有正义的命、使命的命。此外,孔子还讲一种超自然的天、超自然的命,这种超自然的天、超自然的命和那种被理性化的、正义化的天与命不一样,这种天、命必然是我们人类没法认识、没法左右的。"获罪于天,无所祷也"(《论语·八佾》),这是公正的、宗教性的、正义的天。"死生有命,富贵在天"(《论语·颜渊》),这是超自然的天、超自然的命。这种天、命一方面有偶然性,一方面好像也有必然性。在哲学、科学里面,这叫因果的非决定论和因果的决定论。过去我们说世界都是由因果决定的,现在我们说自然界不支持单一的因果决定性,还有偶然性、随机性、不确定性。如牛顿力学在宏观世界里面可能是通用的，但在微观世界就不通用了。这并不是说牛顿错了，他的理论在宏观领域仍然是对的，只是不适合微观领域。微观领域就是量子学的领域，这一领域充满着随机性、不确定性，一个人可以是这个人，同时可以不是这个人，一只猫既是死的又是活的，总之，量子学领域与我们对宏观世界的理解和感觉不符。那么，孔子"五十而知天命"，知的是哪一种"天命"？我想，可能两种"天命"孔子都掌握了。

"六十而耳顺"，关于"耳顺"，一种解释说这是一种超自然的能力，高级的判断力，坐在那里一听就知道是非曲直；还有一种解释就是能听进去不同意见。我们常说忠言逆耳，那么"耳顺"就是听了不同的意见甚至批评的话后不仅不生气，还要顺耳。人都喜欢听好听的，因为人需要被肯定、被赞美，以此来获取存在的价值与意义，这与自我保护是统一的。要听进去别人的意见，特别是要听进去逆言、批评意见是非常不容易的，因为它不是一个人的自然倾向，恰恰跟人的自然相悖，而"耳顺"就是要听进去，不仅能听进去，还听得很高兴、很愉快。孔子也是到了六十岁才做到"耳顺"；六十岁之前，可能孔子也不是所有批评的话都能听进去吧。

"七十而从心所欲，不逾矩"，到七十岁境界就更高了，人生非常达观，看待事情非常开放，做事情也都恰到好处了。

2·5 孟懿子问孝。子曰："无违。"樊迟御，子告之曰："孟孙问孝于我，我对曰'无违'。"樊迟曰："何谓也？"子曰："生，

事之以礼;死,葬之以礼,祭之以礼。"

这一章主要讲孟懿子向孔子请教孝的问题,孔子做出了回答。然后樊迟与孔子对话,孔子做了进一步的解释,即什么叫孝。

孟懿子是鲁国的一个大夫,他父亲临终前要他向孔子学礼。樊迟,姓樊名须,是孔子的弟子,比孔子小四十六岁。他向孔子请教的问题,主要是知和仁爱思想。在《论语》里面记载有樊迟问知。孔子说:"务民之义,敬鬼神而远之。"樊迟问仁。孔子说:"仁者先难而后获。"(《论语·雍也》)

孟懿子问孔子什么是孝,孔子回答孝就是不要轻易违背父母的话。这个回答不够具体,樊迟就进一步问,究竟怎么理解"无违"?孔子进一步解释:父母活着的时候一定要好好侍奉父母,按照礼做到对父母的尊敬;父母去世后也要按礼安葬他们、祭祀他们。《论语·学而》篇讲孝非常多。关于如何尽孝,现代与古代有共同之处:一是赡养父母,二是保持情感,三是尊敬父母。但具体的尽孝方式在现代社会已然发生了变化。随着社会人口的流动性大大增强,很多人远离父母,能常回家看看就非常不错了,我们不能完全按古代的要求去尽孝,但可以用电话、视频等多种通信方式来表达对彼此的思念。

2·6 孟武伯问孝。子曰:"父母唯其疾之忧。"

孟懿子的儿子孟武伯向孔子请教孝的问题，孔子回答"父母唯其疾之忧"。这句"唯其疾之忧"中的"其"指代谁？一种解释是父母，还有一种解释指儿子。如果指儿子的话，这句话就要理解成父母老是担心孩子生病，显然与"问孝"的主题不符。我认为这里的"其"还是指父母，也就是说子女对父母的身心健康要关心，这样来看更通顺。

这一章具体讲对父母的疾病要重视，这是对父母尽孝的很重要的内容。父母身体很好的时候，不需要子女特别费心；但生病了，无论生理上、心理上都需要子女的照顾。俗话说，"久病床前无孝子"。照顾生病的父母，这对子女而言是一种考验。当然，现在我们有医疗保险，有比较好的医疗环境，但无论如何，亲人的陪伴还是无可替代的。

《为政》篇里面有多处讲孝，孟子后来也多次讲孝。孝有多重含义：第一，讲子女如何对待父母，其中包括很多侧面；第二，讲子女自己如何做，自己的事情做好了，不让父母操心，这也是一种孝。儒家同时强调这两种孝。可是我们现在往往只强调前一种，即子女如何对待父母。其实，做子女的照顾好自己，不生病，不好勇斗狠，不让父母操心；或者有志向、有才能，事业有成，让父母自豪，这也是一种孝。

2·7 子游问孝。子曰："今之孝者，是谓能养。至于犬马，皆能有养；不敬，何以别乎？"

这一章提到孔子的学生子游。子游姓言，名偃，字子游。

古代往往都是称呼别人的字。字一般是名字意思的引申,号可以不受名字的影响。号可以有很多,在文学家里面这种情况很普遍,但字一般只有一个。

这一章讲孝讲得很具体。孔子特别强调,对父母不能只是尽赡养的义务,让父母衣食温饱是尽孝的最低标准,高标准是必须保持情感,然后保持尊敬。现在的儒家伦理学里面,有一些学者特别强调孝,他们认为现在治理社会,官员首先还是要尽孝,然后去尽忠,或者说处理好公共事务。但现实中孝和忠可能统一,也可能不完全统一,有时候我们可能会遇到一些困境,导致忠孝无法两全。

2·8 子夏问孝。子曰:"色难。有事,弟子服其劳;有酒食,先生馔,曾是以为孝乎?"

"色难",这里的意思是孝子侍奉父母,做到和颜悦色,不要露出不高兴的脸色。当然,人总有累的时候,有时不高兴了,脸上肯定会出现不悦之色,这都是正常的。但孔子认为不论何时,都要对父母和颜悦色。"弟子"是指年轻一辈的子弟,不一定是儿女。"食"是食物。"先生"和弟子相对,这是延伸到更广的范围了。"馔"就是吃。"曾"是竟然的意思。这里的"曾是以为孝乎",是孔子的反问,意思是这样不是孝。

这一章主要是子夏问孔子什么是孝道,孔子从另一个侧面回答子夏。孔子说,侍奉父母要保持和颜悦色,这非常难,可能平常做得很好，但是有些时候也会做得不好。遇到事情让年轻人去做，有好吃好喝的让老年人先享受，这难道就是孝吗？其实做到这些已经不容易了，但在孔子看来，这些仅是孝的基本要求。将这一章与前面的五、六、七章统一起来看，我们就会发现，孝在不同的层次有不同的表现。

2·9 子曰："吾与回言终日，不违，如愚。退而省其私，亦足以发。回也不愚。"

第九章讲孔子回忆颜回，或者谈对颜回的看法。颜回姓颜名回，字子渊，比孔子小三十岁。他是鲁国人，是孔子非常得意的门生，孔门四科里面以德行著称。

"省"是观察。"私"是独处，回到住所一个人待着；还有一说，"私"是私语，说颜回私下跟别人讨论。我认为还是前一种说法比较好。"发"是启发。孔子这样评价颜回：我整天给颜回讲学，颜回特别尊重老师，从来不提反对意见，看起来好像有点愚笨。但回家后，他能独立思考老师讲的内容，并且有所发挥。由此可见，颜回表面木讷，实际上并不笨。这里可以联系到另一个词，即老子讲的大智若愚——有点小聪明的人看不出来愚蠢，但是拥有大智慧的人往往看起来有点蠢笨。

在《论语》里面有多处孔子对颜回的评价，包括孔子和颜回的对话。颜回这个人是"一箪食，一瓢饮，在陋巷。人不堪其忧，回也不改其乐"（《论语·雍也》）。他生活上清贫、艰苦,但从来不改变自己的快乐。"不迁怒,不贰过"(《论语·雍也》),"其心三月不违仁"(《论语·雍也》),这些都是孔子对他的评价。在孔子的弟子里面,跟孔子关系最紧密的除了颜回,还有以勇敢著称的子路,以及以言语著称的子贡,这些弟子的很多言论都被记载下来了。孔子在不同地方分别向这三个弟子提问,比如孔子问什么是仁,什么是智,如何待人,等等。我们举个例子,在《韩诗外传》中,孔子要这三个弟子回答如何对待别人,如何与别人相处。子路说:"人善我,我亦善之;人不善我,我不善之。"别人对我好,我也对他好;别人对我不好,我也对他不好。这叫有仇必报,或者说以德报德,以怨报怨。这是子路的回答。子贡说:"人善我,我亦善之;人不善我,我则引之进退而已耳。"子贡的回答前半部分与子路相同,即别人对我好,我也对他好。但后半部分就不一样了,当别人"不善我"的时候,子贡的做法是思考对方为什么这样对我,是我哪里做得不对吗?这比子路高了一个境界。我们再看颜回的回答:"人善我,我亦善之;人不善我,我亦善之。"你对我好,我也对你好;你对我不好,我也对你好。这叫以德报怨,是最高的境界,也是最难的。

2·10 子曰:"视其所以,观其所由,察其所安,人焉廋哉?人焉廋哉?"

这一章孔子讲了观察、了解别人的方法、途径。"以",这里是为的意思。"视其所以",就是视其所为。"由"是从的意思。"观其所由",就是看他遵从什么,按照什么去做。"察"是察看。"安"是安于什么东西。"察其所安",即看他追求什么东西,他的兴趣、爱好、习性是什么。"廋"是隐藏、掩盖的意思。

孔子说,我们如何判断一个人?第一,要观察他的所作所为,而不是光听他说了什么话。第二,考察他的目的和采用的方法,看他是不是合法、合德、合礼,还是说不择手段。第三,了解他安心于什么、追求什么、爱好什么、习性是什么。通过这三方面去观察一个人,那这个人不就被我们看得很清楚了吗?他还能有什么隐藏起来不让我们知道的地方呢?

要了解一个人不容易,比如企业招聘,通过看简历、面试,只能了解一个人的表面。要想真正了解一个人,还是要深入接触、交流、考察。这个方法在《逸周书·官人解》里面也讲过,"考其所为,观其所由"。另外,《孟子·离娄上》说:"存乎人者,莫良于眸子(眼睛)。眸子不能掩其恶。"我们说眼睛是心灵的窗户,就是通过一个人的眼睛看他是善是恶。《周易·系辞下》里面讲:"将叛者其辞惭,中心疑者其辞枝。"如果一个人说话违背事实,他的言辞就会表现得惭愧、躲闪;如果一个人内心有疑惑,他说话可能就支支吾吾,不那么顺畅。以上都是判断一个人非常有用的方法。

2·11 子曰:"温故而知新,可以为师矣。"

本章讲学习和提高、学习和创造的关系问题。"温"就是温习、复习,跟学习的习意思基本上是接近的。"故"是旧的知识。"新"是从旧的知识里面能够掌握到新的东西。孔子说在温习旧知识的时候,能有新的体会、新的发现,那么我们就可以当老师了。孔子把温习看得非常重要,通过温习不仅可以消化和理解已经学过的东西,同时可以发挥、延伸出新的认识和发现。从这种意义上说,单纯的背诵是不行的。《礼记·学记》说:"记问之学,不足以为人师。"一味背诵,不求甚解,这和真正理解一本书、掌握其精神差别还是很大的。

我的导师张岱年先生听说一个老学者"文革"期间把上海图书馆的书全看完了。这很了不起,但不知道是真是假。张先生说,如果是真的,那他理解了吗?读懂了吗?《周易》字数并不多,但把《周易》弄懂了就不得了,很多人花了很长时间研究《周易》,还是有很多地方不是那么清楚。也有人一辈子研究《墨经》,还是有很多疑难未解。读书有一个博和约的问题:博是多看,广泛涉猎;约是专深化、精细化。一生读十部经典,甚至只是一部,只要真正精通了,就可以一辈子陪伴我们。温故知新就是说,一要真懂,二要从中不断去延伸。我们读经典就是这样,要不断把经典变成源头活水。创造和创新并非无本之木,都是在已有的前提下不断去转化、发挥,然后增加新东西。创造是有基础的,必须先把基础的东西理解了才能谈创造。创造也是跟模仿联系在一起的,做技艺工作的时候先模仿,再创造,这也是温故知新,即学习理解已有的,进而走向创造的一个过程。所以,死记硬背不是一个真正好的学习方法,一定要加强理解。后面讲学思关系时也会提到,学习过程中一定要思考、要理解。

2·12 子曰:"君子不器。"

"君子不器",意思就是君子不能像一件器具那样只有某一方面的用处。这里可以分三个层次理解。第一,孔子说人不能像一件器具一样只有某一方面的用处,是认为君子应该全面发展。但是,这个全面发展并不等于要成为全才、通才。联系现在,我们说要全面发展,实际上也是针对不同的群体有不同的限定。比如,中学教育说的是德、智、体全面发展,道德、智力、体魄三方面不可偏废;体育里面有个人全能,其实也只是包括一个大项目里的几个小项目。第二,鼓励人掌握多种技能。比如,古代教育中要求学生掌握六项基本技能,即"六艺"——礼、乐、射、御、书、数。第三,鼓励人发展多方面的能力。孔子反对一开始就把人局限在一个方面,这也可以说是当时的人文知识分子或者士阶层自我发展时的全面性要求。具体到这里,孔子的"君子不器"可能主要是强调培养治国平天下的政治人才。政治人才需要具备多方面的条件,比如孔门有德行、言语、政事、文学四科,孔子可能希望弟子四科全面发展,但实际上孔门弟子各有所长,也不是那么均衡。

2·13 子贡问君子。子曰:"先行,其言而后从之。"

这里讲的是言行关系问题。子贡问老师,怎样才能做一个君子?孔子说,对于你要说的话,先实行,然后再把它说出来。言行关系是《论语》里面很重要的一个论题。本来先说后做也可以,但宰予白天睡大觉的事,使孔子对人的态度,从"听其言而信其行"转变为"听其言而观其行"(《论语·公冶长》),从开始注意言行的统一和一致,发展到在总体上强调行的优位。不管怎么讲,孔子强调言行要统一,只说不做,这是最不好的。此外,孔子还强调要少说,特别是"君子欲讷于言而敏于行"(《论语·里仁》),就是要少说话多做事,不要夸夸其谈。

儒家特别强调知行和言行一致,也就是内外一致;认为看人不能只看外表,即便表面上做了好事,但是内心不这样想,这也是不行的。儒家不是效果主义者。效果主义者只看效果,不管动机;看你做了什么,不管你说了什么。儒家一定要看动机,看你内心怎么想,要求知行、言行统一,这样的人格才是一个完整的人格。

我们经常说言必信,行必果,但儒家的观点其实是"言不必信,行不必果"(《孟子·离娄下》)。为什么这样讲?儒家讲言行一致,一定要实践自己的诺言,可是为什么又同时讲"言不必信,行不必果"?这实际上讲的是特殊情况下的做法,就像一位女性落水了,如果你在场,你救不救?按照礼,男女授受不亲,但特殊情况应该特殊处理,不能见死不救。当然，把一般情况当成特殊情况，或者美其名曰灵活，灵活得没有原则了，这也不对。具体到"言不必信，行不必果"的特殊情况，比如说一个人被胁迫、被强迫、作为人质的时候，他的承诺是可以不兑现的。再比如善意的谎言，如果家人检查出来生了重病，为了不造成病人情绪上的波动，而对他有所隐瞒，这是善意的，也是允许的，大家不会对此进行道德谴责。所以，没有说真话、实话，在特殊情况下也是允许的。

但是从原则上、整体上讲，儒家强调先行后言、言行合一、知行合一、表里如一、内外如一。清华大学的校风是"行胜于言"，它就强调行的重要性，倡导先做后说。

2·14 子曰："君子周而不比，小人比而不周。"

这两句话主要是孔子对如何成为君子做了一个侧面的说明，它实际上反映了人与人之间应如何交往。孔子认为好的交往方式是"周而不比"。"周"的意思是周全或者整个，这里可以翻译成团结的意思，更进一步说就是人以群分，人们以道义结合在一起。"比"的意思是偏，有党的意思。古代"党"的概念是和结党营私联系起来的，或者是说在社会生活里拉帮结派，这种负面意思用得多。现代社会则不一样，国家是要靠党派组织起来的，不同的国家由不同的政党来执政。古代社会认为不是以道义结合的"比"，就是勾结，是一种不好的结合。

孔子对人与人之间的交往做了一个"周"和"比"的二分。

孔子说君子周全众人,并且用道义去相聚、相结合,不像小人往往没有道义,不考虑其他人,互相勾结起来谋私利。《论语》里面常常区分君子与小人。君子与小人一开始的本义并不含有道德上的评价,君子是稍微有地位的人,小人跟君子相对的时候,意思是社会上没有地位的人,或者指百姓。小人的本义并没有多少贬义,相当于"士、农、工、商"四种阶层的后三种,即没有担任官职的、没有社会地位的都可以说是小人。但是后来儒家里面"小人"的含义发生了变化,儒家特别强调道德品格意义上的、价值意义上的"君子",与此相对的"小人"就具有了负面的道德、价值评价意味,并在儒家里面被普遍运用。

人与人之间合作、共处、交朋友,往往会受性情、爱好的影响,有可能志同道合,也有可能"道不同,不相为谋"(《论语·卫灵公》)。所谓"道不同",指"道"的差异性,而非对立性。前面讲天道、地道、人道,其中人道里面又包括各种各样的道,它们都是并行并存、相互包容的。现代社会讲多样性、差异性,这些各种各样的道都是被大家承认的。而对立的道则有是非善恶之分。我们在选择合作伙伴、朋友时,既可能选择志同道合的,也可能基于普遍的价值观选择道不同的,这个异是可以包容的,因为我们虽然有差异性、多样性、复杂性、丰富性,但同时还有共识。现在多元和共识、一体和多元的融合成就了好的共识与好的多元。与此相对,小人之间讲同,却等于不讲是非,不讲善恶,因为他们认为的好和社会一般价值认为的好是不一样的。孔子说"君子和而不同,小人同而不和"(《论语·子路》),"同而不和"就是贬义的,批评小人同流合污,没有道义,不讲是非、善恶。总而言之,儒家强调社会上人与人之间的交往,应该遵守道义、原则;反对吃吃喝喝,拉帮结派。

2·15 子曰:"学而不思则罔,思而不学则殆。"

这一章主要讲学习和思考的关系。学习和思考应该是结合在一起的。如果只学习不思考,就会陷入"罔"。"罔"的意思是迷惘、糊涂、无知。相反,如果只思考不读书,那就是空想,在儒家看来是"殆"。"殆"就是懈怠。懈怠就会有危险,所以"殆"也有危险或陷入困境的意思。"百战不殆"的"殆"和这里的意思类似。庄子说"以有涯随无涯,殆已"(《庄子·养生主》),就是说以有限的人生追求无限的知识世界,就会陷入困境。

这一章可以与前面讲的"温故而知新"结合起来看。孔子反对一味地看书、记诵而不去思考,因为这样的学习方式最多能让人知道这是什么,但无法让人明白它为什么这样,知其然而不知其所以然,这样就不能很好地理解贯通,更无法引申发挥和创造,并不能真正学到知识。

关于学和思的关系,孔子在别的地方也讲到过。孔子说:"吾尝终日不食,终夜不寝,以思,无益,不如学也。"(《论语·卫灵公》)他自己曾经整天不吃饭,整晚不睡觉,有了困惑就思考,但想半天也想不清楚。孔子认为这样没有带来真正的收获,"不如学也"。这样的经历说明孔子曾经也陷入过只思不学的困境。学习是接收已有的知识和文化,但必须跟思考结合起来。之前我们讲"温故而知新","温故"也是学习已有的东西,但对学习过的东西要进一步思考。

我们对小孩子的教育可能更强调背诵,特别是文科,因为小孩子的社会阅历少、理解力不够,很多道理他们无法体会、理解。比如"人生酸甜苦辣",小孩子经历的人生还很短,没有那么多酸甜苦辣,对于这句话只能是先记诵,暂时无法做进一步思考。但即便如此,还是要尝试着引导小孩子去思考、理解,这是一个过程。而对于一个成年人,他的人生经历可能就能支撑他理解"人生酸甜苦辣"这句话了。

20世纪50年代,关于清华、北大的哲学系有一个说法:清华是思而不学,北大是学而不思。这个评价不一定完全准确,但是可能有这样的倾向性。就是说,清华的哲学系学生可能更愿意思考,重视知识论、逻辑学,研究新哲学,提出自己的哲学理论和体系;北大的哲学系则可能更重视哲学史,通过研究中西方历史上的哲学,进一步提出看法。当然,学和思更重视哪一方,这是一个相对的概念。我们现在看学生的论文,往往也是有些引经据典比较多,有些则体现了更多思考的东西,各有各的特点。但不管如何,原则上学和思是要结合的,最好能将两者统一起来。

历史上的哲学家、思想家的不同特点实际上也跟性格有关系。美国实用主义哲学家代表詹姆斯就总结哲学家实际上有不同的性格,并将其分为两种:一种是刚性的,也就是说这一类人心肠比较硬;另外一种相反,是柔性的,也就是心肠比较软。他对这两类哲学家的特点做了概括,认为这两类人最后创造的哲学具有非常明显的不同。他说刚性哲学家创造了唯物主义、无神论、资本主义、科学主义等,而柔性哲学家的哲学都是唯心主义的,或者是强调宗教信仰的。这种二分法虽然过于简单化,不过也是抓住了某一种特点。还有一种二分法把思想家分为刺猬型和狐狸型。狐狸的特性是有多种智慧、多种能力,而刺猬只有一种智慧、一种能力。当然,这一种智慧与能力用好了也非常管用,而狐狸则需要将多种智慧、能力结合起来才行。有些思想家一生可能只讲一个问题,把某一个部分作为焦点,然后放大,比如弗洛伊德就抓住了精神分析,努力放大,然后成了一位刺猬型的思想家。有的思想家讲了很多问题,是一种学问式的、博大精深的、综合型的思想家,黑格尔就是这种狐狸型的思想家。如果看中国的哲学家,比如朱熹和王阳明,显然朱熹是狐狸型的思想家,王阳明是刺猬型的思想家。这种不同可以说源于他们不同的教育背景,也可以说源于他们先天就有的不同的倾向性。学和思在原则上是应该结合的,但是不同的人表现不一样,有的人表现得更倾向于学习,然后引申出很多问题;有的人则经过一定的学习后就开始创造,提出新的东西来。

2·16 子曰:"攻乎异端,斯害也已。"

这一章讲对异端的态度和立场。"异端"这个词在先秦时期的用法和现在不同,我们现在常说的"异端"带有一种反叛的、叛逆的思想，跟邪说联系在一起。"攻"有治、致力于的意思，"他山之石，可以攻玉"之"攻"即此意思。此外，"攻"还有指责、抨击的意思。"攻乎异端"的"攻"应该取第二种意思。《论语·先进》篇里面也有一个用"攻"的例子："非吾徒也，小子鸣鼓而攻之可也。"这里的"攻"就是批评的意思。结合起来看，这里的"异端"，我们还是倾向于解释成杂学，甚至于指不正确的学说。

孟子批评、抨击的"异端"最典型的有两个，一个是墨家，一个是杨朱。战国晚期思想家荀子批评的范围就更广了，他在《非十二子》里面对六种学说进行了批判。另外，他批评老子"有见于诎，无见于信"（《荀子·天论》），说老子一味讲柔和，讲退守，只看到委曲求全的"诎"，看不到往前走的"信"。今人解说老子是以守为攻，比如老子说"知其雄，守其雌"（《老子》第二十八章）；老子是以柔弱胜刚强，比如"天下莫柔弱于水，而攻坚强者莫之能胜"（《老子》第七十八章），水往低处走，看上去柔弱、谦和，但实际上很有力量。道家哲学特别是老子的哲学是阴性哲学。儒家哲学讲阴阳平衡，讲乾坤刚柔，但其实儒家更强调阳和刚的部分，比如刚健有为。这样儒、道确实形成了一个对比。荀子批评庄子"蔽于天而不知人"（《荀子·解蔽》）。庄子认为我们要尊敬自然、尊敬天，天下雨我们就接受，天不下雨我们也不要管，天怎么样就怎么样，人不要干涉。荀子说那样不行，人一方面要遵循天的规律，另一方面要有能动性，天不下雨，农民就要开水渠、建水库，想办法灌溉，不能完全坐等天发挥作用。荀子的批评确实有道理。老子、庄子的思想其实很复杂,但荀子能把它们都概括出来,并且概括准确,这是很了不起的。

在先秦子学里面,"攻乎异端"者其实主要是批评杨朱、墨家的孟子,以及"非十二子"的荀子。孔子有没有批评过"异端"?老子和孔子之间,老子年长一点,但当时道家学说还没有形成,那个时候还不是诸子百家争鸣的时代,孔子很难找到成体系的思想家去批评。孔子曾评价过管仲、子产、晏婴,这些人是政治家,同时也有思想家的一面。孔子对他们一方面有微词,另一方面也有肯定,并不是单一的批评或肯定。但是到后来诸子学派形成之后,相互之间的批评就非常多了。

中国哲学史上派别之间相互批评也是一种自由的表现。儒释道都出来以后,也会相互竞争、相互批判,但历史上并没有发展出激烈的压制,到唐代的时候儒释道并行,再到宋明之后三者合一,相互吸收得更多了,相互批评得更少了,这也就是说,思想更趋于包容了。

对于"异端",一方面可以"攻",另一方面也可以从中学习很多东西。西方有个很有名的哲学家叫赫胥黎,他是为达尔文的进化论辩护的。进化论认为人是由猴子进化来的,这一观点当时遭到了宗教等保守势力的极端反对,他们讽刺赫胥黎的祖先都是猴子变来的。赫胥黎很坦然地说是,我的祖先是猴子变来的,这没有什么可羞耻的。再比如哥白尼的太阳中心说,一开始也被视为异端,不被接受。赫胥黎讲过一句话:真理一开始都是异端。因为人们见惯了习以为常的事物,接受了习以为常的看法,这些已经成为大家心目中的真理了。

但随着人类社会的发展,要不断提出新的真理,或者至少要补充已有的真理,让它们更加完善。追求真理是一个危险的过程,一开始大家不接受,视其为异端,只有等时间长了、经受住了考验之后,它才会被承认。接受很难,接受之后再打破也很难,但总体来说,人类总是不断变化、发展的,追求真理之路永无止境。

2·17 子曰:"由,诲女知之乎!知之为知之,不知为不知,是知也。"

这一章孔子教导子路什么是知,什么是真知。子路姓仲,名由,字子路。他以勇猛著称,后来因卷入卫国的政治冲突而被杀害。子路长期追随孔子,对孔子很忠诚,在关键时刻能挺身而出保护孔子,是孔子非常重要的学生。

这里的"女"是一个假借字,本字是"汝",你的意思。孔子说:"子路,我来教你什么是知:真正明白、清楚了,这就是知道;没有真正明白、清楚,就是不知道。这样的知才是真知。"

我们在参加学生论文答辩的时候经常会遇到这样的情况:一篇论文虽然主要讲一个核心问题,但是涉及的其他问题非常多,其中有些内容是铺垫性的,有些是辅助性的,如果老师就这些铺垫性、辅助性的内容提问,掌握得比较多的学生自然回答得恰当、充分,掌握得比较少的学生不好意思直接说自己不清楚,只能勉强作答,自然回答得不好。理解是一个渐进的过程,有程度深浅的区别,但是没弄懂、不理解,那就应该说不理解,然后去学习、请教,而不能停留在不求甚解的层面上。

孔子这里讲的实际上是学习要谦虚,不要不懂装懂,不要似是而非。真正的学习,首先要知道的是自己的无知。苏格拉底讲过,研究哲学首先是要认识你自己,认识自己的无知,知道自己的有限,然后才会去求知。知识是无穷无尽的,面对知识的海洋,面对无限知识的空间,学得再多也不要说自己最有智慧。老子也讲过类似的话,他说:"知不知,上;不知知,病。夫唯病病,是以不病。圣人不病,以其病病,是以不病。"(《老子》第七十一章)知道自己不知道,这是很高的境界;不知道却说自己知道,那就是缺乏自知之明,是一种缺点,老子说这是一种病。如果你知道自己有这种缺点,那你就不会再有什么缺点了。圣人就是这样,他知道自己的缺点,然后通过不断的学习,成为聪明、渊博的人。从一般意义上讲,知道自己的无知,知道知识的无限性,我们才会去追求学问,不断丰富自己。总之,学问从无知开始。

2·18 子张学干禄。子曰:"多闻阙疑,慎言其余,则寡尤;多见阙殆,慎行其余,则寡悔。言寡尤,行寡悔,禄在其中矣。"

这一章主要讲如何从事政治事务,或者说如何参与公共生活。

子张是孔子的学生,姓颛孙,名师,字子张。他是陈国人,比孔子小四十八岁。子张为人勇武,性情与子路相似,甚至更偏激。他广交朋友,《论语·子张》中记载了他说过的一些很有名的话:"士见危致命",士看到危险肯豁出性命。"见得思义",看到有所得便思考是否符合道义,是不是应得的。"祭思敬,丧思哀",祭祀的时候一定要做到虔诚,举行丧礼的时候要表现出真正的哀伤之情。

"干"是求取、获得。"禄"是俸禄。"干禄"就是求取官职获得俸禄的意思。"阙疑"的意思是存疑。孔子说,即便是博闻之人,仍会有一些不知道的事情,所以要存疑,不要对有疑问、不清楚的事情下判断。"尤"是过错的意思。"寡尤"就是过错很少,甚至没有过错。

子张要学习如何获得官职,孔子就给他讲了一个方法,他说:首先要多听别人讲,先了解情况,有不清楚的地方先搁置起来,将有把握的地方讲清楚、说明白,这样就可以少犯错误。其次是多看,观察别人怎么做,感觉不妥的地方不去效法,做得好的、值得效法的地方要谨慎实行,这样就可以少做后悔的事情。说的话错误少,做的事后悔少,这样就官运亨通了。简单讲就是,一开始要善于倾听、多观察,说实话、做实事,不清楚、有疑问的地方先不说,感觉做得不妥当的地方不去效法。

结合现实生活,我们会发现这好像也是现在通行的方法。新领导走马上任,一开始不会轻易讲很多话,定很多规矩,或者做规划,而是先到各职能部门去调研,听工作人员的汇报。除了听汇报,还要看他们的行为,因为汇报的内容一般都是好的、正面的,不容易发现问题。这种调研,虽然想法很好,但有时候难免走马观花,按孔子的话说,还是要真正掌握清楚,有不清楚、感觉做得不妥当的地方先存疑,再进一步去了解,看怎么做合适。

这个方法也可以用在学问上。上一章说"知之为知之,不知为不知",不清楚的地方就是不清楚。可是有些人在研究问题的时候,虽然数据不全、实验不完备,但急于出成果,于是重复使用数据,甚至伪造数据。这是很不好的事情。如果还有问题没研究清楚,就应该存疑,然后进一步调查、实验,取得可以支撑的证据。

不只是做官、做学问,做人也一样,要学会存疑,为事情留下余地。真理很复杂,学问也很复杂,要给不知道的东西留下空间。

2·19 哀公问曰:"何为则民服?"孔子对曰:"举直错诸枉,则民服;举枉错诸直,则民不服。"

这一章里的"哀公"即鲁哀公,鲁国的君主。他向孔子请教如何治理一个国家,百姓才会归服。孔子的回答是"举直错诸枉"。"举"是推举、选拔。"直"是正直、公平的意思,它是政治德行最重要的表现之一。"错"就是放置的意思,也有废置的意思。"枉"是邪曲、不正。"错诸枉"就是废置那些不好的、无德无能的人。

孔子晚年的时候与鲁哀公交往比较多,那时候鲁哀公没有重用孔子,孔子对政治可能也不那么积极了。但是鲁哀公还是很尊重孔子的,向孔子请教,用现在的话说就是把孔子当作顾问。鲁哀公向孔子请教、学习的过程,在《荀子》《礼记》《孔子家语》里面都有相关记载。比如,《荀子·哀公》中记载了鲁哀公问孔子如何治国的一些事。他对孔子说:"寡人生于深宫之中,长于妇人之手,寡人未尝知哀也,未尝知忧也,未尝知劳也,未尝知惧也,未尝知危也。"意思是,我生于深宫之中,在妇人的怀抱中长大,从不知道生活的艰辛,从没有什么忧虑,从不知道劳动辛苦,从不知道什么是要小心的,从不知道什么是危险的。也就是没有什么生活阅历。孔子回答:"君之所问,圣君之问也。"你能这样问,实际上已经很了不起了,真正想治理国家的人才会这样努力学习。"丘,小人也,何足以知之?"我只是个"小人",怎么能知道那些呢?鲁哀公说,除了你我还能去问谁呢?你别谦虚了,给我讲一讲吧。鲁哀公很谦虚,很尊敬孔子。孔子后面回答了很多内容,其中有一句话很有名,他说:"丘闻之,君者,舟也;庶人者,水也。水则载舟,水则覆舟,君以此思危,则危将焉而不至矣?"将君主和百姓的关系比喻成船和水,关系好,水可以承载船在水面上航行;关系不好,水就可能把船打翻。船和水一方面可以很和谐,另一方面也可能存在着危险。你知道这里面有危险的话,就会小心、谨慎地执政。这个故事实际上就是讲如何处理好君民关系。

在这一章里,孔子具体讲了如何选拔官员的问题。这个问题如果放在广义上讲,可以看成公共权力,也就是政治领域的权力,从上到下如何分配、安排的问题。从原则上讲,就是公平正义,任人唯贤。孟子说:"贤者在位,能者在职。""尊贤使能,俊杰在位,则天下之士皆悦,而愿立于其朝矣。"(《孟子·公孙丑上》)就是一定要让贤人有位置,让有能力的人有职务。如果不选拔贤能,而任用无德无能之人,那么贤人就会很痛苦,不愿意与那些无德无能之人一同立于朝堂,而选择隐退。所以,"惟仁者宜在高位"(《孟子·离娄上》)。荀子也说:"决德而定次,量能而授官。""上贤禄天下,次贤禄一国。"(《荀子·正论》)通过考察一个人的德行来确定他的等次,根据他的才能来授予官职。最高的禄是当天子,次等的就是成为诸侯国的君主。

原则确定下来了,还需要去识别贤人。要考察一个人是不是有德有能非常不容易,因为有些人可能会从中作假,他们采取包装、宣传的方法,比如把自己包装成一个孝子,后来发现他并不孝,甚至于守丧期间照样生儿育女。因此,各个时代都有具体的选贤举能办法,通过制度来保证所选贤能的可靠性。

2·20 季康子问:"使民敬、忠以劝,如之何?"子曰:"临之以庄,则敬;孝慈,则忠;举善而教不能,则劝。"

这一章主要讲季康子问孔子如何从事政治,跟上一章关系很密切。

季康子是鲁国的大夫,即季孙肥,在当时的鲁国很有权势。这里"忠以劝"的"以"是连词,与、和的意思。"敬""忠""劝"这三个概念是并列关系。"劝"就是勉力、勤勉。"临"是上级对下级。"庄"就是庄重、严肃。如果上级对待下级很庄重、很认真,那下级就能够尊重上级,这是一个相互关系。儒家说,"君使臣以礼"(《论语·八佾》),君主尊敬大臣,大臣才会忠诚,这是相互的。在前一篇我们讲到慈与孝也是相互的。"善"指德。"能"指才。善者举之,不能者教之,这个是普遍的。

季康子问:"怎么做才能让老百姓很恭敬、有忠心,同时又很勤勉?"孔子认为,可以对百姓有"敬""忠""劝"的要求,但首先要考虑的是当政者、上级应该怎么做。当政者尊重百姓,对百姓的事认真严肃,百姓就会对当政者恭敬。当政者孝顺父母、慈爱幼小,老百姓看见了,会学习当政者的慈与孝,从而更忠诚于君主。当政者选用贤能的人,教育无能的人,老百姓就会受到鼓励,感受到公正、公平,自然就会勤勉、努力。

我们可以看出来,孔子的说法跟季康子是颠倒的。季康子是直接对下面做要求,不要求上面。孔子则反过来,强调当政者首先要以身作则。上有所好,下必从之,当政者做得很好,百姓也会效仿,这是一种正面的上行下效。还有一种相反的上行下效,当政者做得不好,下必甚之,老百姓会做得更过分。所以我们说儒家强调的政治是一种示范政治。

从孔子的立场可以看出来,孔子是非常正直、忠诚的,即便是面对当权者,且不一定认同他所说的,仍然会坚持自己的看法。可以说,孔子是站在整个社会的立场上来看问题的。

2·21 或谓孔子曰:"子奚不为政?"子曰:"《书》云:'孝乎惟孝,友于兄弟,施于有政。'是亦为政,奚其为为政?"

这里的"或"是有人,类似于我们说的某人。"奚",疑问词,相当于为什么。有人问孔子,你为什么不去从政?这个问题从侧面说明当时的孔子是没有官位、没有职务的。孔子引用了《尚书》里的一句话,"孝乎惟孝,友于兄弟,施于有政",现在的《古文尚书·君陈》篇里能找到类似的说法。"施于有政"就是施于政,"有"是语助词,"施"是实行、延及。"奚其"的意思是为什么。在上位的人,包括士,一般都要去从政,孔子当时没有从政,没有官位,这个人觉得不可理解,就问孔子为什么,于是孔子给他解释。孔子的解释很有意思,也说得比较婉转:《尚书》中说孝就是孝敬父母、友爱兄弟,然后推广到对天下人好,这不就是影响政治了吗?这也是一种参与政治的方式,为什么一定要当官呢?即便没有官职,我们也可以对国事、家事、天下事,事事关心,做力所能及的事情,以不同的方式参与政治。

关于孔子没有具体职务这个问题,在《论语》里面还有其他类似的记载。比如在《论语·子罕》篇中,子贡问孔子,如果这里有一块美玉,你是放在匣子里藏起来,还是找一个好的买主卖掉它呢?孔子说:"沽之哉!沽之哉!我待贾者也。"卖掉!卖掉!我正在等待机会。《论语·阳货》里面也记载,"阳货欲见孔子,孔子不见",阳货便给孔子送了一只蒸熟的乳猪。孔子尽管可能不太喜欢阳货,但按照礼仪要登门拜谢,于是他趁阳货不在家时回访。不料二人"遇诸涂",在路上碰见了。阳货对孔子说:"怀其宝而迷其邦,可谓仁乎?""怀其宝"就是有一身才能。"迷其邦"的意思是没有在国家事务中好好发挥作用。这可以称为仁吗?"好从事而亟失时,可谓知乎?"喜欢从事政治却屡屡错失时机,这可以称作聪明吗?孔子说,你说得很好,我打算做官了。上面这两处记载都说明孔子当时没有职务,但内心愿意参政。《论语·子路》篇中孔子也说:"苟有用我者,期月而已可也,三年有成。"三年就可以把这个地方治理得非常好,这说明孔子对自己的能力是认可的,对参政充满了信心。

孔子的一生经历丰富,大概二十岁的时候做过委吏(仓库管理员),二十一岁时做过乘田吏(畜牧管理员)。三十岁的时候就没有做官了,开始游学、治学、办学,留下大量言论。到了五十一岁的时候,孔子在鲁国任中都宰(一个大的都城的行政长官,类似于现在的市长),在任一年,卓有政绩,"四方皆则之"(《史记·孔子世家》),都称赞孔子。五十二岁时,孔子从中都宰升任司空(管理工程建设的官员),后又升到大司寇(掌管司法诉讼的最高长官),还"摄相事",也就是兼任宰相,只是"摄相事"的时间非常短。在鲁国从事政治之前,孔子曾到过齐国。本来齐国君主想用孔子,但当时是晏婴辅政,晏婴对孔子有排斥心,齐王最终也没能任用孔子。后来孔子在鲁国发展得非常好,齐国就不安了,担心鲁国太强大会对他们构成威胁。于是,齐国给鲁国君主赠送美女、财物,试图离间鲁国的君臣关系。最终,孔子因为与鲁国国君政见不和而辞职。辞职之后,孔子周游其他诸侯国家,十五年中到过中原地区,也到过北边的晋国和南边的楚国,想看看有没有参政的机会,但最后都没能成功。

儒家的特点是入世,强调一个修身、齐家、治国、平天下的连续过程,或者说是内圣外王,修身养性的同时一定要去淑世,改造社会,完善社会。这是儒家最大的特点。这种特点,使得儒学在中国几千年的文化传统里面始终是一种要参与公众政治生活的学说。佛教、道教就不一样,它们都讲求出世。虽然也有佛教徒、道教徒参与政治,甚至充当皇帝的参谋,但他们主要还是出世的。儒家想入世,想治国、平天下,首先必须获得权力。春秋战国时期是一个士自由流动的时代,诸侯国相互竞争形成春秋五霸、战国七雄,而竞争的核心力量之一就是人才。那些治学之士不仅提出思想、创立学说,同时获取官职,参与各个诸侯国的治理。总体来看,从春秋到战国,儒家著名人物获得权力的机会比较少,孔子只有很短的一段任职经历,孟子连类似于孔子的正式的职务都没有,荀子则更不用说了。

虽然儒家入仕的机会并不多,但其积极入世的特点给人留下了深刻印象,以至于章太炎认为儒家利禄之心太重。我觉得这是误解,对儒家的评价太片面了。孔子、孟子、荀子,包括后世真正的儒者都很正直,他们不会轻易委曲求全,不会轻易放弃选择,他们有独立的人格,追求真正的价值,这是可贵的,这也正解释了为什么孔子死后影响那么大。古代帝王那么多,被人们传颂的很少;孔子是个布衣,无权无势,可是他留下的大量智慧、精神和价值值得人们去学习、传颂。就像我在《学而》篇开头讲到的日本教育家福泽谕吉,虽然不是国家领导人,但为国家做出了非常大的贡献,去世后日本为他举行了国葬,受全民敬仰。从这个意义上讲,儒家确实不是纯粹为了获得权力,他们的目的是治国、平天下。但如果没有权力,他们也不会放弃原则去投机取巧。

2·22 子曰:"人而无信,不知其可也。大车无輗,小车无軏,其何以行之哉?"

这一章孔子主要强调信用的重要性。这里的"而"表假设。"信"是信用、诚实。"其"是代词。"可"是可以。"人而无信,不知其可也"的意思是,人如果没有信用,不知道那怎么可以。

孔子将信用比作大车的輗、小车的軏。这里涉及一个器物——车。当时的车有大小两种,大车是牛车,小车是马车。车的结构大同小异。其中,车辕端有一个用来连接、固定横木或车轭的部件,大车的叫輗,小车的叫軏,如果没有这个部件,横木固定不上去,车就没法行走。孔子拿这个部件的重要性来类比人的信用的重要性。讲信用,是人之所以为人的一个非常重要的品质,也是儒家五常之一。与我们前面所讲的内容联系起来,讲信用又具体表现为说了就要做,言行要合一。当然,在一些特殊情况下,比如面对坑蒙拐骗、面对病人时,我们需要讲策略,灵活处理。但总体上看,"信"是处理人际关系的必要条件,没有信用很难交到朋友,没有信用也很难达成合作。

2·23 子张问："十世可知也?"子曰："殷因于夏礼,所损益可知也;周因于殷礼,所损益可知也。其或继周者,虽百世可知也。"

这一章子张提出一个问题:今后十世的事情我们是否可以预测?孔子通过历史的损益说明,不仅十世可以预测,百世也可以。古代三十年为一世,十世是三百年,百世就是三千年。"损"就是减少、去掉。"益"就是增加。

在礼仪制度方面,殷继承夏,在此基础上有所增减,周对殷也是这样,以后的朝代对周可能也是这样,由此可以推知百世。这里就涉及历史的连续性和历史的间断性的关系问题。如何连续?荀子在这个问题上讲得非常清楚,他说:"圣人者,以己度者也。故以人度人,以情度情,以类度类,以说度功,以道观尽,古今一也。"(《荀子·非相》)古今虽然有变化,但是有的东西是连续的,有先王有后王,后王效法先王,先王虽然不在了,但后王将他的东西继承了下来。历史的传统和历史的发展之间有这样一种复杂的、矛盾的运动关系。近代以来,有人提出中国历史几千年不变,这是一种保守、落后的传统,基于这一历史观,他们认为中国要变就要全变。这就是全面反传统了。彻底否定过去,迷信未来,将未来和过去完全对立起来,导致历史失去延续性,这是不对的。现在我们就改变了这样的历史观。通过过去知道现在与未来,这就是过去、现在和未来的关系,历史的连续性和间断性里面包含了这个道理。

2·24 子曰:"非其鬼而祭之,谄也。见义不为,无勇也。"

在古代,人死以后叫作"鬼",资历深的"鬼"叫作"神"。各家有各家的鬼神,也就是祖先神,谁家的鬼神谁家祭祀。当时有个词叫"淫祀",就是把祭祀弄混乱了,或者是祭祀越界了。不该你祭祀的,你也去祭祀了,这就叫"非其鬼而祭之",是谄媚的。儒家也讲鬼神"不歆非类"(《左传·僖公十年》),不是自己的后人祭祀的供品,鬼神也不会接受。关于儒家的鬼神思想,学界争论比较多。比如"祭如在,祭神如神在"(《论语·八佾》),说祭祀的时候好像鬼神是存在的。有人就说,好像存在,实际上还是不存在,既然不存在,还去祭祀,儒家不就是内外不一致、分裂的吗?我想这不是不一致,他们真正的意思是,祭祀的时候一定要身临其境,想象自己祖先的声音容貌,要进入那个角色里面去,然后表达自己的真实情感,不做表面文章。

"见义不为,无勇也。""勇"就是勇气。这句话后来演化出了一个成语——见义勇为。孔子还说过"杀身以成仁"(《论语·卫灵公》),它与见义勇为的思想是统一的。儒家讲"勇",不是匹夫之勇、战士之勇,而是正义的勇气、道德的勇气,这是儒家特别强调的。

我们对这一篇做一下总结。《为政》篇涉及的人物很多,问题也很广。首先,最重要的一部分是道德伦理和价值,其中讲到孝、信、勇等,尤以讲孝为多。其次,强调学习和修养。儒家始终认为人是学习的动物,要不断提高自己、成就自我。如何成就？《为政》篇提出了很多方法，包括学习的方法、为官的方法，这些方法也可以用于其他方面，适用的范围很广。最后，孔子对自己的一生做了总结，概括了每一个阶段所体现出的不同境界，从学到立、到不惑、到知命、到耳顺、到自由的境界，展现了孔子不断追求自我完善、追求人格提升的一生。孔子的一生，虽然在政治领域留有颇多遗憾，但在思想、文化、教育领域硕果累累，给后世留下了巨大且深远的影响。

八佾第三

王志民 解读

《论语》全文共计二十篇,《八佾》是比较特殊的一篇。在这二十篇中,篇名一般选取第一章的头两个字,如果头两个字是"子曰",则自动略过,选取其后两个字作为篇名,如《论语》第一篇《学而》篇。但《八佾》篇不符合这个规律,因此它比较特殊。为何《八佾》篇的命名方式与其他篇有所不同?前代人对此做过专门解释。

关于《八佾》篇命名,前人有两种解说:一是因为后面第十六篇《季氏》,头两个字也是"季氏",为了区分,所以后移而用"八佾";二是因"深责其恶,故书其事以标篇也"(《论语义疏》),也就是季氏所作所为影响恶劣,其根源就在于"八佾舞",所以用"八佾"来命名,借以表达编纂者对季氏越礼的憎恶。我个人认为:在吸收前人解说基础上,还应该再深入探讨。一方面,前人解题二说,都有道理,可以从二者兼顾来理解。为了与《论语》后面第十六篇相区别,避免重名,同时,首章批判季氏,最不能容忍的就是"八佾舞"问题,所以用《八佾》名篇，表达鲜明态度。另一方面，要想理解本篇命名，还应综观《八佾》篇的全部内容。《八佾》篇共计二十六章，其中有二十二章专门谈礼，"八佾"是最高层次的礼乐，而季氏"八佾舞"是严重违礼行为，所以遭孔子严厉批判。二十二篇之外，有两篇虽谈乐，实际也牵涉礼，另外两篇谈其他内容，也和礼有一定的联系。所以，用"八佾"来名篇，应是对本篇内容的高度概括。在《论语》二十篇中，其他篇各章间的内在联系并不是很密切，唯有《八佾》篇各章之间逻辑关系比较密切，应是编纂者着意编排而又斟酌取舍以命其名的。

3·1 孔子谓季氏："八佾舞于庭，是可忍也，孰不可忍也？"

在讲本章之前，先对三桓做一背景介绍。三桓，指鲁国卿大夫孟孙氏、叔孙氏和季孙氏。鲁国的三桓起于鲁庄公时代（前693—前662年在位）。鲁庄公父亲鲁桓公有四子：嫡长子鲁庄公继位国君。庶长子庆父，又称共仲，其后代称仲孙氏；庶子之长又称"孟"，故又称孟孙氏。庶次子叔牙，其后代称叔孙氏。嫡次子季友，其后代称季孙氏，也称季氏。由于三家皆出自鲁桓公之后，所以被人们称为"三桓"。鲁庄公将三桓封官为卿，后代都形成了大家族。三桓是春秋时期对鲁国政治产生最大影响的贵族集团，春秋后期，"三桓做大，公室衰微"是鲁国衰败的重要原因之一。

"季氏"，这里指季友的后裔季平子。据周礼："诸侯不敢祖天子，大夫不敢祖诸侯，而公庙（桓公）之设于私家，非礼也。"(《礼记·郊特牲》)也就是大夫不能直接建诸侯的庙,而根据郑玄注:孟孙、叔孙、季孙氏皆立桓公庙。鲁以周公之故,立文王庙,三家见而僭焉。可见,三桓违礼,由来已久。"八佾","佾"指舞蹈的队列。古代乐舞队伍按周礼是有严格规定的:八人一列,共计八列,即六十四人,是为八佾,天子独享;六人一队,共计六列,即三十六人,诸侯独享;四人一队,共计四列,即十六人,大夫独享。

这一章的大意为,孔子谈到季氏,说:"(他用)天子的八佾舞在庭院中舞蹈,这种行为可以容忍,还有什么不能容忍?"

季氏在庭院中欣赏八佾舞,为何孔子说"是可忍也,孰不可忍也"?八佾是只有天子才能享用的乐舞规格,而季氏只是一个大夫,竟然在庭院里面用八佾舞,在孔子看来,这就是让人无法容忍的越礼行为。周天子曾给鲁国一项特殊的礼遇——祭祀周公时可用天子的礼乐。因此,鲁国国君在周公庙里祭祀周公时,是可以和天子一样用八佾舞的。然而三桓却用八佾舞来祭祀他们的祖上桓公,僭越了礼,所以孔子才说,季氏如此的肆无忌惮,如此的胆大妄为,这样的行为如果可以容忍,还有什么事情不能容忍?

"礼"是孔子的核心思想之一。而孔子所处的春秋末期,是一个礼崩乐坏的时代。在孔子看来,这个社会没有礼就会大乱,只有礼才是维护社会秩序的重要制度。所以孔子维护礼,就是要维护社会正常的秩序,为天下之事担忧,他对违礼的行为是深恶痛绝的。朱熹在《四书章句集注》里说道:"孔子为政,先正礼乐,则季氏之罪不容诛矣。"为什么季氏罪不容诛? 有三点:一是礼是治国之大纲,是从三代以来形成的纲常。《论语·为政》有载:"殷因于夏礼,所损益可知也;周因于殷礼,所损益可知也。"而周礼是最完备的,所谓"周监于二代,郁郁乎文哉!吾从周"(《论语·八佾》)。所以,孔子是最推崇周礼的。二是季氏所为破坏了周礼的传统秩序,是对礼崩乐坏时代"犹秉周礼"的鲁国最严重的损毁,这是孔子所难以容忍的。三是在孔子愤怒的背后,也有对季氏专权、公室削弱、鲁国衰微的哀叹。

3·2 三家者以《雍》彻。子曰:"'相维辟公,天子穆穆',奚取于三家之堂?"

《雍》,指《诗经·周颂》中的《雍》篇。"彻",按照朱熹的解说:"祭毕而收其俎。"即天子祭祖完毕,要奏着《雍》乐来撤祭。"辟公",指助祭诸侯。"穆穆",深远之义,天子之容。

这一章的大意为,孟孙、叔孙、季孙三大夫之家,祭祖时用天子之乐,唱着《雍》来撤出祭品。孔子说:"'天子祭祖,助祭的都应是诸侯,天子以慎终追远、志念深沉的样子主祭。'这种仪式怎么来到了这三家的祭堂上?"讥讽其无知妄作,有违礼僭越之罪。

上一章说的是季氏在庭院中享用天子的八佾舞,这里则说三桓奏着《雍》乐撤祭,从另一面指斥三桓以天子之歌撤祭,是严重的违礼事件。孔子在这里用了一个反问句,实际上是在斥责和讥讽三桓,他们这种践踏礼的行为,确实是无知妄作,肆意妄为。

3·3 子曰:"人而不仁,如礼何？人而不仁,如乐何？"

这一章的大意为,孔子说:"人没有仁德,怎么能真正实行礼呢？人没有仁德,又怎么去实行乐呢？"

礼、乐是等级制度和秩序和谐的象征,不是单纯的礼仪形式和演奏乐章,因而礼乐是和人的德行联系在一起的。礼乐教化的效果因人而异,人如果没有仁德,礼乐又怎么能做好？为什么不只说礼？因为礼乐是联系在一起的！在行礼的时候,都是伴随着音乐的。孔子在这里观点鲜明地指出了人与礼乐的关系:人如果没有仁德,又怎么能去实行礼呢？如果没有仁德,又怎么能去正确地奏乐呢？所以此章重在说明真正能够行礼的人必须是有仁德、有道德的,道德高尚的人才能真正地推行礼。这里实际上就把个人的德行跟礼乐的推行结合起来了。仁和礼的关系,就是仁德和礼乐的关系。

朱熹在《四书章句集注》中提出:"然记者序此于八佾、《雍》彻之后,疑其为僭礼乐者发也。"就是说,《论语》的编纂者把本章放在《八佾》的第三章有其深意:是为承上两章,来进一步抨击三桓和季氏僭越周礼的行为的。本章是用反诘语气表达鲜明观点,朱熹之论颇有道理,也进一步说明《八佾》篇各章之间的排列是编纂者体认孔子本意、精心安排的,有其内在的严密逻辑关系。

3·4 林放问礼之本。子曰:"大哉问! 礼,与其奢也,宁俭;丧,与其易也,宁戚。"

林放,按现有资料看,可能是鲁国人。虽然没有直接证据,但后世研究者认为他可能是孔子的弟子。"易",治,指完备的形式。一说"易"同"仪",指仪式。

这一章的大意为,林放问孔子礼的根本是什么。孔子说:"问的问题好重大呀! 就礼来讲,与其搞得烦琐铺张,宁可节俭些;丧事,与其注重完备的仪式,宁可尽情表达悲伤和痛苦。"

春秋末期,礼崩乐坏,人们所关注的都是礼的细枝末节,而林放则有志于追寻礼的根本问题。事实上,只要懂得礼的根本问题,那礼的全部都在其中了。所以,孔子赞赏林放问了一个意义重大的问题。其意义重大之处在于:在孔子的时代,礼已经不是约束个人行为、维护社会秩序的律条,而是变为追求烦琐铺张的形式了。这就切中了礼崩乐坏的时弊。所以,孔子认为追求礼的本源之义是个重大问题。中国文化的根基是血缘宗法制,礼主要是从祭祖仪式起源的。人类的生活受大自然的影响巨大,因而祭祀天地神明,希望获得庇佑。所以这里回答礼的根本,就从祭祀和丧礼来说。一直到孔子时代,礼主要还是体现在祭祀和丧事上。

《四书章句集注》引范氏的话说:"夫祭与其敬不足而礼有余也,不若礼不足而敬有余也。"就是说在祭祀的时候,要注重表达你对祭祀对象的怀念和恭敬,而不是在仪式上大做文章。现在来理解孔子在本章中表达的思想,仍然具有很强的现实意义:讲礼仪,要简单,不要复杂化;要讲真情实感,不要注重烦琐的程序和花样。后者又可以理解为要以真情孝敬父母,不要等到父母去世后靠隆重的丧礼来表达悲痛,那样没有实际意义。

3·5 子曰:"夷狄之有君,不如诸夏之亡也。"

"夷狄",是殷周时期对周边少数民族的贬称。"诸夏",即华夏之国,指在黄河流域分布的各诸侯国。

这一章的大意是,孔子说:"向来不讲礼义的少数民族建立的国家尚且有君长,不像华夏诸侯国这样出现君不君、臣不臣的情况。"

前人对本章有几种解读,意思几乎相反。其一,程树德《论语集释》引邢昺疏:"言夷狄虽有君长而无礼义,中国虽偶无君……而礼义不废。"说的是"夷狄"虽然有国君,但是没有礼义;华夏族即便偶尔没有国君,但礼义没有废止。客观反映了华夏礼义之盛。其二,朱熹《论语集注》引程子曰:"夷狄且有君长,不如诸夏之僭乱,反无上下之分也。"指的是华夏诸侯国僭越礼义导致的混乱,已经超过了"夷狄"。其三,杨树达《论语疏证》认为,吴国与楚国也实行周礼,而华夏族实行周礼还不如被视为"夷狄"的吴、楚。"有君",是指有贤君。在春秋时期,"夷狄"和"诸夏"的界限并不清晰,并非一成不变的,要看是否合乎礼义。他说:"《春秋》之义,夷狄进于中国,则中国之。中国而为夷狄,则夷狄之。盖孔子于夷夏之界,不以血统种族及地理与其他条件为准,而以行为为准。"行为不合乎礼义的就是野蛮的。他还批判了前面第一种说法是"以褊狭之见,读孔子之书,谬矣"。

我个人认为杨树达先生的解释很有道理。如同人不分贵贱,君子不一定是有文化、有地位的人,普通老百姓也可以是君子。如同"夷狄"和"诸夏",主要看谁遵守了君臣之道。本章是孔子对当时华夏各诸侯国(包括鲁国)僭越周礼、丧失君臣之道现象痛心疾首的感叹。

3·6 季氏旅于泰山。子谓冉有曰:"女弗能救与?"对曰:"不能。"子曰:"呜呼!曾谓泰山不如林放乎?"

"旅",祭祀名山大川的专称。冉有,孔子的弟子,当时正担任季氏的家臣。"女",即"汝",你。"救",挽救,意为阻止季氏的僭礼之罪。

这一章的大意为,季氏到泰山去祭祀。孔子对冉有说:"你不能阻止季氏僭礼祭祀泰山的行为吗?"冉有说:"我不能。"孔子说:"哎呀!难道说你支持(季氏)去祭祀泰山,还不如去请教林放(知礼)呢?"

根据《礼记·王制》,天地山川皆有神主,"天子祭天下名山大川,五岳视三公(按太傅、太师、太保的九献之礼及牲牢礼器之数),四渎视诸侯。诸侯祭名山大川之在其地者"。郑注云:"鲁人祭泰山,晋人祭河是也。"就是说,只有鲁国国君才有资格祭祀泰山,季氏竟然自己去祭祀泰山,这是僭越礼的行为。冉有作为季氏家臣,本来可以努力阻止季氏陷于僭窃之罪的,但他说"不能"。"不能"的含义有两种:一是做不了,二是不想做。孔子就斥责弟子冉有说:"曾谓泰山不如林放乎?"你不去劝止季氏祭祀泰山,还不如去请教林放学习礼呢。这是教训弟子的话。除了指斥学生冉有这层意思,这句话还有两种解说:一种是说季氏去求泰山保佑,还不如返回去向林放学习礼呢;另一种是说像季氏这种人,僭越礼去祭泰山,泰山神是不会保佑越礼之人的,所以奉劝季氏,与其祭祀泰山,还不如向林放一样好好学习礼呢。

为什么自古以来只有国君才能祭祀泰山?有几种解说:一是泰山最雄伟,山势雄壮,根基稳固,象征天下稳定,所以要让国家稳如泰山,就要祭祀泰山。二是泰山地处东方,其所在的海岱之地,自古以来被认为是中华民族的发祥地。因而自上古以来帝王就将泰山一带视为故乡,无论在哪里登基得了天下,都要到泰山来封禅,"泰山犹其宗庙也"(参王献唐《炎黄氏族文化考》)。泰山是中国第一个被联合国教科文组织列入世界文化与自然双重遗产的名山,足见其地位之高。

3·7 子曰:"君子无所争,必也射乎!揖让而升,下而饮。其争也君子。"

"君子"是儒家理想的培养目标,即所谓君子儒、君子人格。"射"是周礼所列六艺之一,不但可以增强体魄,更是一种修身养性、培养君子风度的方法。君子儒的人格特征是"志于道,据于德,依于仁,游于艺"(《论语·述而》)。本章讲的"君子"风采,主要是从礼的角度展开,可以结合《论语·卫灵公》"君子矜而不争"和《论语·季氏》君子戒斗理解。

这一章的大意是,孔子说:"君子与人相处,没有要争抢的东西(指利益),如果一定要争的话,那就是射箭了!互相作揖谦让后登堂而射,比试结束下堂来,一起饮酒。这种比试也是有礼数的君子之争。"

从这里可以看到君子不争的品格。君子具有较好的道德修养,其外在表现就是君子无争、君子禁争。那种见利就争的人,在道德层面上就不属于君子,而是小人。从这个角度看,这里的君子无争是孔子表达的君子人格在礼上重要的外在表现。即使是必须争,也都是彬彬有礼的,整个行动不失君子的气度。所以本章的核心是讲君子好让无争的高尚道德修养和处事风度。

朱熹在《论语集注》中的解说更有利于加深对本章的理解:"言君子恭逊不与人争,惟于射而后有争。然其争也,雍容揖逊乃如此,则其争也君子,而非若小人之争矣。"就是说,君子行事恭敬、谦逊,从不与人争抢,只有射箭是必须要争(好成绩)的。但这种竞争,也是以舒缓从容、恭敬谦逊的姿态去做。所以,这种争也是君子之争,而不是小人之间的争抢。

3·8 子夏问曰:"'巧笑倩兮,美目盼兮,素以为绚兮。'何谓也?"子曰:"绘事后素。"曰:"礼后乎?"子曰:"起予者商也！始可与言《诗》已矣。"

本章是弟子子夏向孔子请教关于如何理解《诗经·硕人》中诗句的对话。这段对话很典型地体现了孔子教学相长的特点，声情并茂，是《论语》中少有的描述孔子形象的篇章。其中，"倩""盼"二字都是描写硕人的美貌：一写笑靥之美，一写眼波流转多神之美。关键是如何理解"素以为绚兮"。"素"，指粉地。"绚"，指涂上的彩色。诗中借以说明硕人本来就有美丽的容颜，再加以华丽修饰，就好像绘画中粉地加上彩色。子夏质疑诗句是以素为彩，因而请教。"绘事"，指绘画之事。"后素"，即在粉地之后。朱熹《论语集注》："《考工记》曰：'绘画之事后素功。'谓先以粉地为质，而后施五采，犹人有美质，然后可加文饰。""礼后"，《论语集注》："礼必以忠信为质，犹绘事必以粉素为先。""起"，启发之义。子夏因论《诗》而知学，故可与之讨论《诗经》了。

这一章的大意是，子夏请教夫子说："'轻盈的笑脸真漂亮呀，明亮的眼睛美而多神，就像在白色的底子上染上绚丽的彩色。'《诗经》上的这句话讲的什么意思呀？"孔子说："先以粉地打底，然后再绘画。"子夏说："礼是产生在忠信、仁义之后吗？"孔子说："能启发我的是子夏呀！现在可以与你讨论《诗经》的学问了。"

《诗经·卫风·硕人》是齐国的庄姜出嫁到卫国做庄公夫人时，卫人歌咏她的诗。诗中有几句比较有名："手如柔荑，肤如凝脂，领如蝤蛴，齿如瓠犀，螓首蛾眉。巧笑倩兮，美目盼兮。"形容其手指就像含苞的芦苇剥掉外皮后那白色的穗芯；皮肤润泽嫩滑，就像凝结的脂膏，洁白又润滑；脖子就像白净修长的蝤蛴那样丰润白皙；牙齿就像葫芦籽那样洁白；方正宽润的额头像蝉额，细长弯曲的眉毛像蚕蛾的触须。前五句写静态的天然本质之美；后两句中的"倩""盼"，则写动态顾盼之美。清人方玉润在《诗经原始》中评价："千古颂美人者，无出此二语，绝唱也。"这首诗，被认为是中国文学史上写美女最好的篇章。

本章师徒二人谈诗句的深层意思是：人长得美，然后加上华丽的妆容，就更加美丽传神。人只有具备忠信、仁爱的修养，才能显现出庄重的仪态。只有内心具备仁德，加上外在行为合乎礼义，即仁主其内，礼现其外，这才是真美。

孔子和弟子的对话，表面上是在讨论《诗经》，但实际上是在探讨仁和礼的关系问题。所以《论语》总是抓住两个核心：一个是仁，一个是礼。孔子与学生的讲学对话，随时可谈，随处可说，比如在这里因子夏之问而谈《诗经》，但是万变不离其宗，总是围绕他思想的核心来说的。

另外，孔子从子夏的提问中感受到弟子思考问题的深度，因而受到启发，很高兴。这既反映出孔子教学相长的教育方式，也表现出其谦逊好学的高尚师德。

3·9 子曰："夏礼，吾能言之，杞不足征也；殷礼，吾能言之，宋不足征也。文献不足故也。足，则吾能征之矣。"

"征",即证,验证的意思。杞是夏禹直系后裔的封国,周初封于河南杞县,后徙封于山东新泰一带(距离曲阜百里之遥)。宋是商汤后裔的封国。周公平定三监之乱后,封商纣王庶兄微子启于商之旧都商丘,立宋国,特准其用天子礼乐奉商朝宗祀,于周为客。"文献","文"是典籍,"献"指贤人。

这一章的大意是,孔子说:"夏代的礼,我能说得出来,从其后裔杞国却难以得到验证;殷代的礼,我也能说出来,从其后代宋国却难以得到验证。主要是因为那里的历史文献和德才兼备的大学者很少了。如果有充足的文献,我就能引以为证了。"

本章突显了孔子对三代文明传承的巨大贡献。孔子在文献不足的情况下,都能讲出夏、商之礼,可见孔子文化素养之丰厚,对三代文化研究之精深。本章可与《为政》第二十三章互参。在《为政》这一章里,子张请教孔子,今后十世的礼制情况是否能知道。孔子回答:"殷对夏、周对殷的礼制传承增删我都知道得很清楚。后代如果继续传承周礼,即使一百世也是能知道的(何况十世呢)。"这突出说明,孔子对三代礼制的研究是多么深入精专。

这一章值得注意的有三点:一是既然杞、宋文献不足,孔子如何对夏、商之礼有如此精深的研究和把握?这要从鲁国的文化地位中寻找答案。周公是周朝礼乐文化的创制者。周公封鲁,周王室特别厚赐鲁国,精心培植其为礼乐文化中心。据《左传·定公四年》载,周室将夏代的玉石、殷商的宗室六族,以及太祝、宗人、太卜、太史等各类文化人才,大量的文物器用、典籍简册给予鲁国。《礼记·明堂位》载："凡四代之服、器、官，鲁兼用之。是故鲁，王礼也。"鲁国受赐礼乐重器，拥有与天子等同的礼制。不难看出，鲁国是保存虞、夏、商、周四代文化最多的地方，故成为春秋列国的文化中心。孔子正是在这样的文化中心成长，才通晓三代礼制的。二是《左传·昭公二年》记载，晋国韩宣子到鲁国观书，感叹说："周礼尽在鲁矣。"这里说的应是周朝所有记载"礼"的典籍，都在鲁国了。这也为三代之礼制，孔子尽知之提供了依据。三是孔子时代，杞、宋两国对自己先祖的礼制，既无文献可查，也无人才可通，正反映当时礼崩乐坏的实况。

3·10 子曰："禘，自既灌而往者，吾不欲观之矣。"

"禘"，指在宗庙中举行的极为隆重、只有天子才能主持的大祭，五年举行一次。"灌"，禘祭中的一个节目，指方祭之始，用一种加香料特制的酒，灌地降神。

这一章的大意是，孔子说："鲁国的禘祭，从一开始的献酒起，我就不想看了。"

禘祭，本是天子在宗庙中主持的大祭，由于周公勋劳大，成王特赐鲁国以天子之礼乐在周公庙中禘祭。到孔子时，鲁国的禘祭违礼之处甚多，从祭祀开始，礼仪便懈怠得不足以观看了。孔子对"非礼"极其厌恶，曾教育弟子要"非礼勿视，非礼勿听，非礼勿言，非礼勿动"（《论语·颜渊》）。本章表现了他对鲁国违礼现象的抵制和激烈反对的态度。

3·11 或问禘之说。子曰:"不知也。知其说者之于天下也,其如示诸斯乎!"指其掌。

这一章的大意是,有人让孔子解说一下禘祭之事。孔子说:"我不知道。能够解说禘祭的人,治理天下就像把东西摆在这里一样容易了。"说着,就指着他的手掌。

本章孔子用了一个很形象的小动作,来表达一个深刻的道理。孔子认为,礼,是治理天下的纲纪;禘祭,是天子所行之大礼。只有精通和践行礼的人,才能治理天下。所以他说,能解说禘祭之人,治理天下易如反掌。另外,《礼记·礼运》记孔子曰:"於呼哀哉!我观周道,幽厉伤之,吾舍鲁何适矣!鲁之郊禘,非礼也,周公其衰矣!"这里,孔子感叹面对自幽王、厉王以来天下礼崩乐坏的颓势,自己无所适从。而从鲁国禘祭的违礼,则叹息周公之道在鲁的衰微。由此可见,禘祭之礼在周礼中具有重要地位,因此孔子借禘祭来阐发礼对于治理国家的重要性。

3·12 祭如在,祭神如神在。子曰:"吾不与祭,如不祭。"

这一章的大意是,祭祀祖先时,保持庄敬的态度和神情,就像祖先真在眼前一样。孔子说:"我没亲自参加的祭祀,(即使别人祭祀了,)对我来说就是没祭祀。"

《礼记·玉藻》有与本章相似的表述:"凡祭,容貌颜色,如见所祭者。"意思是,祭祀之时,自己的样貌神情,就好像看到所祭祀的祖先都在眼前一样。

这是孔子弟子记载的孔子强调祭祀诚意的一篇文字。后面补加一句孔子的话：自己没亲自参加的祭祀，就是没祭祀。从另一个方面突出真诚之重要。全篇文字，重在强调祭祀仪态庄敬，心意之诚。《论语集注》引范氏语曰："皆由己以致之也。有其诚则有其神，无其诚则无其神，可不谨乎？"祭祀都是由祭祀者亲自来表达内心真诚的，内心真诚则神灵在，内心不真诚则神灵不在。故祭祀之事不可不恭敬谨慎。

这一章强调祭祀时心要真诚，外在表现则为庄敬。表面上是谈礼，但实质还是在谈仁，谈内心的修养，只有仁、礼结合，内外和谐一致，才能达到祭祀的目的。

3·13 王孙贾问曰："与其媚于奥，宁媚于灶，何谓也？"子曰："不然，获罪于天，无所祷也。"

本章是孔子在周游列国时，与卫国大臣的对话。既展现孔子的磊落品格，又隐现他在卫国的窘困境况。王孙贾是卫灵公的大臣。"奥"指室内位于西南角的管家之神。"灶"指传统说法中的灶神。

这一章的大意是，王孙贾问孔子："与其讨好管家的奥神，不如讨好灶神，这是什么意思？"孔子说："说得不对，得罪了上天，那怎么祷告都不会起作用。"

在这里，孔子并没有正面回答王孙贾的疑问，而是提出：天，是至尊的。做事若违背天理，再祈祷什么神也没有任何作用。

在中国传统文化中,天是百神之首。《春秋繁露·郊语》:"天者,百神之大君也。事天不备,虽百神犹无益也。"有学者解释本章内容:此处王孙贾以自己喻灶神,以卫灵公喻家神,来警告孔子:与其去直接接触国君,还不如先来讨好他这位权臣。孔子在这里用天之神圣教训王孙贾:做事若违背天理正道,祈祷任何神也没用;做事坦荡正派,谁都不必巴结。借助天理来表明自己的态度,展现自己"仰不愧于天,俯不怍于人"的高尚品格。孔子与王孙贾,人之高下立判。从另一个角度看,这里也暗示了孔子周游列国时,被王孙贾之类小人暗算刁难的境况。

上述四章,都是说祭祀的事。前两章抨击不合"礼"的祭祀;后两章是说祭祀要心诚,不能带着功利之心去祭祀,做事要合天理、合礼义。

3·14 子曰:"周监于二代,郁郁乎文哉!吾从周。"

"监",参照、借鉴的意思。

本章的大意是,孔子说:"周朝文化吸取借鉴了夏、商文化,所以形成了繁茂文化。我主张弘扬周代的文化。"

此章文字不多,仅十五个字,但内涵富赡。一是孔子盛赞周礼源于夏、商二代,却远盛于二代。《论语·为政》:"殷因于夏礼,所损益可知也;周因于殷礼,所损益可知也。"周文化的辉煌,建立在对夏、商文明的损益、吸收、创新之上。这就进一步深化了对三代文明关系的理解。二是孔子极赞周礼最繁盛、最完备、最有生机活力。朱熹《论语集注》引尹氏曰："三代之礼至周大备,夫子美其文而从之。"三代的礼,到了西周的时候最完善、最周详,所以孔夫子极力夸赞西周的文化。三是孔子鲜明地表达了自己的立场和态度:遵从、传承、弘扬周文化。这也就不难理解孔子为何对一切违反周礼的现象进行批判、抨击了。

中华文明奠基于三代,而其突出代表即"郁郁乎文哉"的周之礼乐文明。这是孔子、老子等诸子百家学派产生的文化根基。而源远流长、辉煌灿烂的中华文明就是一个奠基于三代,而不断传承、发展的文明。《汉书·礼乐志》载:"王者必因前王之礼,顺时施宜,有所损益……周监于二代,礼文尤具,事为之制,曲为之防,故称礼经三百,威仪三千。……孔子美之曰:'郁郁乎文哉!吾从周。'"

3·15 子入太庙,每事问。或曰:"孰谓鄹人之子知礼乎?入太庙,每事问。"子闻之,曰:"是礼也。"

"太庙",古代开国始祖称太祖,供奉太祖的宗庙为太庙,此指周公庙。"鄹(zōu)人之子",指孔子。《史记·孔子世家》载:"孔子生鲁昌平乡陬邑。"孔子的父亲叔梁纥曾经做过鄹大夫,故称叔梁纥为"鄹人"。

这一章的大意为,孔子进周公庙,每件事都要问。有人说:"谁说这位鄹大夫的儿子懂得礼呀?进了太庙,事事都请教。"孔子听了这话,说:"这正是礼呀。"

从本章记载可以看出,孔子知礼懂礼,而且很真诚地按礼的要求去做。我们从三个方面具体分析:其一,反映孔子年少时虚心好学、不耻下问、学而不厌的精神。朱熹《论语集注》曰:"此盖孔子始仕之时,入而助祭也。"此事发生在孔子刚做官的时候,为了助祭而入太庙。虽早已成年,但仍然如此勤学好问。其二,正是由于孔子年少即以知礼闻名,这时才遭人讥讽。其三,孔子"每事问",正是对礼的敬重与恭谨。越是懂的人,越善于向别人请教,这正是懂礼的表现。正如没文化的人,把书看得很薄,有文化的人,则把书看得很厚。一个人如果善于学习,就会明白知识的丰富。《春秋繁露·郊事对》曰:"孔子入太庙,每事问,慎之至也。"孔子在太庙里面"每事问",正说明他对礼庄敬、谨慎的态度。

3·16 子曰:"射不主皮,为力不同科,古之道也。"

本章主要讲射礼。"主",专注、重视之义。"皮",兽皮,指箭靶子。

这一章的大意是,孔子说:"比射箭,不必注重射穿皮靶子,因为射箭之人的用力大小和方式是不同的,(重在礼乐,即便不中,也可以再射,)这是自古以来的规矩。"

古代之"射",有"主皮""不主皮"之分别。"主皮"指古代以兽皮作靶子,目的在于射中、射获。胜者再射,败者下堂。"不主皮"则是礼射,为演习礼乐的比射。《仪礼·乡射礼》

载:"礼射不主皮。主皮之射者,胜者又射,不胜者降。"朱熹《论语集注》曰:"古者射以观德,但主于中,而不主于贯革。"礼射的重点在于射箭过程中能否守礼,以中不中为主,不以是否射穿兽皮为主。孔子说"射不主皮",还蕴藏了另一层意思:春秋之末,周道衰微,礼崩乐坏,列国兵争,射箭复尚用力射穿皮革,因而,孔子言古之道,是哀叹当时社会尚力不崇礼的情势,以表达自己的不满和忧虑。

孔子极力主张维护周礼。有些篇章虽然没提到礼,实际上也是在谈礼,比如此章的"射不主皮",以及前面第十四章的"周监于二代,郁郁乎文哉",不着一字,尽在礼中。由此可以看出孔子那种坚持自己的理想、维护社会秩序的责任感。

3·17 子贡欲去告朔之饩羊。子曰:"赐也!尔爱其羊,我爱其礼。"

"告朔",祭礼名。每月初一为朔日。《论语集注》释"告朔之礼":"古者天子常以季冬,颁来岁十二月之朔于诸侯,诸侯受而藏之祖庙。月朔,则以特羊告庙,请而行之。""饩(xì)羊",未熟的羊。生牲曰"饩"。

这一章的大意是,子贡要把鲁国每月告朔之礼的活羊去掉。孔子说:"赐呀!你可惜那只活羊,我可惜那种礼仪。"

本章讲孔子对礼的重视与维护。西周以来,周天子每年的十二月都颁发历书给诸侯,诸侯将此藏于宗庙,于每月的初一杀羊祭于宗庙。鲁国自文公之后,国君早已不亲临告朔之祭了,但有司每年还是备羊。因而,子贡认为:既然无祭祀之实,那就去掉那只羊。可见,即使在鲁国,不遵周礼的情况也很严重。孔子说"尔爱其羊,我爱其礼",既是对子贡重羊轻礼的批评,也是对礼珍惜爱护的表现。朱熹《论语集注》引杨氏曰:"羊存则告朔之名未泯。"又说:"礼虽废,羊存,犹得以识之而可复焉。若并去其羊,则此礼遂亡矣。"也就是说,即使只有羊,而无祭祀之实,还是有这个礼仪的程式在,还能让人认识到礼,并有可能恢复;如果连羊也去掉,这个礼就真的没有了。

3·18 子曰:"事君尽礼,人以为谄也。"

这一章的大意是,孔子说:"服侍国君,尽力按照礼节去做,他人却以为你是在谄媚呢。"

孔子对待国君,只是按照君臣之礼尽力去做而已,并没有增加什么,可遭到其他人的诋毁,说他在谄媚。这包含了几层意思:一是在礼崩乐坏的混乱时代,很正常的君臣之礼也被认为不正常了。这实际上是孔子对当时社会风气的批判。二是鲁国到孔子时代,三桓坐大,公室衰微,已少有人按照君臣之礼去对待国君了,但孔子正道直行,仍尽力按礼节对待鲁君,因而遭到人们的讥讽。这从侧面彰显了孔子"乱云飞渡仍从容"的高尚品格。三是孔子教导如何尽君臣之礼。可参考《论语·乡党》篇,如:"君在,踧踖如也,与与如也。"国君在,孔子形貌恭敬,行动缓慢、稳重。"君召使摈,色勃如也,足躩如也。揖所与立,左右手,衣前后,襜如也。趋进,翼如也。宾退,必复命曰:'宾不顾矣。'"国君让他陪外宾,他精神抖擞,作揖、鞠躬,彬彬有礼。结束后,他必定向国君汇报。"入公门,鞠躬如也,如不容。……过位,色勃如也,足躩如也,其言似不足者。"进入国君的外门,他弯身恭敬前行。经过国君座前,则精神饱满;说话要有保留,像没全说出来一样。"执圭,鞠躬如也,如不胜。"出使外国,他弯腰恭敬地双手捧着圭,好像很重的样子,因为这是国家的象征。

3·19 定公问:"君使臣,臣事君,如之何?"孔子对曰:"君使臣以礼,臣事君以忠。"

定公,鲁国国君,公元前509—前495年在位,约当孔子四十三至五十七岁时。在这期间,孔子出仕,先后任中都宰、司空、大司寇并摄相事,任职四年,后落魄出走,周游列国。

这一章的大意是,鲁定公问孔子:"君主使用臣,臣服侍君主,都应该怎么做?"孔子回答:"君主应该以礼来使用臣,臣应该以忠诚来服侍君主。"

本章主要讲君臣之礼。从此处可以看出,当时的礼制破坏已经到了很严重的程度,鲁定公都不知道该如何做了。同时可以看出,当时国君与大臣已不按应有礼仪相处了。在孔子看来,要解决这个问题,就要匡正君臣关系。如何匡正?用"君使臣以礼,臣事君以忠"来实现。《论语集注》引吕氏云:"使臣不患其不忠,患礼之不至;事君不患其无礼,患忠之不足。"意思就是,国君使用大臣,不用担心大臣是不是忠心,要担心的是自己是不是按照礼来对待大臣;臣侍奉君主,不用考虑是不是按礼,要更多地考虑自己是不是忠心。

3·20 子曰:"《关雎》,乐而不淫,哀而不伤。"

这里的《关雎》为《诗经》名篇,也是一百六十篇《国风》的首篇,是一首以雎鸠来比喻男女之情的爱情诗。传统解读《关雎》为颂文王后妃之德,宜配君子。"淫",指乐之过而失其正。"伤",指哀之过而害于和。

这一章的大意是,孔子说:"《关雎》这首诗,快乐而不至于放肆,哀怨而不至于伤心。"

为什么孔子对《关雎》有这样的评价?为便于分析,将《关雎》全诗录于下:

> 关关雎鸠,在河之洲。窈窕淑女,君子好逑。
> 参差荇菜,左右流之。窈窕淑女,寤寐求之。
> 求之不得,寤寐思服。悠哉悠哉,辗转反侧。
> 参差荇菜,左右采之。窈窕淑女,琴瑟友之。
> 参差荇菜,左右芼之。窈窕淑女,钟鼓乐之。

《关雎》主要讲一个君子来到河边,看到一位长得漂亮又贤淑的女子,从而展开追求直到迎娶的故事。内容可分三段进行分析。一是首四句:君子听见雎鸠"关关"的叫声而引起追求淑女的欲望和联想。由景及情,由物及人,自然平和之气顿生。方玉润《诗经原始》称:"此诗佳处全在首四句,多少和平中正之音,细咏自见。取冠《三百》,真绝唱也。"二是次八句:主要写大胆追求的快乐和求而不得的悲哀。由河中荇菜随流水左右飘荡,来比兴淑女难求。"寤寐求之",既写大胆追求爱情的憧憬和美好,但"乐而不淫",只在日夜思念;又写求之不得的悲哀,但仅表现为辗转难眠,"哀而不伤"。三是后八句:写娶到了淑女的快乐,但"乐而不淫",通过"琴瑟友之""钟鼓乐之"来表达欢快的心情。《诗经原始》称:"'友'字'乐'字,一层深一层。快足满意而又不涉于侈靡,所谓'乐而不淫'也。"

整体来看,这首诗之所以被孔子赞赏为"乐而不淫,哀而不伤",实质还是发乎情,止乎礼:既大胆追求爱情,又将行为控制在礼之内。无论乐、哀,都不起失礼之念,不干越礼之事。求之不得,归于理性,"哀而不伤";求之既得,态度中和,"乐而不淫"。所为皆合礼。

3·21 哀公问社于宰我。宰我对曰:"夏后氏以松,殷人以柏,周人以栗,曰使民战栗。"子闻之曰:"成事不说,遂事不谏,既往不咎。"

"社",土地之神,此处指木制的神主的牌位。宰我,孔子的弟子。"栗",前指栗木;后为战栗发抖的样子。

这一章的大意是,鲁哀公问宰我,土地庙中的神主牌用什么木头做。宰我回答:"夏代用松木,殷代用柏木,周代以来用栗木,意思是让老百姓战栗害怕。"孔子知道后说:"已经完成的事不再解释,正在顺利办成的事不再劝阻,已经过去的事不要再追究了。"

本章讲如何以礼论事。根据记载,三代社庙之所以用不同质地的木头来做神主牌,是因为立社时所适宜栽种的树不一样。而宰我对周人用栗木的解释,则是依据古人往往在社前处决人的情况,认为用栗木就是让人战栗发抖。孔子认为这是妄加解说,并不符合周人用栗木的本意。并且,宰我这样说还容易激发鲁君的杀伐之心,因此遭到孔子的严厉批评。这里值得注意的是,"成事不说,遂事不谏,既往不咎",应都是针对宰我的批评之语,并非做事的通用礼法准则,否则,就很难理解季氏已经用了"八佾",孔子为什么还要大加批判了。对那些不合礼义的事,正在做的要劝谏,过去的也要追究,这样才既合情也合礼。

3·22 子曰:"管仲之器小哉!"或曰:"管仲俭乎?"曰:"管氏有三归,官事不摄,焉得俭?""然则管仲知礼乎?"曰:"邦君树塞门,管氏亦树塞门;邦君为两君之好,有反坫,管氏亦有反坫。管氏而知礼,孰不知礼?"

本章是孔子批判管仲的话。一是批其不节俭,二是批其不知礼。"器小",器量狭小,指在生活细节上格局不高,即不符合孔子的君子标准。

"三归",向来有多种解释,影响较大的有四种说法:一是租税说。依据是《管子·山至数》载:"则民之三有归于上矣。"郭嵩焘《释"三归"》认为:"是所谓'三归'者,市租之常例之归之公者也。桓公既霸,遂以赏管仲。"即三成的收入都要上交,再赏赐管仲。这种解释侧重于"三归"二字连用,内容上解说勉强,无佐证。二是指桓公一娶三女。何晏《论语集解》引包咸曰:"三归,娶三姓女。妇人谓嫁曰归。"《汉书·地理志下》:"(管仲)身在陪臣而取三归。"颜师古注:"三归,三姓之女。"我认为这一解释和"俭"与否,关系不大。三是指三处采邑。依据主要为《晏子春秋·内篇杂下》:"先君桓公,有管仲恤劳齐国,身老,赏之以三归,泽及子孙。"此处并没有明确是三处采邑。四是指有三个住处。我认为这种说法最恰当。《韩非子·难一》载桓公与管仲对话:"管仲曰:'臣贵矣,然而臣贫。'公曰:'使子有三归之家。'管仲曰:'臣富矣,然而臣疏。'"有三处宅院,自然不俭,而是富有的豪华生活。《战国策·东周策》载:"齐桓公宫中七市,女闾七百,国人非之。管仲故为三归之家,以掩桓公。"自建三幢豪宅,以掩盖桓公之奢侈,这也体现"不俭"。

"官事不摄","摄"为兼职之义。朱熹《论语集注》曰:"家臣不能具官,一人常兼数事。"管仲任命下属则一人一职,浪费人力,此又为"不俭"。"树塞门",即树立照墙、屏风之类。朱熹《集注》曰:"设屏于门,以蔽内外也。""坫(diàn)",在厅堂上建的放置器具的专用土台。朱熹《集注》曰:"在两楹之间,献酬饮毕,则反爵于其上。此皆诸侯之礼,而管仲僭之,不知礼也。"

　　这一章的大意是,孔子说:"管仲的器量很狭小!"有人提出疑问:"那是不是说,管仲很节俭呀?"(看似器小,实为节俭?)孔子说:"他一人有三处豪宅,手下一人只管一事,人力浪费严重,怎么能说他节俭呢?""那么,这种不节俭,是不是因为他太讲究礼呀?"孔子回答:"国君在宫殿门前建了照墙,管仲也在家里建照墙;国君为了与他国国君交好,特意建了专用的放置器具的坫台,管仲也建坫台。(管仲处处按国君标准做事,)说管仲懂得礼,那还有谁不懂礼?"

　　《论语》里面孔子共评价管仲四次,三次赞扬,一次批判,即本章。本章对管仲器小、不俭、不知礼的批判,用了批判、质疑、再批判、再质疑、再批判的表述方式。这反映了春秋战国之世,管仲已经是公认的伟大人物,儒家特别是孔、孟对管仲的批判,说明管仲不符合儒家的德行观、功业观。但春秋与战国时代不同,孔、孟的评价又有差别:在孔子眼里,管子是有缺陷的伟大人物,修养不高、器小、不俭,这是合乎管仲的历史面貌的。管仲曾自述:早年贩财货,"分财利多自与";曾做小官,三仕三被逐;曾上战场,三战三逃跑;由此感激鲍叔牙"知我不羞小节而耻功名不显于天下也"(见《史记·管晏列传》)。孔子认为管仲不知礼,但霸业辉煌,"桓公九合诸侯,不以兵车,管仲之力也"(《论语·宪问》),有大"仁"。因而,孔子对管仲三赞一批。孟子则从王、霸之辩的角度,认为其霸业不足道,鄙视管仲。司马迁解惑孔子为什么批管仲:"管仲世所谓贤臣,然孔子小之。岂以为周道衰微,桓公既贤,而不勉之至王,乃称霸哉?"(《史记·管晏列传》)但这种解释在《论语》中找不到依据,我认为司马迁还是受了孟子的影响。至于朱熹在《论语集注》中解释孔子"器小"之意是"言其不知圣贤大学之道,故局量褊浅、规模卑狭,不能正身修德以致主于王道",更反映出宋儒崇孟的历史观和价值观。

管仲(约前723—前645),名夷吾,字仲,谥敬,齐国人,祖上颍上(今安徽颍上)人。管仲是春秋时期功业显赫的政治家。《史记》中为宰相列传最早者为《管晏列传》。管仲业绩彪炳史册,主要表现在两个方面:其一,他辅佐齐桓公在春秋早期成就霸业达四十三年,使齐桓公成为"春秋五霸"中称霸时间最长、霸业最盛的霸主。孟子说:"五霸,桓公为盛。"齐桓公称霸以"尊王攘夷"为号召,把当时中原诸侯国组织起来,抵御了周边少数民族对中原文化的破坏,维护了民族统一。其二,管仲对齐国实行的一系列改革,在中国历史上产生了重大影响。例如:最早将生产专业化的"四民分业";按土地质量征收租税的"相地而衰征";兵民结合的"作内政而寄军令""参其国而伍其鄙"制度;国家盐铁专卖的"官山海"制度;通货积财、调控物价的"轻重之术";选拔人才的"三选法";"以人为本"、重视道德文化建设的礼义廉耻"四维"治国纲领,等等。

管仲还是著名的军事家、战略家,是法家的先驱。所以,管仲并不是儒家理想中的完美人物。《论语·宪问》中孔子论管仲,三赞其业绩:一赞其是个超越子产的杰出人物;二在子路认为管仲"未仁"时,赞其辅助桓公"九合诸侯,不以兵车","如其仁,如其仁";三是针对子贡认为管仲"非仁",大赞其功业惠及整个中华民族,"民到于今受其赐。微管仲,吾其被发左衽矣"。

3·23 子语鲁大师乐,曰:"乐其可知也:始作,翕如也;从之,纯如也,皦如也,绎如也,以成。"

本章是孔子与鲁国的太师谈礼乐时,用十分形象、生动的语言来描述音乐的形态,反映了孔子对乐的精深造诣和践行礼乐的痴情。

"大师",乐官之长。"翕如","翕"是相合,"翕如"言乐之合。"纯"言协调一致,如五味相济而后和。"皦"言明亮,此处指很清晰。"绎"为接续不断。

这一章的大意是,孔子与鲁国太师研讨音乐时说:"音乐是可以讲明白的:奏乐起始,五音六律相合,音调热烈;接着放开音节演奏,五音清浊高下,协调一致,节奏清晰明快;最后收尾时余音缭绕,不绝如丝,一曲完成。"

孔子所处的春秋末期,礼崩乐坏,乐久已不传,以致作为礼乐文化中心的鲁国乐官之长太师,都不谙熟音乐了,因而孔子对太师讲解音乐的形态,让其听得如痴如醉。

我们应该了解,周代之乐与今日之音乐含义是不尽相同的。一是周代之乐是配合礼的教化的,因而礼乐不可分;其音以温柔敦厚、庄敬严肃为主旋律。二是与现在的音节、音阶不同,周代之乐是五音六律。朱熹《论语集注》引谢氏曰:"五音六律不具,不足以为乐。"三是在乐官之长都不懂音乐的时代,孔子能用语言对音乐形态做如此精彩的描述,使人如闻其声,可见孔子懂乐、知乐,对礼乐造诣、践行之深、之实,表现了孔子极力维护、传承礼乐文明的决心和毅力。

3·24 仪封人请见,曰:"君子之至于斯也,吾未尝不得见也。"从者见之。出曰:"二三子何患于丧乎?天下之无道也久矣,天将以夫子为木铎。"

本章以记述卫国边疆小吏见孔子之事,宣示出孔子身处乱世,坚持礼乐教化理想的超凡情操和贡献。

"仪"是卫国地名。"封人",管理诸侯国边境的官员。"木铎",带木舌的铜铃。古代摇铃召集会议,宣布政令。后世往往以木铎比附宣教的人。

这一章的大意是,孔子周游列国,来到卫国边境之地仪,管理边防的官员请求见孔子,说:"凡是有德行学问的人,到了这里,我没有见不到的。"跟从孔子的弟子就引荐封人见了孔子。出来后,封人对孔子弟子说:"诸位,你们还担心什么失掉官位?天下混乱黑暗的日子已经很久了,上天这是派孔夫子来传布礼乐、教化人民的呀!"

这是发生在孔子周游列国来到卫国边境时的事情。虽然孔子对封人说了什么不得而知,但从他称孔子为天之"木铎"看,孔子于所到之处大力传播儒家之道,坚持理想,主张仁爱,维护周礼,意志之坚,可以想见。从封人对诸弟子"何患于丧乎?"的对话中,也透露出孔子弟子在追随孔子周游列国时,看到天下无道,四处碰壁,前途渺茫,内心感到非常苦闷,反映出周游列国的艰辛和其弟子们当时的失落与困顿心情。

3·25 子谓《韶》:"尽美矣,又尽善也。"谓《武》:"尽美矣,未尽善也。"

《韶》是产生于舜时代的乐舞。《武》是武王伐纣后庆祝胜利的音乐。

这一章的大意是,孔子评论《韶》乐:"声音太动听了,音质又那么平和美好。"评论《武》乐:"声音太动听了,但还是不够美好。"

礼乐之乐,既有听觉之"美",即动听悦耳;又有音乐内涵的"善",即反映的是美好的思想内容。《韶》为舜时之乐,有禅让、平和之气,所以孔子赞为"尽美""尽善"。《武》为讨伐纣王后庆祝战争胜利的音乐,虽然动听,但有血腥杀戮之气。在孔子及儒家看来,武王伐纣除暴,是应予以肯定的行动,但有血腥杀戮之气,所以用"未尽善",而不用"尽善"来评价。

3·26 子曰:"居上不宽,为礼不敬,临丧不哀,吾何以观之哉?"

这一章的大意是,孔子说:"身居高位时不宽厚仁慈,行礼时不庄重敬畏,办丧事时不悲伤,这样的行为我怎么看得上呢?"

"居上不宽",指在上位的统治者对老百姓不能宽容敦厚。《论语·阳货》篇有"宽则得众",即只有宽容,才能得到百姓拥护。《汉书·东方朔传》曰:"水至清则无鱼,人至察则无徒……明有所不见,聪有所不闻,举大德,赦小过,无求备于一人之义也。""为礼不敬",《左传·僖公十一年》载:"礼,国之干也;敬,礼之舆也。不敬则礼不行,礼不行则上下昏,何以长世?"即践行礼义要怀着一颗恭敬的心。"临丧不哀",《左传·襄公三十一年》载:"居丧而不哀,在戚而有嘉容,是谓不度。不度之人,鲜不为患。"即亲人去世,居丧而没有哀痛的心情,就是不遵礼度。这句话实际上还是对当时礼崩乐坏、社会失序的批判。在礼崩乐坏的时代,这样三种社会现象,让孔子感到深恶痛绝,表达出一种愤激的心情。

整体来看,《八佾》篇是整部《论语》中比较特殊的一篇,其中突出的是对孔子礼学思想的阐发,展现了孔子维护礼、赞美礼、批判不守礼、主张践行礼的思想。

里仁第四

王志民 解读

孔子思想的核心是礼和仁,上一篇《八佾》主要围绕礼进行了系列阐发,本篇为《里仁》,篇名即取"子曰"之后开首二字。那么,本篇有没有对仁进行重点阐发?内容有没有系统的逻辑联系?细加考究,答案是肯定的,现略加分析。本篇内容共二十六章,绝大部分章节都可归结为与仁的论说、阐发、践行有直接关系。前七章,言不离仁,明显都是围绕"仁"字展开,说明《论语》编纂者是特意将仁学内容集中放在前面,以突出仁的。第八至十七章,主要是直接或间接讲道的。细析,此处所谓"道",其主旨内涵是指仁义之道,还是讲仁的。其中,第八、九、十章,实讲"志于道";第十一、十二、十三、十四、十六、十七章,主要讲如何"达道";第十五章,直接阐明道即仁之一体两面——"忠恕"。第十八至二十一章,是讲"孝"的。孔子说"孝弟也者,其为仁之本与",实际上更是属于仁的范畴了。最后五章主要讲修行仁德,其中第二十二、二十三、二十四、二十六章讲言行一致、自律;第二十五章"德不孤,必有邻"六字,是鼓励、坚定修行的志向的。由此看来,《里仁》全篇,章章不离"仁"德,是孔子对其仁学思想进行重点阐发、论说的主要篇章之一。

4·1 子曰:"里仁为美,择不处仁,焉得知?"

本章讲居处的仁德风气,是礼义教化最重要的事。"里",居住的单位。周制二十五家为一里,相当于街巷,故有乡里、里巷之称。《论语集注》:"里有仁厚之俗为美。"一说此处"里"为动词,居住的意思。"知",通"智",聪明、明智的意思。

这一章的大意是,孔子说:"居处要形成一种仁德的好风气才是最美好的,如果选择了没有仁德风气的居处,那怎么叫明智呢?"

本章包括两个方面的内涵:一是居住的社区有一种仁德风气才是最美好的。因而共同努力建设文明社区,是全体居民的责任。二是要到有仁德的社区居住才是最美的。如果选择没有仁德风气的地方居住,就是不聪明的。生活环境的道德风气,对一个家庭或个人的成长、发展都是很重要的。"昔孟母,择邻处"就是很好的榜样。《荀子·大略》:"仁有里,义有门。仁非其里而处之,非礼也;义非其门而由之,非义也。"杨树达《论语疏证》:"谓仁不在其里,义不在其门也。"

4·2 子曰:"不仁者,不可以久处约,不可以长处乐。仁者

安仁,知者利仁。"

本章从穷困、安乐两个方面讲仁。"约",少、贫困的意思。"处约"指处于穷困境地。

这一章的大意是,孔子说:"不仁的人,不可以长期处于穷困境地,也不可以长期处于安乐境地。有仁德的人才安于仁,聪明的人才能(认识到仁德的长远利益,)利用仁。"

为什么"不仁"者不可以久处穷困和安乐?在《论语》中有多处提及,例如《卫灵公》篇:"君子固穷,小人穷斯滥矣。"这里的"小人"就是"不仁"者。如果小人长期处于穷困境地,可能会做出过分的事情。《礼记·坊记》篇同样记载孔子云:"小人贫斯约,富斯骄;约斯盗,骄斯乱。"小人贫困就无法约束自己,太富裕就会骄纵自己的欲望。《孟子·梁惠王上》记载:"无恒产而有恒心者,惟士为能。若民,则无恒产,因无恒心。苟无恒心,放辟邪侈,无不为已。"也是强调百姓要有稳定的田产,才不会出现动乱。而只有道德修养达到仁的境界者才能无论贫富穷通,都安于仁德(不会乱来);只有仁者,才能看到行仁德所带来的长远利益和重要价值,才能去行仁、用仁。用我们今天的话说,就是只有大力提升自己的素养,丰富自己的心灵,做一个道德高尚的人,才能经受住艰难困苦的考验,不被欲望驱使,实现人生的价值追求。

4·3 子曰:"唯仁者能好人,能恶人。"

这一章的大意是,孔子说:"只有仁德之人才能爱好人,才能厌恶坏人。"

本章是说只有修养达到仁的境界的人,才能敢爱敢恨。一方面,只有仁德之人才能正气凛然,敢爱敢恨;另一方面,只有修养达到仁的境界的人,才能按照仁的原则去爱好人、厌恶坏人。《礼记·缁衣》载:"子曰:'唯君子能好其正……其恶有方。'"只有君子能表达喜爱之情,厌恶也是有标准的。《论语·子路》:"子贡问曰:'乡人皆好之,何如?'子曰:'未可也。''乡人皆恶之,何如?'子曰:'未可也。不如乡人之善者好之,其不善者恶之。'"《论语·卫灵公》:"众恶之,必察焉;众好之,必察焉。"《后汉书·孝明八王列传》李贤注引《东观汉记》:"贵仁者所好恶得其中也。"孔子希望人们立志做一个有仁德的人,并且要有自己的原则。

4·4 子曰:"苟志于仁矣,无恶也。"

"苟",假如的意思。一说为真诚。

这一章的大意是,孔子说:"假如立志要做一个有仁德的人,就不会做坏事了。"这句话还有另一种解释,孔子说:"自己真诚地立志去践行仁德,是没有坏处的。"

本章文字虽短,但励志意味颇浓,即围绕一个"仁"字,从因果关系来鼓励人们立志成仁。

**4·5 子曰:"富与贵,是人之所欲也,不以其道得之,不处也。贫与贱,是人之所恶也,不以其道得之,不去也。君子去仁,恶乎成名?君子无终食之间违仁,造次必于是,颠沛必于是。"

本章的核心思想是"仁"与"道"的关系。"道",指正当方式、渠道。"终食",吃完一顿饭的时间。"造次",仓促、匆忙之时。"颠沛",倾覆流离之际。

这一章的大意是,孔子说:"富有和权位,是人人所盼望(追求)的,不以正当手段获取,是不能做的。贫困和低贱,是人人所厌恶的,不以正当手段获取富贵,宁愿不脱离贫困。君子离开了仁德,还到哪里去成就'君子'的名分?君子没有一顿饭的时间脱离仁德,仓促匆忙时刻也不离仁德,颠沛流离之时也不离仁德。"

本章讲为仁之道与欲望的关系,分为三层:第一层是仁德之人,不会靠不正当手段获取财富和地位。孔子并不排斥人们好富贵、恶贫贱的正常欲望,但反复强调要取之有道,并现身说法:"不义而富且贵,于我如浮云。"(《论语·述而》)《论语集注》:"不以其道得之,谓不当得而得之。"《论衡·问孔》:"此言人当由道义得,不当苟取也;当守节安贫,不当妄去也。"第二层是仁德之人,不会用不正当手段改变贫贱。《论语·卫灵公》:"君子固穷,小人穷斯滥矣。"君子与小人的区别就在于穷困之中的修为:君子固守仁德,小人则会乱来。《荀子·大略》:"子夏家贫,衣若县鹑。人曰:'子何不仕?'曰:'诸侯之骄我者,吾不为臣;大夫之骄我者,吾不复见。'"

孔子弟子子夏也做出了榜样：宁愿固守穷困，也不愿意去跟有权势者同流合污。第三层是君子离开仁德就失掉了根本，就不能称为"君子"了，因而任何情况下都不能脱离仁德。《荀子·性恶》："仁之所在无贫穷，仁之所亡无富贵。"卢文弨曰："此言仁之所在，虽贫穷甘之；仁之所亡，虽富贵去之。"

本章内容有很强的现实意义，对当今为人、为官之道，意义重大，警示、启迪深刻。对官员和有公权力的人而言，要正确对待金钱和权力的关系。当今时代比孔子时代要先进、丰富、复杂得多，富、贵之道多元化，但首先，要做到"不以其道得之，不处也"，谨守法制、正道、规则；其次，要树立正确的金钱观、权力观和价值观，以"执政为民"为出发点，手中的权力不能用于获取不义之财。这是一条新时代的"道"，"不以其道得之，不处也"，仍是我们应吸取的丰富文化营养。对百姓来讲，也要积极通过正当的途径创造社会财富，获取个人正当利益，不能为"富起来"不择手段，不能损人利己、损公利己等，从而树立高尚的从政道德和社会风尚。

4·6 子曰："我未见好仁者，恶不仁者。好仁者，无以尚之；恶不仁者，其为仁矣，不使不仁者加乎其身。有能一日用其力于仁矣乎？我未见力不足者。盖有之矣，我未之见也。"

"恶(wù)"，厌恶。"无以尚之"，没有比它更高、更好的了。"尚"，同"上"。"不使不仁者加乎其身"，不使不仁的东西外加到他身上。"有能一日用其力于仁矣乎？"有能用一整天时间尽力去行仁德的吗?

这一章的大意是,孔子说:"我还没见到过喜好仁德,而厌恶不仁德的人。喜好仁德的人,那是好到无以复加了;厌恶不仁德的人,他行仁德,(主要表现在)不使不仁德的东西沾染到他身上。有能拿出一整日的时间尽力去践行仁德的吗?我没见到用力去做而力气不足的人。大概也可能有,我还没见到。"

孔子在这儿说了两种自己从未见过的人:一是非常喜欢仁德,达到无以复加程度的人;二是厌恶不仁德的程度,达到不与任何不仁事情沾边的人。然后,孔子鼓励人们:成为有仁德的人,虽然比较难,但是只要用心去做,就能达到仁德境界。他说:难道就没有肯拿出一个整日去尽力践行仁德的人吗?我还没有看到用力去做却力气不足的人,因而只要尽力就会实现。但是,这样去做的人太少了。最后,他抱有希望说:也可能有,只是我没看到。本章反映了孔子时代礼崩乐坏的现状:行仁德的人看不到,厌恶不仁的人也只能洁身自好。人们很少去践行仁德,新秩序没有建立,孔子发出悲观的慨叹。这也反映了孔子对社会仁德之风日衰的焦虑和建立理想秩序的使命感、责任感;孔子坚持以"仁"的高标准来观察社会,表达出其"仁"的理想境界。

4·7 子曰:"人之过也,各于其党。观过,斯知仁矣。"

这一章的大意是,孔子说:"人的过错,与他是哪类人有关系。观察一个人的过错,就知道他是否是仁德之人了。"

物以类聚,人以群分。看一个人所犯的错误,就知道他和什么人在一起了。这告诉我们,通过交友及所处的环境,就可以知道一个人可能犯的错误,也就知道他是什么样的人了。另一个层面,看一个人所犯错误的性质,就知道他是否有仁德了。

孔子在这里告诉人们,要从人犯错的角度观察仁、践行仁。此处没有深求仁的含义,而是从浅处说,看一个人所犯的错误就知道内心是不是仁。这句还有另一种解说:人的身份、地位、品质不同,所犯的过错也不同,要看他是哪一类人。程子曰:"君子常失于厚,小人常失于薄;君子过于爱,小人过于忍。"(《论语集注》)从一个人所犯的错误,就明白什么是仁德了。

4·8 子曰:"朝闻道,夕死可矣。"

这一章的大意是,孔子说:"早上得知真理,当晚就死去,也没有遗憾了。"

"朝""夕"之间,比喻时间之短。"朝闻道",却"夕死",凸显"闻道"价值之高。程子曰:"死生亦大矣!非诚有所得,岂以夕死为可乎?"如果不是确实获得了最宝贵的东西,怎么能说当晚就死去也没有遗憾呢?

这里的"道",含义比较丰富,有各种解说。或指"事物当然之理"(朱子);或指孔子所理想的道——仁义之道;抑或是尧、舜、文、武、周公之道。程子曰:"皆实理也,人知而信者为难。""道",也指人们信仰的学说。信仰的力量是无穷的,人有信仰,生死置之度外,何惧朝生夕死?孔子这里提出的实际上是人生观问题。生命的意义何在?孔子提出就是为了追求和实现"道",为追求真理,为实现理想、信念,即使朝生夕死,也是值得的。

4·9 子曰:"士志于道,而耻恶衣恶食者,未足与议也。"

这一章的大意是,孔子说:"读书人中,有志于追求真理,但又以穿破衣、吃粗饭为耻辱的人,这种人就不值得跟他谈论道了。"

既追求真理和信仰,又想着奢侈享受,这样的人,不是真追求,所以不值得跟他谈论"道"。这说明,不计较衣食的好坏,是"志于道"之要件,由此可知此"道"必以无私为特性。联系上一章内容,上一章正面肯定不惧朝生夕死的求道殉道之君子,本章则从反面批判不能安贫乐道之人。在《论语·子罕》篇中,孔子曾经表扬子路,曰:"衣敝缊(yùn)袍,与衣狐貉者立,而不耻者,其由也与?"赞美子路穿着破衣服和穿豪华皮衣的人站在一起,丝毫不感到惭愧耻辱。这是因为只要志于道,就会内心强大,就不会在乎外在的衣食荣辱了。

在我们今天看来,"志于道",就是人生应该有信仰、有理想、有目标;在立志实现这些追求的过程中,只有不畏生活的艰辛和道路的曲折,才能实现"道",人生才能圆满。

4·10 子曰:"君子之于天下也,无适也,无莫也,义之

与比。"

这一章的大意是,孔子说:"君子对于天下的人和事,无可,无不可,主要用道义来比照判断。"

由于对"适"的字义有多种解读,所以对本章的解读有好几种,意思差别较大,但都能讲通。其一,"适",富厚。君子对于天下之人,不分富贵的,还是穷贱的,只和有道义的人亲近。其二,"适",亲。君子对于天下之人,不分亲疏,只按道义原则处事。其三,"适",敌。君子对于天下之人,没有固定的敌人和朋友,只和正义站在一起。其四,"适",专主。君子对于天下之人,没规定必须怎么做,也没规定怎么不做,只要觉得合乎道义就行。我认为,最后一种解说可能更合乎孔子本意。

孟子提出古圣贤各有不同的处事方式:"治则进,乱则退,伯夷也。何事非君,何使非民;治亦进,乱亦进,伊尹也。可以仕则仕,可以止则止,可以久则久,可以速则速,孔子也。"(《孟子·公孙丑上》)并说:"大人者,言不必信,行不必果,惟义所在。"(《孟子·离娄下》)孔子处在"天下之无道也久矣"的时代,面对纷繁复杂的社会变化,提出可以没有固定的处事模式,要据情而为,但万变不离其宗,必须合乎道义原则。

4·11 子曰:"君子怀德,小人怀土;君子怀刑,小人怀惠。"

这一章的大意是,孔子说:"君子心里装着的是仁德,小人心里装着的是乡土;君子心里装着的是天下法度,小人心里装着的是个人恩惠。"

这里很明晰地分出了君子和小人的差别,君子:怀德、怀刑;小人:怀土、怀惠,其区别就在于心之所系。君子注重道德修养,心有仁德,追求的是道德修养提升和高尚精神境界,做事放眼天下,关注社会法度,心中自有方寸。小人心里装的是田土家园、个人恩惠,追求的是物质上的私利和满足。在《论语·宪问》中,子曰:"士而怀居,不足以为士矣。"说明知识分子如果整天考虑个人私利,就不是真正的"士"了。孔子提出,要做一个道德高尚、胸怀宽广、谨守法度的君子,不做狭隘、自私、贪利的小人。

4·12 子曰:"放于利而行,多怨。"

"放",仿照,依据。

这一章的大意是,孔子说:"依据个人利益来做事,会招致很多怨恨。"

人不能紧紧围绕个人利益来行事,那样会引起周围人的怨恨和不满。个人利益如同沙子,抓得越紧,失去越多,最终个人的目标也不能实现。换言之,只有多为他人着想,为大家服务,顾大局,舍小我,个人价值才能得到更好的实现。

4·13 子曰:"能以礼让为国乎?何有?不能以礼让为国,如礼何?"

"礼让",礼的本质是谦让,不争。"辞让之心,礼之端也。"(《孟子·公孙丑上》)

这一章的大意是,孔子说:"能够用礼让来治理国家吗?(不用礼让)还有什么(能治国)?如果不能以礼让来治国,那制定礼仪又有什么用呢?"

礼与让的关系,人们很早就有深刻认识:"让,礼之主也。"(《左传·襄公十三年》)礼,是让的外在表现;让,是礼的内在本质。孔子"礼让"合称,就是看到了礼、让之间密不可分的关系。只有社会维护礼和每个人都有让之德性的紧密结合,国家才能大治。实现礼治,必须人人有让心;只有人人有让心,才能维护礼。《管子·五辅》中又说:"夫人必知礼然后恭敬,恭敬然后尊让,尊让然后少长贵贱不相逾越,少长贵贱不相逾越,故乱不生而患不作,故曰礼不可不谨也。"知道礼仪才能恭敬,恭敬了才能有尊卑礼让,才能避免秩序混乱和隐患的发生。这是礼与让的关系。《论语集释》引江熙的话说:"人怀让心,则治国易也。不能以礼让,则下有争心,锥刀之末,将尽争之,惟利是恤,何遑言礼也?"人们有礼让的心,国家治理就容易。没有礼让,就有争斗的心,刀尖那点利益都会抢夺。利益都用来抢夺,礼就没有作用了。这是让与礼的关系。战国时期,孟子则从人性论上对让与礼的关系做了更深入的挖掘,将让视为礼之渊源:"辞让之心,礼之端也。"(《孟子·公孙丑上》)

从礼让与治国的关系来看,《论语集释》引《四书训义》曰:"国之所与立者,礼也。礼之所自生者,让也。无礼则上下不辨,民志不定,而争乱作,亦终不足以保其国矣。"国家能健康发展就是因为礼,礼来自让。没有礼让,上下就不能区分,百姓的思想就不能安定,争斗内乱就会产生,最终不能保全国家。所以国家要大治,就需要人人都有辞让之心,才能避免争斗。

4·14 子曰:"不患无位,患所以立;不患莫己知,求为可知也。"

这一章的大意是,孔子说:"不发愁没有职位,只发愁在事业上如何有建树;不发愁没有人了解自己,去追求足以让人了解自己的才德就好了。"

人生没有实现自我价值,不能将原因推给外界,认为是因为没有提供给自己相应的职位,而是要反思自己是怎么做的,要主动有所作为。有作为才能有地位,有了地位才能登上更大的舞台,从而更有所作为。另外,不要天天埋怨他人不理解自己,而要通过积极主动做事,让别人了解自己,重视自己。人生在世,要先做一个好的自己,才能有所作为。

4·15 子曰:"参乎!吾道一以贯之。"曾子曰:"唯。"子出,门人问曰:"何谓也?"曾子曰:"夫子之道,忠恕而已矣。"

这一章的大意是,孔子说:"曾参呀!我的学说是有一个主旨思想贯穿到底的。"曾子说:"明白。"孔子出门后,学生们问曾参:"说的什么意思?"曾子说:"夫子学说的主旨思想,忠恕两个字就概括了。"

本章是《论语》中极重要的一章,因为其阐发的是孔子思想的主旨精神。一是孔子自己说出他的思想学说是有一个核心(主旨)的,因而这是探求孔子思想核心的重要表述。孔子的思想,随时而发,随地而发,因人而发,但是确有一个主旨思想,在这一章,我们得到印证。二是孔子并没有直接说出这一主旨思想,而是曾子回答的,说明曾子在弟子中地位特殊,对孔学理解最得真传。三是曾子在孔子思想传承中具有重要地位。他作《大学》、编纂《论语》(一般认为,《论语》极有可能是曾子及其弟子整理编纂的)、封宗圣,都显示其是孔学的重要传人。

"忠恕",《论语集注》云:"尽己之谓忠,推己之谓恕。"所谓"忠",指"诚敬不苟"。所谓"恕",孔子自己有解答。子贡问曰:"有一言而可以终身行之者乎?"子曰:"其恕乎!己所不欲,勿施于人。"(《论语·卫灵公》)"仁"与"恕"的关系在《论语》其他篇也有提到,如仲弓问仁。子曰:"出门如见大宾,使民如承大祭。己所不欲,勿施于人。"(《论语·颜渊》)孔子说:"夫仁者,己欲立而立人,己欲达而达人。"(《论语·雍也》)

所谓"忠恕",实际上就是仁的两个方面:对内,德行修养,竭尽心力;对外,推己及人,"诚敬不苟"。内外一体,修行合一。"忠",既指内修之真诚,又指外行之诚信;"恕",既指内修之仁德,又是外行之原则。"忠恕",是实现仁的内修外行的实践途径。

4·16 子曰:"君子喻于义,小人喻于利。"

这一章的大意是,孔子说:"君子最懂得义,小人最懂得利。"

义、利之辩是儒家思想的一个重要论题。义者,天理之所宜,即事物天然应有的样子,是一种绝对的道德律;利者,人情之所欲。从孔子到孟子,再到荀子,儒家将义与利作为君子与小人的根本区别。而且,义和利是相互矛盾的。君子修行自身,追求天理正途;小人则追求个人物质私利。《孟子·尽心上》记孟子曰:"鸡鸣而起,孳孳为善者,舜之徒也;鸡鸣而起,孳孳为利者,跖之徒也。欲知舜与跖之分,无他,利与善之间也。"舜是古代的先王,跖是强盗,二者的区别就在于为善还是为利。《淮南子·缪称训》:"君子思义而不虑利,小人贪利而不顾义。"君子思慕道义而不考虑利益,小人贪图利益而不顾及道义。

此章又有另一种解说,即君子、小人并非是以思想道德高下来区分的,而是以社会地位区分的。特别是汉代,君子指当官之人,小人指普通百姓。《汉书·董仲舒传》载,董仲舒对策曰:"夫皇皇求财利常恐乏匮者,庶人之意也;皇皇求仁义常恐不能化民者,大夫之意也。"即做官的人必须深明天理正义,才能教化百姓,加强社会文化建设,巩固政权;而百姓常常为饥寒所困,因而汲汲以求财利。

4·17 子曰:"见贤思齐焉,见不贤而内自省也。"

这一章的大意是,孔子说:"看到贤德之人,就向他看齐;看到不贤的人,就反省自己(是不是也有同样的问题与毛病)。"

"见贤思齐",这是教导如何做人的名言。时时所见,要向优秀的人看齐;遇到不好的人,则时时触发自己的反思和内省。还要从正反两个方面汲取人生正能量:以他人之长为己长,以优秀者激励自己;以他人之恶警示自己,时时反省,去己之短,这是一个人德业不断积极进取的内在动力。

4·18 子曰:"事父母几谏,见志不从,又敬不违,劳而不怨。"

"几",少,轻微,引申为委婉。"违",冒犯。"劳",忧愁。

这一章的大意是,孔子说:"对待父母,(如果他们有不对的地方)要委婉、耐心地劝说;看到自己的意见不被接受,还是应恭敬地对待,不要冒犯;虽然忧愁,但不怨恨。"

怎样对待父母?本章主要讲了四个要点:一是"谏",当父母有错误时,不要放任,要劝谏;二是"敬",劝谏效果不佳,仍不失恭敬;三是"劳",自己的意见不被父母接纳,内心忧愁,说明内心仍坚持原则,并未阿意曲从;四是"不怨",即对父母保持最大的耐心。四点之中,核心是"敬"。本章似意犹未尽,应该是反复劝谏,直到父母改正错误。

本章所讲,其实是儒家伦理中最重要的孝文化。中华传统文化中的礼,占据首位的就是孝。孔子说:"孝弟也者,其为仁之本与!"(《论语·学而》)。宋代以后,人们讲"八德":孝、悌、忠、信、礼、义、廉、耻,而孝为其首。孔子到齐国去,齐景公问他怎么治理国家。孔子就说:"君君,臣臣,父父,子子。"处理好君臣关系和父子关系,国家就治理好了。可见,父子关系,其实是治国大纲,是最大的政治问题之一。

本章及以下三章都是讲孝,讲如何对待父母。有些具有封建家长专制或"愚孝"的色彩,我们今天应该批判地看待。朱熹认为,本章与《礼记·内则》相表里:"几,微也。微谏,所谓'父母有过,下气怡色,柔声以谏'也。"父母有过错时,子女要低声下气,和颜悦色,柔声细语地去劝说。"见志不从,又敬不违,所谓'谏若不入,起敬起孝,悦则复谏'也。"劝而不听,还是要以尊敬和孝顺的态度,不厌其烦地反复劝谏。"劳而不怨,所谓'与其得罪于乡、党、州、闾,宁熟谏。父母怒不悦,而挞之流血,不敢疾怨,起敬起孝'也。"如果不再劝说,让父母的错误继续发展,就会得罪百姓,因而宁愿反复劝说。即便父母鞭打你,也不能憎恨抱怨,还是抱有恭敬和孝心。

荀子则进一步进行解说,提出"三不从":"孝子所以不从命有三:从命则亲危,不从命则亲安,孝子不从命乃衷(意为善);从命则亲辱,不从命则亲荣,孝子不从命乃义;从命则禽兽,不从命则修饰,孝子不从命乃敬。故可以从而不从,是不子也;未可以从而从,是不衷也。"(《荀子·子道》)服从命令,父母就会有危险;不服从命令,父母就安全,那么孝子不服从命令就是忠诚。服从命令,父母就会蒙受羞辱;不服从命令,父母就会得到荣耀,那么孝子不服从命令就是奉行道义。

服从命令,就会使父母的行为像禽兽一样野蛮;不服从命令,就会使父母的行为富有修养而端正,那么孝子不服从命令就是恭敬。所以,可以服从而不服从,这是不尽孝子之道;不可以服从而服从,这是不忠于父母。

4·19 子曰:"父母在,不远游,游必有方。"

这一章的大意是,孔子说:"父母在世,不出门远游,如果出门要告诉父母去哪里。"

本章具体谈论了侍奉父母的一个方面。古代是农业社会,交通不便,不远游,是对父母负责的表现。但是,不是绝对不能远游,如果要远游,要有规划,要告知父母。对这句话要从思想和精神层面来看,就是要注重父母精神上的感受:不远游,是让父母得到照顾,无担忧;如必须远游,则时时告诉,不让父母担忧。

另外,本章的"游必有方",其实暗含国事与家事发生冲突时,应以国事为主。如只考虑父母,则是不孝之一。《孟子·离娄上》载孟子曰"不孝有三",赵岐注:"阿意曲从,陷亲不义,一不孝也;家穷亲老,不为禄仕,二不孝也;不娶无子,绝先祖祀,三不孝也。"当个人与国家利益发生冲突时,要以国家利益为先。

4·20 子曰:"三年无改于父之道,可谓孝矣。"

此章与《论语·学而》第十一章部分重复。《论语集注》引胡氏曰:"此盖复出而逸其半也。"《学而》篇此章原文是:"子曰:'父在,观其志;父没,观其行。三年无改于父之道,可谓孝矣。'""三年",指长时间。"父之道",指父亲留下的优秀传统、家训、遗嘱和好的作风等。父亲在的时候,学习他的志向;父亲去世后,长时间发扬父亲留下的优秀传统,就应该称为孝顺了。

4·21 子曰:"父母之年,不可不知也。一则以喜,一则以惧。"

这一章的大意是,孔子说:"父母的年龄,不可以不记清楚。一方面因其年高长寿而高兴,一方面又因其年高体衰而恐惧。"

《论语集注》:"常知父母之年,则既喜其寿,又惧其衰。"要记得父母的年龄,为他们能长寿而高兴,又为他们年老体衰而担心害怕。该章也是告诫大家:只有牢记父母的年龄,才能将父母的喜乐和忧愁常记于心间,尽其所能,让父母尽享其乐而解其忧。

4·22 子曰:"古者言之不出,耻躬之不逮也。"

"言之不出",《论语集释》引皇本曰:"古之者言之不妄出也。""妄",荒诞不合理。"躬",身体,引申为亲自行动。

这一章的大意是,孔子说:"古时候的人言语不随便说出口,认为行动赶不上是可耻的事。"

本章主要是强调言行一致的问题,有两点值得注意:一是说话要谨慎,不能口出妄言、狂言,这与本篇第二十四章意思相近。古代的人以自己说了话而做不到为耻辱。《老子》云:"轻诺必寡信,多易必多难。"二是要言行一致。《论语·宪问》:"君子耻其言而过其行。"就是以言过其实为耻辱。《论语集注》引范氏曰:"君子之于言也,不得已而后出之,非言之难,而行之难也。人惟其不行也,是以轻言之。言之如其所行,行之如其所言,则出诸其口必不易矣。"《礼记·杂记下》:"有其言,无其行,君子耻之。"可见,君子修养道德,很重要的一点是能够做到言行一致。清代末年,陈宝琛赠其孙一副对联:"持其志勿暴其气,敏于事而慎于言。"意在告诫其孙:内心要有志向,不要轻易发脾气,行动做事要干净利落,说话要谨慎。

4·23 子曰:"以约失之者鲜矣。"

这一章的大意是,孔子说:"因为自律、约束而犯错误的人很少。"

本章讲人如何才能循礼蹈义。途径之一就是要自律,要自我约束。《论语集释》引《四书诠义》:"内束其心,外束其身,谨言慎行,审密周详,谦卑自牧,皆所谓约。"对内约束自己的心,对外约束自身行动,说话行动要谨慎,思考问题要全面周详,谦逊恭敬,自控力强,这都是自律的方方面面。而只有这样,才能合礼、践仁、守法。

4·24 子曰:"君子欲讷于言而敏于行。"

"欲",有意识、故意去做。

这一章的大意是,孔子说:"君子说话要含蓄、谨慎,而行动要敏捷、勤快。"

有道德修养的人,都会谨言慎行,少说多做、慢说快做、不说只做。人容易说大话,所以要约束自己,说话要谨慎;人做事常难以身体力行,所以行动要敏捷、勤快。君子就是要重在实践,去做实事。

4·25 子曰:"德不孤,必有邻。"

"孤",字义有二解:一说孤立、孤单;一说"言内外皆有所立,故德不孤。不孤者,言非一德也"(《论语正义》)。"邻",《论语集注》云:"犹亲也。德不孤立,必以类应。故有德者,必有其类从之,如居之有邻也。"

此为《论语》名句,短短八个字,内涵丰富。根据对"孤"字的不同阐释,本章可有两种理解:第一,有仁德的人,是不会被孤立、冷落的,会有很多志同道合的人团结在他周围,犹如比邻而居者。第二,有多方面美德的人,有强大的人格凝聚力,会得到更多人的支持和拥护。文本中的"不""必",强化肯定了有仁德之人不会被孤立,必然会受到拥戴的道德价值评判;突出了道德修养是为人、立世之本,有强烈的震撼力。

4·26 子游曰:"事君数,斯辱矣;朋友数,斯疏矣。"

"数(shuò)",次数多,屡屡。

这一章的大意是,子游说:"侍奉君主多而琐细,就会招致屈辱;朋友交往过密,关系就会疏远。"

本章主要谈处世、交往之道。在交往中,一要以仁、礼为本,树立正确的交往观;二要适可而止,不可过分。在对待君主方面,要以忠、以礼,不可过于亲近,交往不可过多、过细。《论语·先进》:"所谓大臣者,以道事君,不可则止。"作为大臣,要以合乎君臣礼义的方式来对待君主。如行不通,就不要再进一步做了。交朋友要忠信,不可交往过多、过密。《论语·颜渊》:"子贡问友。子曰:'忠告而善道(导)之,不可则止,毋自辱焉。'"交朋友一定要真诚,衷心地劝告,善意地引导,如果不接受就停止,防止自取其辱。

公冶长第五

李存山 解读

《论语》第五篇《公冶长》，以及后面的第六篇《雍也》，都有一个特点，即大部分内容是孔子评价他的学生和一些历史人物的。朱熹在《论语集注》里就说《公冶长》篇："此篇皆论古今人物贤否得失，盖格物穷理之一端也。凡二十七章。胡氏以为疑多子贡之徒所记云。"

这一篇的特点是"论古今人物贤否得失"，即对他们进行评价，朱熹说这也是"格物穷理之一端"。《大学》里有三纲领、八条目，其中我们比较熟悉的是修身、齐家、治国、平天下，修身又包括格物、致知、诚意、正心。古人理解的格物致知有多"端"，像读书明理、"考之事为之著"、"察之念虑之微"、"明人伦，讲圣言，通世故"，以及对一些人物进行评价等，都属于格物穷理的一个方面。

朱熹《论语集注》引胡氏（胡寅）之说，以为这一篇可能多是"子贡之徒所记"。子贡是孔子的学生。我们知道，《论语》是在孔子去世之后，由孔子的学生将其言行事迹编纂在一起的。在《公冶长》篇里,由于孔子对子贡讲的话比较多,所以朱熹引胡氏之说,认为这一篇有可能大多是子贡及其门徒记录的。

关于这一篇的分章,朱熹分为二十七章,这和我们现在比较流行的杨伯峻先生在《论语译注》里的分章不同。杨伯峻将这一篇分为二十八章,并提到何晏的《论语集解》把该篇第十章"子曰:始吾于人也"以下又分章,故题为二十九章;朱熹的《论语集注》把第一、第二章并为一章,故题为二十七章。这种分章的不同,实际上意义区别不大。

因为这一篇主要是孔子评价他的学生和其他人物的,所以其重要性就在于我们可以看到孔子是如何处理他和学生之间的关系的,这里面就体现了古代的师生关系。

从师生关系上说,孔子知人论世,深切了解自己学生的个性和长短之处。我们知道,教师这个职业是由孔子开创的。在孔子之前,因为"学在王官",官员和老师是合为一体的,而孔子开创了民间教育,也就有了老师这个专门职业。古代对老师这个职业是有要求的,其中一项就是老师要了解学生们的心理状态、个性特点,以便因材施教。所以在《礼记·学记》里面就专门有一段讲因材施教的重要性,说:"学者有四失,教者必知之。人之学也,或失则多,或失则寡,或失则易,或失则止。此四者,心之莫同也。知其心,然后能救其失也。教也者,长善而救其失者也。"意思是,学生有四个方面的偏失:有的学得很多,但是学得比较浮泛;有的知道的知识少;有的把学习看得很容易,不放在心上;有的则是浅尝辄止,不谋上进。不同的学生有不同的个性特点,老师要知道学生的个性特点,然后才能纠正学生有哪些偏失。老师从事教育工作,要发挥学生的长处,纠正或弥补学生的短处。

在《公冶长》篇和后面的《雍也》篇中,除了评价孔子的学生,也评价了一些不是孔子学生的历史人物。正如朱熹所说,这也是古人所认为的"格物穷理之一端"。评价和品鉴人物,是古人非常看重的一个方面,特别突出的是魏晋时期。在这一时期,因为政局的动荡而产生了对贤才的需求,于是就引发了对人物的才性、风姿、仪容等的品鉴,所以在曹魏初年,有刘劭的《人物志》问世。这种人物品鉴,上接汉末的"清议",但已不是直接而具体地"品核公卿,裁量执政",而是与现实政治拉开一定距离,论述知人、用人的一般原理。所以刘劭在《人物志》自序中说:"夫圣贤之所美,莫美乎聪明。聪明之所贵,莫贵乎知人。知人诚智,则众材得其序,而庶绩之业兴矣。"圣人之所以聪明,就是因为他"知人",也就是能深入了解人,能够鉴别不同的人才。有了这样的智慧,就可以把贤能之人安排到不同的岗位,于是政绩事业就可以兴旺发达。

古人把"知人"看作一种大智慧。远在《尚书·皋陶谟》里就说:"知人则哲,能官人;安民则惠,黎民怀之。"意思是,执政者能够知人善任,把一些贤良的人提拔到领导岗位上来,授予他官职,这是大智慧;这样做的目的是使社会上的百姓能够平安、富裕地生活,百姓得到了实惠,也就会感怀执政者。所以,从上古尧舜那个时期起,就把能够知人论世、知人善任作为智慧的一个重要方面。

如何品鉴、评价人物，必然也体现了评价者的价值取向和思想境界。如在魏晋时期，刘劭是以"中和之质"的"平淡无味""道思玄远"来统率各种"偏至之材"的，这体现了当时儒道结合重视"清谈""玄远"的价值取向。而我们从孔子如何评价其弟子和其他人物，也可见孔子本人的价值取向和思想境界。

下面我们按照朱熹《论语集注》的分章来逐章解读。

5·1 子谓公冶长，"可妻也。虽在缧绁之中，非其罪也"。以其子妻之。

子谓南容，"邦有道，不废；邦无道，免于刑戮"。以其兄之子妻之。

我们把这一章分为两部分，先讲第一部分：

> 子谓公冶长，"可妻也。虽在缧绁之中，非其罪也"。以其子妻之。

公冶长，孔子弟子，姓公冶，名长，字子长。"可妻也"，就是可以把女儿嫁给他。这个"妻"字，作动词，如嫁。"以其子妻之"，古时把儿女都称为"子"，所以这里的意思就是把女儿嫁给他。"缧（léi）绁（xiè）"，古时捆绑犯人的绳索，引申为牢狱。

这一部分的大意是，孔子评论公冶长，"可以把女儿嫁给他。他虽然曾被关在牢狱之中,但这不是他的罪过"。便把自己的女儿嫁给了他。

这里讲到公冶长曾入牢狱,朱熹《论语集注》说:"(公冶)长之为人无所考,而夫子称其可妻,其必有以取之矣。又言其人虽尝陷于缧绁之中,而非其罪,则固无害于可妻也。夫有罪无罪,在我而已,岂以自外至者为荣辱哉?"从这一章看,虽然公冶长曾入牢狱,但他是无辜而受难的,其品质"必有以取之"。孔子看到了他的优秀品质,所以把女儿嫁给了他,这也是孔子的择婿标准之一。

关于公冶长为什么进牢狱,按照朱熹的讲法是"无所考",但是也有些传说。如南北朝时期皇侃著的《论语义疏》讲到,有些杂书认为公冶长懂鸟语,因为发生误会而受到诬陷,所以被抓进牢狱。到宋代邢昺的《论语注疏》就说,这种说法出自杂书,不属规范的史料来源。所以我们现在还是取朱熹"无所考"的说法。无论如何,从孔子把自己的女儿嫁给公冶长来看,他肯定是无辜而受难的,而且他一定有值得称许的优秀品质。

下面我们讲第一章的第二部分:

> 子谓南容,"邦有道,不废;邦无道,免于刑戮"。以其兄之子妻之。

南容,孔子弟子,居南宫,名绦(tāo),又名适(kuò),字子容,谥敬叔。"邦有道,不废;邦无道,免于刑戮",朱熹《论语集注》说:"不废,言必见用也。以其谨于言行,故能见用于治朝,免祸于乱世也。"意思是,南容的这种品质,在有道之世,一定能得到重用;在政治不清明的时候,他也能够言行谨慎,免于刑戮灾祸。

把这一部分翻译成现代汉语是,孔子评论南容,"当国家有道(政治清明)时,他不会被弃置不用;当国家无道(政治昏暗)时,他也能谨言慎行以免遭刑罚"。于是孔子把自己的侄女嫁给了他。

南容的处世原则是在不同的政治环境中都能保持自己的德行,奉行应变的中道智慧,这也是孔子的择婿标准之一。

朱熹为什么把以上两部分合为一章呢?因为这两部分都体现了孔子的择婿标准,他把女儿嫁给了公冶长,把侄女嫁给了南容。这一章也反映了孔子如何看人、知人的价值取向,孔子特别重视个人道德的优秀品质、处世德行,而不看重一时一事的顺逆穷达。朱熹把这两部分合为一章,有其合理性。

5·2 子谓子贱,"君子哉若人!鲁无君子者,斯焉取斯?"

子贱,孔子弟子,姓宓(fú),名不齐,字子贱。"若人",即此人,指子贱。"斯",此。前"斯"字指子贱,后"斯"字指子贱的品德。

把这一章翻译成现代汉语是,孔子评论宓子贱,"这个人是君子呀!假如鲁国没有君子,他从哪里取得这样的好品德呢?"

朱熹《论语集注》对这一章有这样的注解："子贱盖能尊贤取友以成其德者。故夫子既叹其贤,而又言若鲁无君子,则此人何所取以成此德乎?因以见鲁之多贤也。"

我们从宓子贱的德行可见鲁国多贤人,因为只有这样,他才能学得好品德。子贱的这些品德是从哪里学的?一定是和他周围的朋友,相互学习,相互影响,才取得这样的好品德的。所以孔子就有这么一个评判,从子贱的品德高尚可以看到鲁国一定也有很多其他的贤人,有如子贱一样的君子。

5·3 子贡问曰:"赐也何如?"子曰:"女器也。"曰:"何器也?"曰:"瑚琏也。"

子贡,孔子弟子,姓端木,名赐,字子贡。他是孔门弟子中非常杰出的一个,在孔门的德行、言语、政事、文学四科中,他在言语科卓有成就。《史记·仲尼弟子列传》记载,子贡在外交方面取得很大成功。另外,他还有一个特长,就是善于经商,"货殖焉,亿则屡中",他可以说是中国最早、最杰出的儒商。子贡在经商获得了很多的财富后,就资助孔子周游列国的事业。《史记》记载,孔子的影响这么大,和子贡的资助有相得益彰的关系。

孔子说子贡"女器也","女"读为"汝";"器",朱熹《论语集注》说:"器者,有用之成材。""器"一般指有形之物,如"形而下者谓之器"(《周易·系辞上》);也用于指人才,如"不成器""大器晚成"。"瑚琏",古时宗庙中祭祀用的盛黍稷的器物,上面用玉装饰,是"器之贵重而华美者"(《论语集注》)。孔子说子贡好比"瑚琏",意思是他有才华、有能力。

这一章的大意是,子贡问孔子:"我是怎样的人?"孔子说:"你好比一件有用的器物。"子贡问:"什么器物?"孔子说:"你就像是宗庙里盛黍稷的瑚琏。"

朱熹《论语集注》说:"子贡见孔子以君子许子贱,故以己为问,而孔子告之以此。然则子贡虽未至于不器,其亦器之贵者欤?"前一章记载孔子评价子贱,说他是君子,那么子贡听到后就问孔子,您看我怎么样?让老师评价自己。孔子曾说过"君子不器"(《论语·为政》),《论语集注》解释:"器者,各适其用而不能相通。成德之士,体无不具,故用无不周,非特为一才一艺而已。"因为"器"在这里指有一种或几种才能,但是不全面,而孔子培养学生的最大目标是培养一些知识全面、能够掌握大局的"成德之士",所以孔子说"君子不器"。我们现在讲通识教育,孔子的教育实际上就是一种通识教育。子贡让老师评价自己怎么样,孔子说"女器也",这一方面是对他的才能、才华的肯定,另一方面是说他与孔子要培养的通识通才还有一定距离。孔子说子贡好比"瑚琏",是一个比较高的评价,既鼓励了子贡,也给子贡指出了继续努力的方向。

5·4 或曰:"雍也仁而不佞。"子曰:"焉用佞?御人以口给,屡憎于人。不知其仁,焉用佞?"

古书里经常有"或曰",就是有的人说的意思。雍,孔子的弟子冉雍,字仲弓。"佞",有口才,能言善辩。"御",应对,应付。"口给",言语伶俐。这里的"佞"和"口给",近于《论语·学而》篇"巧言令色,鲜矣仁"的"巧言",巧嘴滑舌。在《论语·里仁》篇,子曰:"君子欲讷于言而敏于行。"在《论语·颜渊》篇,子曰:"仁者,其言也讱。"讷、讱,都指说话舒缓谨慎,不那么伶牙俐齿、花言巧语。

把这一章翻译成现代汉语就是,有人说:"冉雍这个人有仁德却没有口才。"孔子说:"何必有口才呢?伶牙俐齿地去和人辩驳,常常被人所厌恶。我不知冉雍是否可称为仁人,但何必那么有口才呢?"

孔子在这里没有明确表示冉雍是否可称为仁人,但是肯定了他的"讷于言"。从这里可以看出,孔子看不起那些巧嘴滑舌的人。孔子说要"讷于言而敏于行",说话要舒缓谨慎,不要那么伶牙俐齿、巧嘴滑舌。

5·5 子使漆雕开仕。对曰:"吾斯之未能信。"子说。

漆雕开,孔子弟子,姓漆雕,名开,字子若。"仕",从政、做官。孔子曾说"学而优则仕",学得好就可以去从政做官。"斯",指从政做官,在此倒装句中作宾语。"说",同"悦",喜悦的意思。

这一章的大意是,孔子叫漆雕开去从政做官。漆雕开回答:"我对此还不能有自信。"孔子听了很高兴。

从政做官的责任重大,漆雕开对此不自信,是因为他怕自己能力不足,不能胜任官员的职责,而不是汲汲于做官求富贵,所以孔子对他的谦退谨慎感到喜悦。孔子是希望自己的学生能够从政做官的,而且漆雕开应也有从政的能力。但是从政做官和个人修身、增加学识还不一样,个人的学习、修身是自己的事,如果不足的话还可以再继续努力,而从政做官就涉及如何为民做事,这责任是非常重大的。从这也可以看出,漆雕开首先想到的不是当官可以谋取私利,不是做官求富贵,而是官员的责任重大。

儒家讲"学而优则仕",这在当时是有进步意义的。在孔子之前,官员都是世袭的,所谓"世卿世禄",不仅天子是世袭的,诸侯国君是世袭的,而且各级官员也都是世袭的。到了春秋后期,这种世袭制被打破了,开始从读书人中选拔一些有能力的人做官。孔子开创了民间教育,民间有了读书人。孔子推荐自己的学生去做官,让学得好、有能力的人做官,就可以多为社会做贡献。这种读书人做官的方式,奠定了秦以后朝廷选拔官员的九品中正制和科举制的基础。因此,"学而优则仕"在孔子那个时代是有进步意义的。当然,孔子又说"君子谋道不谋食""君子忧道不忧贫",君子追求的是道义,而不是饱腹,更不是功名利禄。所以,儒家强调,为政做官要有一个为民、利民的正确的价值取向。

此外,从这一章还可以看出,漆雕开比较谦虚,能更多地看到自己的不足,这一点也是孔子给予肯定的。

5·6 子曰:"道不行,乘桴浮于海。从我者其由与?"子路

闻之喜。子曰:"由也好勇过我,无所取材。"

"桴",木筏子或竹排。由,孔子的学生仲由,字子路,又字季路。"材",同"裁",这里是裁量、斟酌的意思。

这一章的大意是,孔子说:"如果不能使天下有道,我就想乘坐木筏子到海外去。跟随我的可能是仲由吧?"子路听了很高兴。孔子说:"仲由的好勇超过了我,可是在裁量事理方面有所欠缺。"

子路也是孔子弟子中很出色的一个,他在孔门四科中的政事科比较突出。后来子路也当过官,很勇敢,而且特别重视自己的德行。但是孔子说,子路也有缺点,虽然他勇敢过人,但在裁量事理、斟酌处境方面不足,不能细密地思考,行为上不免鲁莽。

对这一章也有一个现在如何理解的问题。孔子说"道不行,乘桴浮于海",我认为这是一种假设性的慨叹,并不是说孔子真要去做个木筏子漂流到海外去。所以,朱熹的《论语集注》引程子曰:"浮海之叹,伤天下之无贤君也。"这是一种慨叹,孔子并不是真要这样做,但是这种慨叹体现了孔子"伤天下之无贤君也"的心境。孔子非常遗憾,当时没有贤良的君主,天下无道,世道昏暗。但是实际上他并不是真想漂流到海外,而是要使天下无道转变为天下有道。但"道"之行与不行,并不是完全由个人的主观努力所决定的,所以说"道之将行也与,命也;道之将废也与,命也"(《论语·宪问》)。《论语·颜渊》里面还说"死生有命,富贵在天",人的生命有长短,虽然我们去保健、养生,但是到底能活多少岁,这并不是个人所能决定的。在不违反道德的前提下,我们可以去追求财富,但是最终能否得富贵,也不是全由个人所决定的。于是儒家就把不是全由个人所决定的事归于命,这样就不必刻意地去追求,而把关注点放在个人的修身、提升道德的境界上。

关于世道是有道还是无道,有时候也不是完全由个人所决定的,只能"尽人事以听天命",这也是儒家的一种信念和人生智慧。在这种情况下,孔子一方面坚持原则,说"以道事君,不可则止"(《论语·先进》),另一方面也有一种"知其不可而为之"的精神。孔子没有避世当隐士的思想,所以他说:"鸟兽不可与同群,吾非斯人之徒与而谁与?天下有道,丘不与易也。"(《论语·微子》)孔子在周游列国时遇到一些隐士,那些隐士说:当今天下无道,你们一行周游列国又能起什么作用呢?针对这样的问题,孔子回答:人又不能到林子里和鸟兽合群共处,我不和这些人在一起,又能和谁在一起呢?所以,人还得生活在群体社会中。如果天下有道的话,我就用不着去周游列国了,正是因为天下无道,我才要努力,宣讲自己的思想学说,以使世界从无道转化到有道。可是能不能实现转化呢?在当时的社会历史条件下,这确实也不是完全由个人所决定的。所以孔子在遇到"天下之无贤君"的困难时,也不免有"道不行,乘桴浮于海"的慨叹,这种慨叹一方面是假设性的,另一方面表明了孔子不愿与世俗恶政同流合污的坚贞志向。

5·7 孟武伯问:"子路仁乎?"子曰:"不知也。"又问。子曰:"由也,千乘之国,可使治其赋也,不知其仁也。"

"求也何如?"子曰:"求也,千室之邑,百乘之家,可使为之宰也,不知其仁也。"

"赤也何如?"子曰:"赤也,束带立于朝,可使与宾客言也,不知其仁也。"

这一章是孟武伯发问,孔子分别评论了子路、冉求、公西赤三位弟子。我们把这一章分为三部分,先来看第一部分:

> 孟武伯问:"子路仁乎?"子曰:"不知也。"又问。子曰:"由也,千乘之国,可使治其赋也,不知其仁也。"

关于孟武伯,在《论语·为政》篇有"孟武伯问孝",《论语集注》注释:"武伯,懿子之子,名彘。""孟懿子,鲁大夫仲孙氏,名何忌。""千乘",就是一千辆兵车。在春秋时期,打仗经常用兵车。真正骑战马去打仗,那就到战国时期了。"赋",此处指兵赋或兵役。

这一部分的大意是,孟武伯问:"子路可称为仁人吗?"孔子说:"不知道。"他又问。孔子说:"仲由嘛,如果有一千辆兵车的国家,可以让他管理军事。至于他是否可称为仁人,我就不知道了。"

在孔子的思想中,仁是统率诸德目的全德之名,仁人的境界甚高。仁这个范畴,在孔子之前就已多次使用,尤其是在

《左传》和《国语》里面记载的春秋时期的历史事迹和人物言行中,多次用到仁。虽然已经用了,但是仁的概念不是很明确,它和其他德目的关系也不是很清楚。

孔子创立了儒学,我们也常把儒学称为仁学。孔子把仁提升到道德的最高范畴,认为它是统率其他德目的,被冠以全德之名。所以仁在儒家思想中的地位,尤其是从道德上讲,是最高的。至于是不是能成为仁人,这个标准也是很高的。孔子本人也曾谦虚地说:"若圣与仁,则吾岂敢?抑为之不厌,诲人不倦,则可谓云尔已矣。"(《论语·述而》)

因为仁人的境界甚高,孔子不轻易称许弟子为仁人。学生是不是仁人呢?孔子说我还不知道,但是他有他的长处。这是孔子对待学生的一种方式,既鼓励学生,又给他指明前进的方向。

我们再来看第二部分,孔子评价冉求:

"求也何如?"子曰:"求也,千室之邑,百乘之家,可使为之宰也,不知其仁也。"

求,冉求,孔子弟子,字子有,故又称冉有。"千室之邑",有千户人家的大邑。邑相当于县。"百乘之家",有百辆兵车的卿大夫的封地。"宰",卿大夫的家臣、管家。后来冉求就做了鲁国贵族季氏的"宰"。

这一部分的大意是,孟武伯又问:"冉求怎么样呢?"孔子说:"冉求嘛,如果有千户人家的大邑,或内有百辆兵车的卿大夫的封地,可以让他当总管。至于他是否可称为仁人,我就不知道了。"

这里孔子又一次回避了是否为仁人的问题,只是说冉求也有他的特长。冉求属于孔门四科中政事科比较突出的,孔子曾评论"求也艺"(《论语·雍也》),说他多政治才能。但是后来冉求到季氏家里当了管家,为之聚敛财富,孔子很不高兴,说冉求"非吾徒也,小子鸣鼓而攻之可也"(《论语·先进》)。

这一章的第三部分是孔子评价公西赤:

"赤也何如?"子曰:"赤也,束带立于朝,可使与宾客言也,不知其仁也。"

赤,孔子弟子,姓公西,字子华。"束带",装束齐整,指穿着礼服。

这一部分的大意是,孟武伯又问:"公西赤怎么样呢?"孔子说:"公西赤嘛,穿着礼服,立于朝廷之中,可以让他接待外宾。至于他是否可称为仁人,我就不知道了。"

这里也是指出公西赤有他的长处,说他善于外交,接待宾客还可以。他应该属于孔门四科中言语科的弟子,在这一科突出的有宰我、子贡(见《论语·先进》)。后来公西赤出使了齐国(见《论语·雍也》)。

这一章孔子分别肯定了子路、冉求、公西赤三位弟子各有所长,但因为仁人的境界甚高,孔子不轻易称许他们为仁人。

5·8 子谓子贡曰:"女与回也孰愈?"对曰:"赐也何敢望回。回也闻一以知十,赐也闻一以知二。"子曰:"弗如也!吾与女弗如也。"

"女",同"汝",你的意思。回,孔子的弟子颜回,字子渊,故又称颜渊。"愈",胜过的意思。"孰愈",就是哪个更好、哪个更强。"闻一以知十""闻一以知二",朱熹《论语集注》说:"一,数之始。十,数之终。二者,一之对也。颜子明睿所照,即始而见终;子贡推测而知,因此而识彼。""吾与女",一种解释为我和你,另一种解释为我赞许你。

这一章的大意是,孔子问子贡:"你和颜回谁更强一些?"子贡回答:"我怎么敢和颜回相比?颜回能'闻一知十',推知全体,而我只能'闻一知二',由此及彼。"孔子说:"是不如他呀!我和你都不如他。"

在孔门四科中,颜回为德行科第一。本章孔子既高度评价了颜回,也委婉地没有贬低子贡,不让他感到失望,谦虚地说"我和你都不如他",这也给了子贡很大的面子。

5·9 宰予昼寝。子曰:"朽木不可雕也,粪土之墙不可圬也。于予与何诛?"子曰:"始吾于人也,听其言而信其行;今吾于人也,听其言而观其行。于予与改是。"

宰予,孔子弟子,字子我,故又称宰我。"昼寝",白天睡觉。"粪土",脏土。"圬(wū)",抹墙用的抹子,粉刷墙壁也叫圬。"于予与何诛",予,宰予;"与",语气词;"诛",厉言责备。"改是",改变这个。

这一章的大意是,宰予在白天睡觉。孔子说:"腐朽的木头是不可雕刻的,脏土抹的墙是不可粉刷的。对于宰予,我还怎么去责备他呢?"孔子还说:"以前我对于人,是听其言而信其行;现在我对于人,是听其言而观其行。是宰予让我有了这个改变。"

这一章孔子对宰予有一个严厉的批评。孔子为什么批评得如此严厉呢?我们现在一般不把白天睡觉算作大错,可是孔子却对此给予严厉的批评。所以就有人对"昼寝"做了其他的解释。但是被大家普遍所接受的理解,还是白天睡觉。这里可能不是单指白天睡觉,而是表现出的懒惰,还有对老师教的东西非常不满意的态度,所以孔子非常生气。还有就是宰予言行不一,这也让孔子非常气愤。

《论语集注》引胡氏曰:"听言观行,圣人不待是而后能,亦非缘此而尽疑学者。特因此立教,以警群弟子,使谨于言而敏于行耳。"孔子为什么如此严厉地批评宰予?这可能是要给其他学生一个警告,要言行一致,要"谨于言而敏于行",而不要像宰予那样言行不一。

5·10 子曰:"吾未见刚者。"或对曰:"申枨。"子曰:"枨也欲,焉得刚?"

"刚",刚强。"或",有人。申枨(chéng),孔子弟子。

这一章的大意是，孔子说："我没见过刚强不屈的人。"有人回答："申枨是这样的人。"孔子说："申枨的欲望太多，哪里还能够刚强不屈呢？"

这段对话可能也是出于孔子的慨叹，他想表达的意思是，个人应该节制自己的欲望。欲望太多，则屈服于欲望，不可能刚强；如果没有私欲，就可以刚强不屈。我们现在有一个成语叫"无欲则刚"，应该就是出自这段对话。

5·11 子贡曰："我不欲人之加诸我也，吾亦欲无加诸人。"子曰："赐也，非尔所及也。"

"加"，何晏《论语集解》引马融曰："加，陵也。"马融是东汉时期的大经学家，郑玄是他的学生，曾遍注群经，汉代最著名的经学家就是马融和郑玄。因为汉代注释《论语》的著作都没有传下来，我们现在看到的注释《论语》的最早著作就是曹魏时期何晏的《论语集解》。后来南北朝时期皇侃的《论语义疏》和宋初邢昺的《论语注疏》，也都是以何晏的《论语集解》为"注"的，然后他们在何晏注的基础上再继续发挥作"疏"。"陵"有侵犯、欺凌的意思。这里的"加"，可理解为侵加或强加。赐，即子贡，端木赐。前面我们讲过，子贡是孔子门下非常出色的学生。

这一章的大意是，子贡说："我不愿意别人强加于我，我也不强加于别人。"孔子说："赐啊，这还不是你能做到的。"

这一章记载的对话，是应该深刻领会的。宋代理学家程颐说:"'我不欲人之加诸我也,吾亦欲无加诸人。'《中庸》曰'施诸己而不愿,亦勿施于人',正解此两句。然此两句甚难行,故孔子曰:'赐也,非尔所及也。'"(《程氏遗书》卷十八)也就是说,这两句是讲忠恕之道的,尤其讲的是恕道,即"己所不欲,勿施于人"。恕道之所以重要,正如孔子和子贡的一段对答:"子贡问曰:'有一言而可以终身行之者乎?'子曰:'其恕乎!己所不欲,勿施于人。'"(《论语·卫灵公》)子贡问孔子,是否有一句话,这一辈子就可以终身照此实行。孔子说,应该终身照此实行的就是恕道,也就是"己所不欲,勿施于人"。

如何理解"己所不欲,勿施于人"？简单地说,就是待人如己,自己不愿意做的事,就不要以这种方式施于他人。而"己"首先是一个有独立意志的人,如孔子所说"三军可夺帅也,匹夫不可夺志也"(《论语·子罕》)。待人如己,首先就是要把他人看作和自己一样有独立意志的人。子贡说"我不欲人之加诸我也,吾亦欲无加诸人",这是"己所不欲,勿施于人"的一个最基本的含义。但是要真正做到这一点并不容易,所以孔子说"赐也,非尔所及也"。

5·12 子贡曰:"夫子之文章,可得而闻也;夫子之言性与天道,不可得而闻也。"

"文章",指孔子所整理、传授的文献,如《诗》《书》《礼》《乐》等。

这一章的大意是,子贡说:"老师关于文献方面的学问,我们听得到;老师关于人性与天道(相联系)的学问,我们听不到。"

这里有一个中国传统哲学一直在讨论的问题,即所谓"形而上"的问题,也就是"性与天道"的问题。中国传统哲学所讲的"性",指人生而即有或与生俱来的本性,如孔子说的"性相近也,习相远也"(《论语·阳货》)。它是与"习"相对而言的,"习"是后天的习行、习染,"性"则是人一生下来就有的。"天道"是中国传统哲学中具有本原性的范畴,在《论语》中,孔子没有使用"天道"这个词,他所讲的"道",一般指人道、君道或君子之道等。但在此书中孔子也讲了"五十而知天命""获罪于天,无所祷也""天生德于予""天何言哉?四时行焉,百物生焉"等,这里的"天"有意志之天、时命之天、自然之天等不同含义,这些也都可视为孔子讲的"天道"的内容。因此,这里说的"性与天道",有不同的解释。有人说是因为孔子当时讲得很少,所以学生一般没有听到孔子讲;还有人认为"性与天道"是很高深的学问,孔子当时还没遇到一个理解力很强的学生,所以他避而不讲。这就是说,孔子本人有"性与天道"的思想,但是因为学生还没达到理解这个问题的程度,所以就不讲或讲得很少。

我的一个看法是,这里说的"性与天道",讲的是性与天道之间的联系。孔子没有像郭店楚简《性自命出》那样讲"性自命出,命自天降",也没有像《中庸》那样讲"天命之谓性",也没有像孟子那样讲"尽其心者,知其性也。知其性,则知天矣"(《孟子·尽心上》)。在孟子思想中,心、性、天是联系在一起的;在《中庸》思想中,性和天也是紧密联系在一起的。而孔子讲"性相近也",还没有把他所讲的人性与天道紧密联系起来,所以子贡说"夫子之言性与天道,不可得而闻也"。

到了孔子的后学,逐渐有了性善论的思想,把性和天道联系在一起,从而有了"性与天道合一"的观念,于是说"天命之谓性""尽其心者,知其性也。知其性,则知天矣",这个性是天所赋予人的。但是,孔子在说"性相近也,习相远也"时,可能还没有把性和天道直接联系起来。孔子开创了民间教育,主要是从教育思想方面来讲"性相近也,习相远也"的。人一生下来,"性"都差不多,是后天的教育或习行、习染拉开了人与人之间的差距。孔子主张"有教无类",所有的人都可以接受教育,"性相近"恰恰是为孔子的教育思想提供了一个人性论的根据。

到了后来,由于理论发展的需要,就要论证人为什么应该这样,比如说儒家主张仁爱,那么人为什么应该仁爱?这个理由何在?对这种问题的思考,儒家可能受到道家、墨家的影响。道家主张自然无为,因为天道如此,所以人道也就应该如此,这是把天道作为人应该如此的根据。墨家主张兼爱,主张社会功利,认为天志如此,所以人道也就应该如此。在这样的论辩环境下,儒家就有了讲性善论并且将人之性善与天道联系在一起的理论需要。

儒家为什么要讲仁义礼智?因为人性本身就包含着"四端",孟子讲"恻隐之心,仁之端也;羞恶之心,义之端也;辞让之心,礼之端也;是非之心,智之端也"(《孟子·公孙丑上》),"仁义礼智根于心"(《孟子·尽心上》),所以仁义礼智是符合人性的,"性与天道合一",因此仁义礼智也是符合天道或天命的,如果违背了人的本性,那也就"非人也"。在此意义上,性善论的出现就是必然的。

在《论语》中,孔子没有讲性与天道的联系,但是在后来的历史上,《易传》被认为是孔子所作,我们现在一般认为《易传》是受到孔子思想的影响,而不是孔子本人所作。如果把《易传》视为孔子所作,那么就可说孔子到了晚年已较多讲到性与天道的关系问题。

朱熹《论语集注》说:"性者,人所受之天理;天道者,天理自然之本体,其实一理也。……至于性与天道,则夫子罕言之,而学者有不得闻者。盖圣门教不躐等,子贡至是始得闻之,而叹其美也。"这是以宋代理学的思想来解释《论语》的。朱熹的《四书章句集注》,一方面吸收了汉唐时期的训诂成果,另一方面在注释中输入了理学的一些思想。按照朱熹的注释,他认为孔子对"性与天道"讲得很少,这是"教不躐等",按照学生的理解程度来教育。因为子贡已经达到了相当高的理解水平,所以说子贡"至是始得闻之,而叹其美也"。这也是对本章的一种解释。子贡说"夫子之言性与天道,不可得而闻也",既然"不可得而闻",那他怎么又记下了这句话呢?说明他还是听过的。孔子还是有"性与天道"思想的,只是孔子讲得很少。还有一种说法是把"闻"解释为深刻理解,即认为孔子讲的"性与天道",义理高深,弟子们还不能深刻理解。

这几种解释也都有一定的根据、一定的道理,我们可以做多种参考,以做出自己的理解。

5·13 子路有闻,未之能行,唯恐有闻。

后面的"有"字同"又"。

这一章的大意是,子路听到一个道理,如果还没能实行,就唯恐又听到新的道理。

朱熹《论语集注》说:"前所闻者既未及行,故恐复有所闻而行之不给也。"又引范氏(范祖禹)曰:"子路闻善,勇于必行,门人自以为弗及也,故著之。若子路,可谓能用其勇矣。"

这一章的前面没有写"子曰",所以可能是孔门弟子称赞子路的话,说子路注重实行。这是子路的一个特点,就是"勇于必行",但是在裁量事务、斟酌事理方面,子路还是有缺陷的。

以上都是孔子评论其弟子的言论,体现了孔子了解他的学生们有不同的素质和特点,了解他们的优长和偏失之所在,从而能对不同的学生因材施教。孔子教育学生,一是注重启发式教育,二是因材施教,针对不同学生的特点来进行教育,所以对学生的评价都能指出他们的所长所短,激励他们继续向前发展。下面的各章是孔子评价其学生以外的其他人物。

5·14 子贡问曰:"孔文子何以谓之文也?"子曰:"敏而好学,不耻下问,是以谓之文也。"

孔文子,卫国大夫,名圉(yǔ),"文"是他的谥号。也就是说,孔文子已经去世了,给他的谥号是"文"。

这一章的大意是,子贡问:"孔文子凭什么谥为'文'?"孔子说:"因为他聪敏而爱好学问,对于不如他的人也能谦虚地请教而不以为耻,所以用'文'做他的谥号。"

"敏而好学,不耻下问",后来也成为我们现在用的成语了。

5·15 子谓子产,"有君子之道四焉:其行己也恭,其事上也敬,其养民也惠,其使民也义"。

子产,郑国的大夫公孙侨,字子产。他是郑国的贤相,曾在郑国执政二十二年。子产比孔子生活的年代要早,《左传》《国语》里面对子产的记载比较多。《左传·昭公二十年》记载:"子产卒,仲尼闻之,出涕曰:'古之遗爱也。'"子产去世之后,孔子听到这个噩耗,流下了眼泪,说他的仁爱有古人的遗风。子产在郑国执政期间有惠民德行和政绩。

这一章的大意是,孔子评价子产,"他在四个方面是符合君子之道的:他自己的行为谦恭谨慎,侍奉君上恭敬,教养百姓有恩惠,使民服役有节度"。

这是比较高的评价,但是因为子产毕竟不是儒家人士,所以孟子对子产有所批评。比如说子产施行小恩小惠,在过桥的时候把自己的车让给别人,孟子说与其这样,还不如建一座桥。但是子产在春秋时期确实是一位有贤德的执政者。在他执政期间,有观星术士说看了天象,有四个国家要发生火灾,包括我们郑国,我们要赶紧祭祀。子产就说,天上那些东西离我们这么远,而人道是近的,天象的变化不会影响到我们,所以子产就没有按照他们的要求来做。可见子产在春秋时期是一个比较开明也很有行政能力的执政者。他长期在郑国为相,做出了一些政绩,有惠民的德行,所以孔子给予他相当高的评价。

5·16 子曰:"晏平仲善与人交,久而敬之。"

晏平仲,齐国的大夫、贤相,名婴,字平仲。"敬之",《论语集注》引程子曰:"人交久则敬衰,久而能敬,所以为善。""为善"是说他有好的品质。

这一章的大意是,孔子说:"晏平仲善于和别人交往,相交越久,别人越尊敬他。"

善于交朋友,这是值得肯定的。这一章孔子对晏婴的善与人交,使人能长久地尊敬他,给予了肯定性的评价。

5·17 子曰:"臧文仲居蔡,山节藻棁,何如其知也?"

臧文仲,鲁国大夫,姓臧孙,名辰,"文"是谥号。朱熹《论语集注》解释:"居,犹藏也。蔡,大龟也。"即有一个大龟,叫作"蔡"。过去占卜,把很有灵气的事物也起个名字。"山节藻棁","节",柱上的斗拱;"棁(zhuō)",房梁上的短柱。"山节",把斗拱雕刻成山形;"藻棁",在房梁的短柱上画藻草花纹。"知",同"智"。

这一章的大意是,孔子说:"臧文仲给一个叫蔡的大龟盖了一座房子,有雕刻成山形的斗拱和画着藻草花纹的梁上短柱,难道他的智慧就是如此吗?"

实际上,这是孔子否定臧文仲有智慧。朱熹《论语集注》说:"当时(有人)以文仲为知,孔子言其不务民义,而谄渎鬼神如此,安得为知?"可能臧文仲喜好占卜,所以他给大乌龟起了一个名字叫蔡,而且给乌龟盖了一座有山水花鸟图案的房子。孔子说,这怎么能说是有智慧呢?孔子否认臧文仲是一个有智慧的人,体现了孔子对于占卜、鬼神的一种态度。

占卜指古人用龟骨、蓍草来预测吉凶。到了孔子所在的时期,就不怎么讲究占卜了。《周易》本是卜筮之书,孔子研究《周易》,说"不占而已矣"(《论语·子路》),他主要研究《周易》里面的德义、哲理思想。孔子把《周易》这一部卜筮之书,转变成了一部讲德义、哲理的书。

《论语·雍也》记载:"樊迟问知(智)。子曰:'务民之义,敬鬼神而远之,可谓知矣。'"樊迟问什么是智慧。孔子说教化百姓,能够敬鬼神而又远鬼神,就可以说是智慧。儒家重视丧祭之礼,所以并不否认有鬼神。孔子也并不是无神论者,但他主张"敬鬼神而远之",就是说不要陷入信奉鬼神的宗教迷狂,还是要把关注点放在现实的社会人生。儒家重视丧祭之礼,主要也是为了"慎终追远,民德归厚矣"(《论语·学而》)。

5·18 子张问曰:"令尹子文三仕为令尹,无喜色;三已之,无愠色。旧令尹之政,必以告新令尹。何如?"子曰:"忠矣。"曰:"仁矣乎?"曰:"未知。焉得仁?"

"崔子弑齐君,陈文子有马十乘,弃而违之。至于他邦,则曰:'犹吾大夫崔子也。'违之。之一邦,则又曰:'犹吾大夫崔子也。'违之。何如?"子曰:"清矣。"曰:"仁矣乎?"曰:"未知。焉得仁?"

这一章孔子评价了两个人,一个是令尹子文,另一个是陈文子。我们把这一章分为两部分,先看第一部分:

> 子张问曰:"令尹子文三仕为令尹,无喜色;三已之,无愠色。旧令尹之政,必以告新令尹。何如?"子曰:"忠矣。"曰:"仁矣乎?"曰:"未知。焉得仁?"

子张,孔子弟子,姓颛孙,名师,字子张。"令尹",楚国官名,相当于相。子文,姓斗,名穀(gòu)於(wū)菟(tú)。"仕",做官。"已",被罢官。"愠",怨恨。"未知",不知道。一说是"未智",钱穆《论语新解》认为此解不当,提出"未知"是婉辞。

这一段问答的大意是,子张问:"楚国的令尹子文三次担任令尹,没有高兴的神色;三次被罢免,也没有怨恨的神色。他自己当令尹时的政事,一定都交代给继任的新令尹。这个人怎么样?"孔子答:"可算是忠了。"子贡又问:"算不算仁呢?"孔子答:"不知道。怎么能是仁呢?"

前面我们讲了,孔子认为作为一个仁人的评价标准是很高的。钱穆先生在《论语新解》里讲到对这一段的理解:"仁为全德,亦即完人之称,而子文之不得为全德完人,则断然也。"子文虽然有忠的品质,但是肯定还算不上是全德完人。仁是全德之名,如果只是忠于一国或一君,就还算不上是仁。

第二部分是孔子评价齐国大夫陈文子:

"崔子弑齐君,陈文子有马十乘,弃而违之。至于他邦,则曰:'犹吾大夫崔子也。'违之。之一邦,则又曰:'犹吾大夫崔子也。'违之。何如?"子曰:"清矣。"曰:"仁矣乎?"曰:"未知。焉得仁?"

崔子,齐国大夫,名杼(zhù)。"齐君",齐庄公,名光。陈文子,齐国大夫,名须无。"十乘",四马驾一车,十乘是四十匹马,此指其禄位。"违",离开。"之一邦","之",往也。

这一段问答的大意是,子张又问:"崔杼杀掉了齐庄公,陈文子有四十匹马的家业禄位,舍弃不要,离开齐国。到了另一个国家,他说:'这里的执政者同我国的崔杼差不多。'就离开了。又到了一个国家,他又说:'这里的执政者同我国的崔杼差不多。'就又离开了。这个人怎么样?"孔子答:"可以说是清。"子张又问:"算不算仁呢?"孔子答:"不知道。怎么能是仁呢?"

朱熹《论语集注》说:"文子洁身去乱,可谓清矣。"这里的

"清"指清白,不同流合污。钱穆的《论语新解》说:"忠之与清"只是仁之"一节",而不是仁之"成德"。仁是统率各个德目的最高范畴,所以忠于一国、忠于一君和在政治上保持自己的清白,都只是仁的一节、一个德目,还说不上是仁。孔子肯定令尹子文的"忠"和陈文子的"清",但认为他们算不上是仁。

5·19 季文子三思而后行。子闻之,曰:"再,斯可矣。"

季文子,鲁国大夫,名行父,"文"是谥号。"三",这里表示多。

这一章的大意是,季文子遇事都考虑多次才行动。孔子听到了,说:"思考两次就可以了。"

对这一章也有不同的理解。比如,朱熹《论语集注》引程子曰:"为恶之人,未尝知有思,有思则为善矣。然至于再则已审,三则私意起而反惑矣,故夫子讥之。"这就是说,遇事静心思考两次就可以了,如果翻来覆去思考多次,反而私意掺杂进来又被迷惑住了;孔子在这里可能是讥讽季文子遇事总是患得患失,犹豫不决。依此理解,孔子的"再,斯可矣"是针对特殊人的特殊情况而言的,并不是反对"三思而后行"。

5·20 子曰:"甯武子邦有道则知,邦无道则愚。其知可及也,其愚不可及也。"

甯（nìng）武子，卫国大夫，名俞，"武"是谥号。"知"，同"智"。"愚"，在这里不是指愚蠢，而是如何晏《论语集解》引孔安国所说"佯愚似实"，也就是装傻，隐藏自己的智慧。

这一章的大意是，孔子说："甯武子在国家安定清明时就表现出聪明才智，在国家昏乱时就佯愚韬晦。他那种聪明，别人赶得上；他那种佯愚似实，别人就赶不上了。"

在国家出现昏乱恶政时，佯愚似实也是一种不与恶政同流合污的权宜之计。

5·21 子在陈曰："归与！归与！吾党之小子狂简，斐然成章，不知所以裁之。"

"陈"，春秋时期的陈国。"归与"，"归"，朱熹《论语集注》说："此孔子周流四方，道不行而思归之叹也。""与"，叹词。"归与"就是说该回去了吧！孔子周游列国，本来是想得君行道，但是各国的君主都不是贤君，孔子在政治上的抱负没有得到实现，于是最后发出要回去的慨叹。"吾党之小子"，指孔子在鲁国的学生。"狂简"，《论语集注》说是"志大而略于事也"，就是说志向宏大，但是处理一些事情不够精细，比较粗略。"斐然"，有文采的样子。"成章"，"言其文理成就，有可观者"（《论语集注》）。"裁"，裁正，意近于规范。

这一章的大意是，孔子在陈国说："回去吧！回去吧！我在家乡的那些学生志向宏大，但做事不够精细，文采斐然可观，但还不知如何裁正规范。"

朱熹《论语集注》有这样一段评论：孔子"恐其过中失正，而或陷于异端耳，故欲归而裁之也"。"中"就是无过无不及，恰到好处。孔子恐怕留在鲁国的一些学生"过中失正"，走到异端邪路上去，所以要"归而裁之"，回到鲁国去教导规范他的学生。这一章是孔子晚年在归鲁之前发出的感慨，也表明了他要归鲁的一个动机。

5·22 子曰："伯夷、叔齐不念旧恶，怨是用希。"

伯夷、叔齐，是殷周之际的两位历史人物，孤竹国君的两个儿子。朱熹《论语集注·述而》说："其父将死，遗命立叔齐。父卒，叔齐逊伯夷。伯夷曰'父命也'，遂逃去。叔齐亦不立而逃之，国人立其中子。其后武王伐纣，夷、齐扣（叩）马而谏。武王灭商，夷、齐耻食周粟，去隐于首阳山，遂饿而死。"观此可知，伯夷、叔齐的父亲在临终的时候有一个遗命，就是让叔齐来继承孤竹国的君位。其父去世后，叔齐要把君位让给伯夷，但是伯夷说父亲临终之前有遗命，这是不能违背的，于是就逃避，隐居到别的地方去了。叔齐也没有继任国君位而回避了，于是国人只好把孤竹君的另一个儿子立为君主。以后周武王伐纣灭商，伯夷、叔齐曾拦住武王的马，劝谏武王不要去征伐商。在武王灭商之后，伯夷、叔齐耻于吃周粟，就隐居于首阳山，饿馁而死。因此，评价伯夷、叔齐有两个方面，一个是谦让，再一个是有气节。在《孟子》一书中也有对这两个人物的正面评价。在毛泽东的著作中，伯夷、叔齐的"耻食周粟"曾被借用来表彰闻一多的气节;而对于伯夷、叔齐的叩马而谏,则说周武王是代表人民去征伐商纣王的,伯夷、叔齐却忠于商朝,不要学他们。可见对这两个历史人物的评价还是有古今之别的。"旧恶",以前的嫌隙或坏事。"怨",怨恨。"是用",犹如是以,所以。"希",通"稀"。

这一章的大意是,孔子说:"伯夷、叔齐不记念别人以前的坏事,所以别人对他的怨恨也就很少。"

朱熹《论语集注》对这一章有评论:"然其所恶之人,能改即止,故人亦不甚怨之也。"也就是说,对别人做得不够的地方,或做得不好的事,要进行批评,主要还是希望他改正,他只要能改就好。至于别人以前有哪些缺点,或者做了哪些不应该做的事,不要挂在心上。所以,这是一种对事不对人的态度,因为对事不对人,内心还是与人为善,所以别人对自己的怨恨就很少。

这对于我们处理人际关系也是很重要的,看到别人有什么缺点,做了什么错事,应该不失原则地进行批评、帮助,但是对事不对人,不要把别人以前的错误记在心上,这也是"不念旧恶"。这样就不至于把相互之间的关系搞得很僵,而能使人际关系基本上保持和谐。

5·23 子曰:"孰谓微生高直?或乞醯焉,乞诸其邻而与之。"

微生高,姓微生,名高,鲁国人。"直",直爽之义。"醯

(xī)",醋。

这一章的大意是,孔子说:"谁说微生高直爽呢?有人向他要点儿醋,(他不说自己没有,)却到邻居那里转要了醋给人。"

这个事情在朱熹《论语集注》里有这样的评论:"人来乞时,其家无有,故乞诸邻家以与之。夫子言此,讥其曲意徇物,掠美市恩,不得为直也。"也就是说,有人到微生高家要醋,他家里本来没有,而从邻居家要了醋,然后转给要醋的人。孔子认为,微生高为什么不直爽地跟那个人说我家没有醋,让那个人直接到他邻居家要呢?孔子不喜欢那种行为做作、曲意讨好的人,所以认为这不是"直",而予以讽刺。

我想,这也要分具体情境,如果说那个人和邻居不熟,不好意思直接去要,那么微生高到邻居家要来醋给那个人,这也是适当的。可是如果都是熟人,微生高不直说家里没有,而到邻居家去要,然后再转给那个人,这就是有意讨好那个人了。孔子所欣赏的是直爽、正直的人,而不喜欢行为做作、曲意讨好别人的人。

5·24 子曰:"巧言、令色、足恭,左丘明耻之,丘亦耻之。匿怨而友其人,左丘明耻之,丘亦耻之。"

"巧言、令色",花言巧语,神色伪善。在《论语·学而》篇孔子曾说过相似的话:"巧言令色,鲜矣仁。""足恭",过于恭顺讨好。左丘明,姓左丘,名明,鲁国人。"匿怨",心藏怨恨,在外表上不显露出来。

这一章的大意是,孔子说:"花言巧语、神色伪善、过于恭顺讨好,左丘明认为可耻,我也认为可耻。内心藏着对某个人的怨恨,表面上却又同那个人友好,左丘明认为可耻,我也认为可耻。"

以什么为耻、以什么为荣能比较集中地表明一个评价者的价值取向。从这一章可以看出,孔子对于巧言令色、阿谀奉承、过于讨好别人的人,以及口是心非、内外不一、内心藏着对别人的怨恨而又假装和别人友好的人,是给予批评的,认为这样做是可耻的。

5·25 颜渊、季路侍。子曰:"盍各言尔志?"

子路曰:"愿车马、衣轻裘,与朋友共,敝之而无憾。"

颜渊曰:"愿无伐善,无施劳。"

子路曰:"愿闻子之志。"

子曰:"老者安之,朋友信之,少者怀之。"

"侍",陪侍长者、尊者。"盍",何不。"伐",夸耀自己。"善","谓有能"(《论语集注》)。"伐善"就是夸耀自己的能力或长处。"无施劳",朱熹《论语集注》解释:"施,亦张大之意。劳,谓有功,《易》曰'劳而不伐'是也。或曰:'劳,劳事也。劳事非己所欲,故亦不欲施之于人。'亦通。""施"也有夸耀的意思,杨伯峻《论语译注》引《礼记·祭统》注说:"'施犹著也。'即表白的意思。""劳"在这里当有功讲。还有一种解释,"劳"指做事,"无施劳"就是说这个事情不是自己愿意做的,所以就不要把这样的事情施加于别人。我认为还是以前一种解释为长。

这一章的大意是,颜渊、季路陪侍在孔子身旁。孔子说:"何不各自说说自己的志向呢?"

子路说:"愿意把我的车马、衣服同朋友共同使用,用坏了也没有什么遗憾。"

颜渊说:"愿意不夸耀自己的长处,不表白自己的功劳。"

子路对孔子说:"希望听到老师的志向。"

孔子说:"(我的志向是,)老者都能得到安养,朋友间都能互相信任,年少者都能得到抚育关怀。"

子路的志向,侧重讲人与人之间的相互帮助;颜渊的志向,侧重讲"学者为己",而不是为了向别人炫耀自己的长处,君子重在提升自己内在的道德修养、道德人格;孔子的志向,则体现了仁者"以天下为一家"的普遍的社会关怀,即《礼记·礼运》篇所说"讲信修睦,故人不独亲其亲,不独子其子,使老有所终,壮有所用,幼有所长,矜寡孤独废疾者,皆有所养"。到了宋代,理学家把"以天地万物为一体"作为仁者的普遍道德。我认为这里的"老者安之,朋友信之,少者怀之",近似于《礼记·礼运》篇所讲的大同社会:"讲信修睦"相当于"朋友信之",人与人之间都能如朋友一样相互信任;"人不独亲其亲,不独子其子,使老有所终,壮有所用,幼有所长,矜寡孤独废疾者,皆有所养",简单地说就是孔子所讲的"老者安之""少者怀之"。

现在也有一个成语是"老安少怀",使老年人都能得到安养,使年幼的儿童都能得到抚育关怀。再扩大了说就是"矜寡孤独废疾者,皆有所养",使社会中的弱势群体也能得到赡养。"矜寡孤独",孟子说:"老而无妻曰鳏(矜),老而无夫曰寡,老而无子曰独,幼而无父曰孤。此四者,天下之穷民而无告者。"(《孟子·梁惠王下》)这些人以及残疾者都是遭遇了人生不幸的社会弱势群体,让他们也能够有所养、有所安,那么整个社会就能达到普遍的道德和谐,这也可以说是儒家的"终极社会关怀"。

儒家讲修身、齐家、治国、平天下,而修齐治平的最终目标是达到社会普遍的道德和谐。这一点在《尚书·尧典》中就讲明了,其中讲帝尧"克明俊德",就是修身;"以亲九族",就是齐家;"平章百姓",就是治国;"协和万邦",就是平天下;而最终所要达到的目标是"黎民于变时雍"。"时"者善也,"雍"者和也,"黎民于变时雍"就是社会普遍的道德和谐,也可以说是儒家的"终极社会关怀"。儒家相对于其他宗教文化的一个重要区别,是要在现实社会生活即所谓"此岸世界"中实现人生社会的终极理想。而其他宗教文化的终极理想是要离开"此岸世界",通过信仰至上神,而到"彼岸世界"得到解脱,基督教就是如此。儒家则是要在现实社会生活中实现人生社会的理想,这个理想简单地说就是孔子所"志",即"老者安之,朋友信之,少者怀之"。

5·26 子曰:"已矣乎!吾未见能见其过而内自讼者也。"

"已",止。"已矣乎!"感叹句,如现在俗话说的"算了吧!""其过",自己的过错。"自讼",自咎,自责,自我反省。

这一章的大意是,孔子说:"算了吧!我没有看见过能够看到自己的错误就自我责备、自我反省的人。"

人往往会文过饰非,当发生了一些不如意或做错的事,往往把责任推给别人。在这种情况下,孔子发出了感慨,强调"内自讼"。

"自讼"相当于自省,自我反省,这也是儒家非常重视的。如《论语·学而》记载曾子说:"吾日三省吾身:为人谋而不忠乎?与朋友交而不信乎?传不习乎?"曾子每天要从三个方面反省自己。《论语·里仁》记载孔子说:"见贤思齐焉,见不贤而内自省也。"即见到贤人就要向他看齐,学习他的长处,看到不如自己或犯有错误的人,先不要去批评别人怎么样,而要先反省自己是不是也有这样的缺点。

孟子也讲过一句话:"仁者如射,射者正己而后发。发而不中,不怨胜己者,反求诸己而已矣。"(《孟子·公孙丑上》)仁者就像射箭一样,射得准不准,首先是由自己决定的。先把自己的姿势摆正了、瞄准了,把箭发出去;射得不准,没有射中靶子,不要抱怨和自己比赛的那个人,也不要抱怨别人超过了自己,而是首先"反求诸己",反省自己哪些方面做得不够。这里的"反求诸己",和孔子说的意思是一样的,就是"内自讼"。

5·27 子曰:"十室之邑,必有忠信如丘者焉,不如丘之好学也。"

这里的"丘"是孔子的自称。"十室之邑",即只有十户人家的小地方。

这一章的大意是,孔子说:"只有十户人家的小地方,一定有像我这样忠信的人,但是比不上我的好学。"

这一章突出了孔子的谦虚和好学。孔子说:"学而不思则罔,思而不学则殆。"(《论语·为政》)孔子主张学思结合,这一章说的"好学",实际上是好学深思。在历史上孔子曾被认为是"生而知之"的圣人,但是孔子说:"我非生而知之者,好古,敏以求之者也。"(《论语·述而》)虽然孔子也曾说过:"生而知之者,上也;学而知之者,次也;困而学之,又其次也。"(《论语·季氏》)但是他否认自己是"生而知之者",他也没有说过某人是"生而知之者",所以他所讲的"生而知之"只是虚悬一格,实际上强调的是学思结合、好学深思。孔子还曾说:"默而识之,学而不厌,诲人不倦,何有于我哉?"(《论语·述而》)按朱熹的解释:"三者已非圣人之极至,而犹不敢当,则谦而又谦之辞也。"(《论语集注》)"三者"指"默而识之,学而不厌,诲人不倦"。实际上,孔子对此"三者"是足可以当之的。

好学深思是学者的优秀品质。司马迁在《史记·五帝本纪》中说:"非好学深思,心知其意,固难为浅见寡闻道也。"张岱年先生曾把"好学深思,心知其意"作为研究中国哲学史的一个根本方法。他在20世纪30年代给冯友兰先生的《中国哲学史》写的书评中,就曾说冯先生的这本书做到了"好学深思,心知其意"。后来他在写《中国哲学史方法论发凡》时,强调"好学深思,心知其意"是研究中国哲学史的根本方法。当然,这个方法应该不仅是研究中国哲学史的根本方法,而且应是我们研究儒家经典乃至研究其他学问的一个普遍方法。

雍也第六

李存山 解读

《雍也》篇和前面的《公冶长》篇在内容上有所连续。朱熹在《论语集注》中讲到《雍也》篇："凡二十八章。篇内第十四章以前，大意与前篇同。"他说《雍也》篇一共二十八章，而杨伯峻《论语译注》讲《雍也》篇"共三十章"，认为朱熹把《雍也》篇的第一、第二章合为一章，又把第四、第五章合为一章，故作二十八章。朱熹说《雍也》篇的第十四章以前，大意与前篇《公冶长》相同，都是评价古今人物，而第十四章以后，则是孔子直接讲述道理。

前面的《公冶长》篇主要是评价古今人物的贤否得失，在孔子评价的这些人物中，有相当一部分是他的学生。上一篇我们讲了，朱熹说如何品鉴、评价人物，也是"格物穷理之一端"。格物致知的内容非常广泛，如何评价人物也是人生阅历、人生智慧的一个方面。我们现在常说某人的社会经验丰富，阅人无数，所谓"阅人"就相当于品鉴、评价人物。

在这两篇里面，孔子评价的大部分都是他的学生，这也体现了古时候对老师的一个要求,就是老师要对各个学生的不同特点有深入了解,这样才可以因材施教。孔子评价他的学生,既指出他们各自的长处,给他们鼓励,也指出他们各自的短处,给他们点明继续努力的方向。这是自孔子创建民间教育以来就形成的对老师的一个要求。所以,这两篇也都体现了孔子的教育方法。

下面我们按照朱熹《论语集注》的分章来逐章解读。

6·1 子曰:"雍也可使南面。"

仲弓问子桑伯子。子曰:"可也简。"仲弓曰:"居敬而行简,以临其民,不亦可乎?居简而行简,无乃大简乎?"子曰:"雍之言然。"

雍,孔子弟子冉雍,字仲弓。在上一篇《公冶长》中就已讲到孔子的学生冉雍:"或曰:'雍也仁而不佞。'子曰:'焉用佞?御人以口给,屡憎于人。不知其仁,焉用佞?'"

"南面",朱熹《论语集注》说:"南面者,人君听治之位。言仲弓宽洪简重,有人君之度也。"古时候常有"可使南面"的说法,就是可以掌大权的意思。这是由中国的地理位置所决定的,比如我们现在都愿意住北房,家长一般都是坐北朝南坐着。古时候君主接见大臣,也都是坐北朝南的,这就叫"南面",而臣下面对着君主,就是"北面"。所以"雍也可使南面"的意思就是冉雍有政治才能,可以治国理政。"宽洪简重",意为宽宏大量,行事简要而庄重,这样才有人君的风度。

在"雍也可使南面"的后面是"仲弓问子桑伯子",朱熹把这两段记载合为一章,意思是这两段记载是有所连贯的。仲弓就是前面说的冉雍。子桑伯子是鲁国人。朱熹《论语集注》说:"仲弓以夫子许己南面,故问伯子如何。"也就是仲弓听到孔子这样评价自己,然后他又问孔子:子桑伯子这个人怎么样?

"可也简",《论语集注》说:"可者,仅可而有所未尽之辞。"我们现在有时候也这样说,别人问这样行不行,你回答说"可以",说得不是那么肯定,还留有余地。"简",《论语集注》说:"简者,不烦之谓。"也就是简要,不烦琐。"大简"的"大",同"太"。

第二段问答的大意是,仲弓问子桑伯子这个人怎么样。孔子说:"这个人可以,他行事简要而不烦琐。"仲弓说:"如果存心敬业严肃,而行事简要,这样来治理百姓,不就可以了吗?但如果存心简略,而行事也简略,那不就太简略了吗?"孔子说:"你说得对。"

朱熹《论语集注》对此有一个评论:"言自处以敬,则中有主而自治严,如是而行简以临民,则事不烦而民不扰,所以为可。若先自处以简,则中无主而自治疏矣,而所行又简,岂不失之太简,而无法度之可守乎?"

"敬"在古代常用于指修身的一种态度。《论语·宪问》篇记载:子路问何为君子,孔子回答首先要"修己以敬"。"修己"就是强调自身的道德修养。用什么态度修己?就是用"敬"。在儒家的道德修养工夫论中,最主要的就是"敬"。二程和朱熹对"敬"有一个解释是"主一之谓敬",就是说对自己的道德修养要专心致志,有一种对道德崇敬的态度。朱熹在此处说的"自处以敬",就有"修己以敬"的意思。"中有主而自治严",是说在自己的内心要有一个道德的主心骨,严于律己,恪守道德规范。如果有这样的自我修养而在为政临民的措施方面简要,不烦琐,不扰民,那是可以的;但如果对自己的修身不重视,粗疏简略,内心无主,自律不严,进而在为政的措施方面也简略,这是不行的。所以孔子还是强调,执政者首先对自己的修身要严肃认真,居敬循礼;其次在治国理政的措施方面要简明、简要,不要烦琐而扰民。

6·2 哀公问:"弟子孰为好学?"孔子对曰:"有颜回者好学,不迁怒,不贰过。不幸短命死矣! 今也则亡,未闻好学者也。"

哀公,鲁哀公。"不迁怒",不把对甲人(或甲事)的怒气转移到乙人(或乙事)上。我在这件事上生了气,怒气未消,就把这个气发到其他人或者其他事上,这就叫"迁怒"。"过",过失。"不贰过",是不重复以前的错误。"亡",同"无"。

这一章的大意是,鲁哀公问孔子:"你的学生中哪个好学?"孔子答:"有个叫颜回的好学,他不迁怒,不重犯以前的错误。可是他不幸短命死了。现在没有这样的人了,我没有听说还有这样好学的人。"

我们在上一篇也讲过,颜回又称颜渊,他在孔门弟子中德行第一,是孔子最得意的学生之一。在这一章孔子特别表扬了颜回。

一个人的修养水平如何,往往表现在对一些他不满意的人或事的态度上。我们知道喜怒哀乐是人之常情,所以遇到一些不满的事情时,免不了发怒。但是修养水平高的人,"不迁怒",他在这个人或事上的怒气不发泄到其他的人或事上。这一点对于我们处理日常生活中的一些事情是很重要的,在遇到不满意的事情时,要有"不迁怒"的涵养。在家庭生活中也是这样,不要把对孩子的怒气发泄到妻子身上,也不要把对妻子的不满转移到孩子身上。这是人生的一种修养,实际上我们往往做得不够。

在孔门弟子中,颜回是一个好学的典型。颜回去世之后,孔子说,我再也没有看到像他这么好学的人。孔子所说的好学,不是说简单地学一些知识,而是在好学之中体现出个人的道德修养。比如"不迁怒,不贰过",这是对个人修养提出的要求,能够明了事理,节制自己的情绪,对自己所犯的错误能吸取教训,痛改前非,这也是君子人格的重要修养。由此可见,孔子所主张的好学,重在人格的道德修养。

另外可以再评论一点,颜渊在孔门弟子中德行第一,但他去世比较早,《论语·先进》篇还说他"屡空",就是经常处在贫困之中;在《雍也》篇孔子说颜回是"一箪食,一瓢饮,在陋巷。人不堪其忧,回也不改其乐"。颜回的一生道德高尚,身处贫困而又早逝,这一点就导致他成为儒家如何认识生死穷达问题的一个典型。儒家认为"死生有命,富贵在天",这个"命"不是个人所能完全决定的,也不是由道德行为的善恶所能决定的。那么,哪些是自己所能决定的呢?儒家认为,个人的道德修养水平是自己所能决定的。道德修养有其内在的价值,也是人生的最高价值。道德修养不是为了求长寿、求富贵,它本身就是人生的最高价值。所以儒家把生死穷达的问题放在一个次要的位置,不刻意去追求长寿、富贵,而是把主要精力专注于个人的道德修养上。

6·3 子华使于齐,冉子为其母请粟。子曰:"与之釜。"请益。曰:"与之庾。"冉子与之粟五秉。子曰:"赤之适齐也,乘肥马,衣轻裘。吾闻之也,君子周急不继富。"

原思为之宰,与之粟九百,辞。子曰:"毋!以与尔邻里乡党乎!"

杨伯峻的《论语译注》将后一段记载分到下一章。我们按朱熹《论语集注》的分章,把前后两段记载分为两部分,首先看第一部分:

> 子华使于齐,冉子为其母请粟。子曰:"与之釜。"请益。曰:"与之庾。"冉子与之粟五秉。子曰:"赤之适齐也,乘肥马,衣轻裘。吾闻之也,君子周急不继富。"

子华,孔门弟子公西赤,字子华。《公冶长》篇载:"'赤也何如？'子曰：'赤也，束带立于朝，可使与宾客言也，不知其仁也。'"看来公西赤在仪节、仪表方面是很出众的，而且善于从事外交。"使"，出使。《论语集注》说："为孔子使也。"从后面的"冉子为其母请粟"看，应是子华为孔子或奉孔子之命而出使齐国。

冉子，即冉有，又称冉求。在《公冶长》篇也讲道："'求也何如？'子曰：'求也，千室之邑，百乘之家，可使为之宰也，不知其仁也。'"就是说冉求可以在一个大家族或贵族的家里做管家。

"釜""庾（yǔ）""秉"，都是古代的量名。"釜"，六斗四升。"庾"，十六斗。"秉"，一百六十斗。"五秉"，八百斗，合八十石。"乘肥马，衣轻裘"，《论语集注》说："言其富也。""周"，周济，救济。"急"，穷迫。"继"，接济，"续有余"（《论语集注》）。

这段记载的大意是，子华出使齐国，冉有为子华的母亲申请补助一些小米。孔子说："给她六斗四升。"冉有请求再增加一些。孔子说："给她十六斗。"而冉有却给了她八十石。孔子说："公西赤到齐国去，乘坐着肥马驾的车，穿着又轻又暖的皮袍。我听说过，君子只是周济急需救助的人，而不是去接济富人。"

这是孔子和他的弟子在子华使齐请粟问题上的一段对话。朱熹《论语集注》引程子曰："夫子之使子华，子华之为夫子使，义也。而冉子乃为之请，圣人宽容，不欲直拒人。故与之少，所以示不当与也。请益而与之亦少，所以示不当益也。

求未达而自与之多,则已过矣,故夫子非之。盖赤苟至乏,则夫子必自周之,不待请矣。"孔子派遣子华出使齐国,子华奉孔子命出使齐国,这是符合义的道德标准的。冉有为子华的母亲申请补助,因为子华家里比较富有,所以本来不应该给,但是学生既然说了,孔子又宽容,不直接拒绝,于是就少给一些,表示不应当给。但是冉有说不够,请再多给一些。于是孔子就再给增加一些,加得也不多,表示不应该再加了。冉有对此没有理解,就又多给了。这引起了孔子的批评。如果说子华家里真穷,那么不用冉有申请,孔子自然会周济子华。这里可见孔子对他学生家的生活状况还是很了解的,在经济补偿方面他主张酌情而适度。此段记载也表现出孔子对待学生的宽容态度,他还是比较照顾学生的面子的,所以有时候不直接拒绝,而是委婉地作出表示。

我们再来看第二部分:

> 原思为之宰,与之粟九百,辞。子曰:"毋!以与尔邻里乡党乎!"

原思,孔子弟子原宪,字子思。朱熹《论语集注》说:"孔子为鲁司寇时,以思为宰。""粟",在这里指"宰之禄也"。"九百",朱熹说:"九百不言其量,不可考。""毋",禁止,不要。"邻里乡党",《论语集注》说:"五家为邻,二十五家为里,万二千五百家为乡,五百家为党。"

这段记载的大意是,原思任孔子家的总管,孔子给他俸米九百,他推辞不肯接受。孔子说:"不要推辞了!有多的,就给你的邻里乡亲们吧。"

这也是孔子和他学生之间有关经济财用方面的一段交往。朱熹《论语集注》对这段记载有这样一个评论:"言常禄不当辞,有余自可推之以周贫乏,盖邻、里、乡、党有相周之义。"又引程子曰:"原思为宰,则有常禄。思辞其多,故又教以分诸邻里之贫者,盖亦莫非义也。""常禄"就是常规的应该有的俸禄。原思做孔子家的总管,应该有常规的俸禄。但是原思觉得九百的俸禄多了,所以他推辞。孔子教导原思,你如果真觉得多了,可以把它用来周济你的那些邻里乡亲们。接受常规的俸禄和周济邻里乡亲,都是符合义之规范的。

这一章的前后两段记载,都是孔子和他学生之间在经济财用方面发生的事情,所以朱熹《论语集注》将这两部分合为一章,并引用张子(张载)所说:"于斯二者,可见圣人之用财矣。"从这两段记载可以看出孔子对于财用的态度,一个是周济急困而不周济富人,再一个是当给就给,如果多了的话,可以接济邻里乡亲。这里讲的虽然是细节方面的问题,但是可以看出孔子在日常行事之中对于财用持一种什么样的态度。

6·4 子谓仲弓曰:"犁牛之子骍且角,虽欲勿用,山川其舍诸?"

仲弓,即冉雍,字仲弓。"犁牛",耕牛。"骍(xīng)",赤色。周人尚赤,祭祀时用骍色的牲畜。古时候各个朝代都有一个崇尚的颜色,这可能和五行相关,比如周朝崇尚赤色,秦朝崇尚黑色。春秋时期仍然延续周人尚赤的传统,所以在祭祀的时候,一般用骍色。"角",即牛角,意为牛角长得周正。"其",同"岂"。"诸","之乎"二字的合音。

这一章的大意是,孔子谈到冉雍,说:"耕牛的儿子长着赤色的毛,周正的角,虽然不想用它作牺牲来祭祀,但山川之神难道会舍得吗?"

朱熹《论语集注》评论:"言人虽不用,神必不舍也。仲弓父贱而行恶,故夫子以此譬之。言父之恶,不能废其子之善,如仲弓之贤,自当见用于世也。"就是说,犁牛之子,"骍且角",人们虽然不想用它作牺牲,但是神一定不舍得。这里用"骍且角"的牛来比喻冉雍的贤能。而冉雍的父亲比较贫贱,行为也不好,但是孔子表示,这不妨碍冉雍本人的贤能,所以孔子认为这样的人可以担当大任,在治国理政方面发挥重要作用。可见,孔子评价学生不看重家庭出身,而是以学生本人是否贤能作为标准。

6·5 子曰:"回也,其心三月不违仁,其余则日月至焉而已矣。"

回,颜回,即颜渊。"三月",朱熹《论语集注》解释:"言其久。"古人用到"三"的时候,往往是表述多。"违",离开,如现在所说"久违"的"违"。"日月",如日升月落,言其不久,短时。

这一章的大意是,孔子说:"颜回啊,他的心思长久不离开仁德,而其他人则如日升月落,只是短时间做到仁而已。"

这是对颜回的一个很高的评价,其他人和颜回比起来,道德修养水平的差距比较大。朱熹《论语集注》引程子曰:"不违仁,只是无纤毫私欲。少有私欲,便是不仁。"

6·6 季康子问:"仲由可使从政也与?"子曰:"由也果,于从政乎何有?"曰:"赐也,可使从政也与?"曰:"赐也达,于从政乎何有?"曰:"求也,可使从政也与?"曰:"求也艺,于从政乎何有?"

季康子,鲁大夫季孙氏,名肥,当时鲁国的权臣。仲由,即子路,又称季路。赐,端木赐,即子贡。求,冉求,字子有。这几位都是孔子的学生。"从政",朱熹《论语集注》说"谓为大夫",指当官,做大夫。"果,有决断。达,通事理。艺,多才能。"(《论语集注》)"何有",有什么难的,钱穆《论语新解》释为"何难义"。

这一章的大意是,季康子问孔子:"仲由这个人,可以任用他治理政事吗?"孔子说:"仲由果敢决断,让他治理政事有什么难的?"季康子又问:"端木赐,可以任用他治理政事吗?"孔子说:"端木赐通情达理,让他治理政事有什么难的?"季康子又问:"冉求,可以任用他治理政事吗?"孔子说:"冉求多才多艺,让他治理政事有什么难的?"

朱熹《论语集注》在这一章引程子曰:"季康子问三子之

才可以从政乎？夫子答以各有所长。非惟三子，人各有所长。能取其长，皆可用也。"钱穆《论语新解》说："此章见孔子因材设教，故能因材致用。"季康子让孔子推荐他的学生哪个可以从政，孔子说他们都有长处，可见孔子对自己的学生是非常了解的，他因材施教，鼓励和推荐他们发挥各自的长处。

孔门有四科，"德行：颜渊，闵子骞，冉伯牛，仲弓。言语：宰我，子贡。政事：冉有，季路。文学：子游，子夏"（《论语·先进》）。在《雍也》篇里，孔子评价了德行科的仲弓（冉雍）、言语科的子贡可以从政。冉有（冉求）、季路（仲由）本来就在政事科，故可以从政。而文学科的子游也曾做过武城宰，子夏曾为魏文侯师。可见，孔子主张"学而优则仕"，是鼓励他的学生从政的，因为在当时的历史条件下，只有从政才能为社会做出更大的贡献。但是，孔子对学生从政也有要求。《孟子·离娄上》有这样一段记载："求也为季氏宰，无能改于其德，而赋粟倍他日。孔子曰：'求非我徒也，小子鸣鼓而攻之可也。'"冉求在季氏家里当管家，对季氏的德行没有什么改进，而收的税却增加了。孔子对此非常愤怒，说他不是我的学生，孔门弟子可以鸣鼓而攻之。孟子接着说："由此观之，君不行仁政而富之，皆弃于孔子者也。"如果掌权者不行仁政而只是为自己谋财富，是违反孔子思想的。冉求作为季氏的管家，没起到好的作用，所以受到孔子的严厉批评，乃至要把他逐出师门。

孔子鼓励他的学生从政，但从政的原则是"以道事君，不可则止"（《论语·先进》），"勿欺也，而犯之"（《论语·宪问》)。从政要严守道义,要敢于犯颜直谏,不能与君主的恶政同流合污,不能只为权势和权门的利益着想,应该为民办事,要安民、利民、富民。所以儒家是以民为本,而不是以君为本。

6·7 季氏使闵子骞为费宰。闵子骞曰:"善为我辞焉。如有复我者,则吾必在汶上矣。"

这一章没有孔子的话,但是也表明了孔子的态度。闵子骞,孔子弟子,名损,字子骞。"费(bì)",季氏的封邑。"汶",即大汶河,在齐之南、鲁之北。"汶上",指汶河之北,属齐国之地。

这一章的大意是,季氏叫闵子骞做费城的长官。闵子骞对来人说:"好好地替我辞掉吧。若是再来召我的话,那我一定躲到汶水之北去了。"

在孔子的教导下,孔门弟子对于从政做官也有自己的操守。闵子骞被季氏任命为费城的长官,因为季氏的名声不好或行为不正,所以闵子骞就推辞了,而且很果断,要躲避到齐国之地去。朱熹《论语集注》引程子曰:"仲尼之门,能不仕大夫之家者,闵子、曾子数人而已。"可见,孔门弟子大多有从政做官的能力,但若要做到德才兼备,"以道事君,不可则止",并不容易。儒家讲究"出处进退之道","穷则独善其身,达则兼善天下",从政做官是有条件的,不能违反道义原则。

6·8 伯牛有疾,子问之,自牖执其手,曰:"亡之,命矣夫!斯人也而有斯疾也!斯人也而有斯疾也!"

伯牛,孔子弟子,姓冉,名耕,字伯牛。在孔门四科的德行科中,颜渊、闵子骞、冉伯牛、仲弓并列。"牖",窗户。

这一章的大意是,冉伯牛生了病,孔子去看望他,隔着窗户握着他的手,说:"难得活了,这是命呀!这样的人竟然有这样的病!这样的人竟然有这样的病!"

在这一章里,冉伯牛病了,孔子去看望他,为什么是"自牖执其手"呢?即为什么通过窗户而没有进去呢?古人对此有些看法,如朱熹《论语集注》说:"病者居北牖下。君视之,则迁于南牖下,使君得以南面视己。时伯牛家以此礼尊孔子,孔子不敢当,故不入其室,而自牖执其手,盖与之永诀也。"按照朱熹的意思,病人住在北边的窗户下面,君主来看望的时候,病人正好处于南面,而君主就是朝北了,这样不符合君臣的礼节。所以,在君主来看望病人的时候,病人要迁到南边窗户的下面,这样君主就是"南面"了,符合君臣之礼。伯牛也这么做了,以使孔子来看望他时是"南面"。由此可以看出,伯牛把孔子看成君主一样去尊敬,但孔子不敢当,所以就隔着窗户握伯牛的手。

冉伯牛在孔门中也是德行科的杰出者,以至于孔子感叹地说"这样的人竟然有这样的病",这里就包含着儒家讲的命运或时命的意思。中国古代所讲的"天",除了自然之天,还有三种含义,即主宰之天(天神)、义理之天(如说"天命之谓性""天者理也")、时命之天(如说"死生有命,富贵在天")。时命是中性的,既不被人的行为善恶所决定,也不以个人的主观努力而改变。对于时命,儒家主张"尽人事以听天命"。比如《孟子·尽心上》说:"夭寿不贰,修身以俟之,所以立命也。""莫非命也,顺受其正。是故知命者,不立乎岩墙之下。尽其道而死者,正命也。桎梏死者,非正命也。"

在湖北荆门郭店村出土的竹简中,有一篇专讲时命,即《穷达以时》,就是说一个人在社会上是穷还是达,是被时命所决定的。比如说尧在晚年把天子之位禅让给舜,那么为什么舜能够继任天子呢？有的解释说是因为舜道德高尚,但是《穷达以时》篇说这是因为舜遇到了尧,如果没有遇到尧,舜也就当不了天子,"遇"就是一种时命。

儒家认为,时命不是个人所能掌握的,但是个人的道德修养水平是由自己决定的,所以要反求诸己,更加专心致志地提升自己的道德修养。墨家反对儒家讲"有命",所以《墨子》书中有一篇是《非命》。墨家追求的是"兼相爱,交相利",是社会和个人的功利,假如做好事而没有好报,那这个好事就等于白做了。所以墨家讲"天志""明鬼",说鬼神对于人的善恶是明察秋毫、报应不爽的,个人的一切祸福都是鬼神针对自己的善恶行为而进行赏罚造成的。

儒家的道德也追求社会功利,但是道德本身有其内在价值,不是社会和个人的功利所能衡量的。像颜渊虽然很穷,而且早逝,在政治上也没有遇到机会有大的作为,但是颜渊的德行有其内在价值,这个价值本身就体现了道德的崇高,所以这不影响他在孔门中为德行第一。

孔子在周游列国时,"知其不可而为之",这也是要尽到自己的努力,不论"道"之时命如何。孟子讲"夭寿不贰,修身以俟之,所以立命也",就是说人的生命长短是被时命所决定的,人所能做的就是提升自身的道德修养而安于时命的到来。"知命者,不立乎岩墙之下。尽其道而死者,正命也。桎梏死者,非正命也。"我们知道生命的长短是"有命"的,所以要"顺受其正",不要立于危墙之下,比如当今社会为了自身的安全不要去闯红灯,不要去违反交通规则。所以说尽到人生的责任,遵循人生的正道而死,就是"正命";如果是犯罪而不得善终,那就不是"正命"了。

6·9 子曰:"贤哉,回也!一箪食,一瓢饮,在陋巷。人不堪其忧,回也不改其乐。贤哉,回也!"

回,颜回,又称颜渊。"箪",盛饭的竹器。

这一章的大意是,孔子说:"颜回真是贤啊!一竹筐饭,一瓢水,住在破旧的小巷子里。别人都不能忍受这种穷困的忧愁,可颜回却不改变他自有的快乐。颜回真是贤啊!"

颜回是真贤。朱熹《论语集注》说:"颜子之贫如此,而处之泰然,不以害其乐,故夫子再言'贤哉回也'以深叹美之。"朱熹又引程子曰:"颜子之乐,非乐箪瓢陋巷也,不以贫窭(jù)累其心而改其所乐也,故夫子称其贤。"又曰:"箪瓢陋巷非可乐,盖自有其乐尔。其字当玩味,自有深意。"又曰:"昔受学于周茂叔,每令寻仲尼、颜子乐处,所乐何事?""愚按:程子之言,引而不发,盖欲学者深思而自得之。"

"一箪食,一瓢饮,在陋巷",这有什么可乐的呢?但是颜回"不改其乐"。这个"乐"当然不是乐贫,而是"自有其乐"。在《论语·述而》篇中孔子也说:"饭疏食饮水,曲肱而枕之,乐亦在其中矣。不义而富且贵,于我如浮云。""饭疏食饮水"就相当于本章说的"一箪食,一瓢饮";后面的"不义而富且贵,于我如浮云",就是说孔子的"乐亦在其中"不是富贵之乐,而是和富贵之乐相对而言的"道义之乐"。

"孔颜之乐"或"孔颜乐处"是宋明理学家经常讨论的一个话题,即孔子和颜回所乐何在?所乐何事?"乐"是人的精神上的一种愉悦,一个人以什么为"乐",最能体现这个人的价值取向、精神境界。儒家主要有两种"乐",一种是"孔颜之乐",也就是孟子说的"反身而诚,乐莫大焉""仰不愧于天,俯不怍于人"的"乐",这种"乐"是以道德为人生最高价值的精神上自足的"乐";还有一种是"天下之乐",即孟子说的"乐以天下,忧以天下",范仲淹说的"先天下之忧而忧,后天下之乐而乐"的"乐",这是追求社会普遍的"德福一致"的"乐"。

宋代新儒学的兴起,为当时的士人提供了一种超越世俗功利而又不同于佛老的安身立命之地,这就是"孔颜之乐"。"孔颜之乐"的话题在宋代最先发自范仲淹,他在睢阳书院读书时就有诗云:"瓢思颜子心还乐,琴遇钟君恨即销。"(《睢阳学舍书怀》)所谓"瓢思颜子心还乐"就是指孔颜之乐,而范仲淹又有着以天下为己任、为社会做出重大贡献的志向,这只有中了进士、做了官才能实现,就好比伯牙鼓琴遇到钟子期一样,所以后面一句是"琴遇钟君恨即销"。这个"恨"就是遗憾,如果能有机会施展自己为社会做出重大贡献的抱负,那么这个遗憾也就解除了。从"瓢思颜子心还乐,琴遇钟君恨即销"的整体上说,这就是儒家"内圣外王"的价值取向。后来周敦颐在《通书》中说"志伊尹之所志,学颜子之所学",表达了同样的价值取向。

我们都知道范仲淹在《岳阳楼记》中说"先天下之忧而忧,后天下之乐而乐",这讲的是"天下之乐";但是范仲淹实际上还有一种当下的自足的乐,这就是"瓢思颜子心还乐"的"孔颜之乐"。范仲淹晚年徙知杭州,那时候他的身体已经衰老了,子弟看其有退意,就打算在洛阳给他修一座宅子,作为他养老之地。而范仲淹却说:"人苟有道义之乐,形骸可外,况居室乎!"人只要有了"道义之乐",身体都可以置之度外,又何必为自己修个宅子呢!

"孔颜之乐"指无论在多么艰苦的生活条件下,都不改道德高尚的"道义之乐",因为把道德作为人生的最高价值取向,所以个人的功利得失就可以置之度外,不那么计较了,这就是"不以物喜,不以己悲"。这种超脱世俗功利的境界,在佛、道教中也是有的,但是儒家的这种"乐"因为是"道义"的,所以它又内在地包含着一种社会忧患意识,具有社会责任的担当精神,这是不同于佛、道教的。

6·10 冉求曰:"非不说子之道,力不足也。"子曰:"力不足者,中道而废。今女画。"

"说",同"悦"。"女",同"汝"。"画",同"划",限制的意思。朱熹《论语集注》说:"力不足者,欲进而不能。画者,能进而不欲。谓之画者,如画地以自限也。"

这一章的大意是,冉求说:"我不是不喜欢您的道理,而是我的能力不够。"孔子说:"如果真是能力不够,那走到半道就走不动了。现在你是自己画地为限,不肯往前走。"

本章是对冉求的一个比较严厉的批评。这里包含一个意思,就是在《论语·颜渊》篇孔子讲的:"为仁由己,而由人乎哉?"真正做一个仁人,境界是非常高的,但是仁又是切实可行的,是由个人决定的,是自己的自由意志的一种选择。你是做仁人还是不仁之人,是做好事还是做恶事,都是由你个人所决定的。在《论语·述而》篇孔子也说:"仁远乎哉?我欲仁,斯仁至矣。"仁离我们远吗?我要达到仁,我就按照仁去做,这样仁也就达到了。所以,仁首先是一种自由的、自愿的、自主的道德意识,而不是由他人所决定的,也不是因自己的能力不足而自限的。就是说,在任何条件下,你要想成为仁人,就要在道德修养方面严格要求自己,这是可以做到的。冉求说自己"力不足",这不是正当理由,而是画地自限,推脱责任。

仁既是一个很高的境界,连孔子都说"若圣与仁,则吾岂敢"(《论语·述而》),同时仁是切实可行的。我想这个切实可行的方法就是忠恕之道:"己欲立而立人,己欲达而达人。""己所不欲,勿施于人。"按照这个方法或原则来做,就是行仁。这是道德的一个最基本也是最普遍的方法或原则。能不能按照这个方法或原则来做,不是由别人所决定的,这里也没有个人能力的问题,而是由自己做出的道德选择。所以,道德必须是自由、自主、自愿的,被强迫的行为就不是道德。

6·11 子谓子夏曰:"女为君子儒,无为小人儒。"

子夏,孔子弟子,姓卜,名商,字子夏。他也是孔门中水平比较高的学生,属于文学科,后来儒家的传经,子夏做了很多贡献。他曾经到魏国当过魏文侯的老师,也教了很多学生。"女",同"汝"。"儒",通常指孔子开创的儒家学派,在这里指儒者,就是儒门中的人,有了儒者的名声或称号的人。孔子创建了儒家学派,但是对"儒"怎么解释,很多学者都写过文章,如胡适、冯友兰、陈来等先生都写过专门考察"儒"的文章。钱穆先生在《论语新解》中说,儒本为"术士之称","谓士之具六艺之能以求仕于时者"。"六艺"有两种含义,一是指礼、乐、射、御、书、数,一是指儒家的"六经"。

这一章的大意是,孔子对子夏说:"你要做君子式的儒者,不要做小人式的儒者。"

朱熹在《论语集注》中引程子曰:"君子儒为己,小人儒为人。"若要理解这句话,我们就要联系到《论语·宪问》中孔子所说:"古之学者为己,今之学者为人。"就是说古时候的学者朴实,他们学习的目的是提升自身的道德修养,发展自己的道德人格;而现在的学者浮华,他们学习的目的不是为了提升自己的道德修养,而是为了向别人炫耀自己,是为别人而学,想让别人高看自己。《论语集注》又引谢氏(二程弟子谢良佐)曰:"君子小人之分,义与利之间而已。"就是说"君子儒"所追求的是道义,而"小人儒"实际上是伪儒,是打着"儒"的旗号而追求私利。也可以说,"君子儒为己",首先是"修己以敬",由此而可以"修己以安人";"小人儒为人",是为了向别人炫耀自己而学,最终是为了谋取私利。

6·12 子游为武城宰。子曰:"女得人焉尔乎?"曰:"有澹台灭明者,行不由径。非公事,未尝至于偃之室也。"

子游,孔子弟子,姓言,名偃,字子游。他和子夏同在文学科,也是孔门中比较出色的一个。《礼记·礼运》篇记载孔子讲"大道之行也,天下为公",当时陪侍在孔子身边的就是子游。"武城",鲁国的一座城邑。"女",同"汝"。澹(tán)台灭明,姓澹台,名灭明,字子羽,后来也是孔子的学生。"径",指斜路,"路之小而捷者"(《论语集注》)。《老子》云:"大道甚夷,而民好径。"河上公注:"径,邪不正也。""偃",子游自称。

这一章的大意是,子游做了武城的长官。孔子问:"你在那里得到什么人才了吗?"子游说:"有一个叫澹台灭明的人,他不走小道捷径。如果不是公事,他从不到我屋里来。"

朱熹《论语集注》引杨氏(二程弟子杨时)曰:"为政以人才为先,故孔子以得人为问。如灭明者,观其二事之小,而其正大之情可见矣。"《论语集注》又评论:"愚谓持身以灭明为法,则无苟贱之羞;取人以子游为法,则无邪媚之惑。"就是说做人应该像澹台灭明那样大公无私,不要因私废公,不要攀附权贵,这样可以免去被人看不起的羞耻;发现人才要像子游推荐澹台灭明那样,如此可以不受谄媚之人的迷惑。澹台灭明的为人处世得到子游的肯定,后来他也成为孔子的学生。

6·13 子曰:"孟之反不伐,奔而殿。将入门,策其马,曰:'非敢后也,马不进也。'"

孟之反,鲁国大夫,名侧。"伐",自夸。"奔",败退,即打了败仗而撤退。"殿",殿后。"策",鞭打。

这一章的大意是,孔子说:"孟之反不夸耀自己,在军队败退时,他走在最后以掩护全军。将要入城门时,他鞭打着马,说:'不是我敢于殿后,是马不肯快走的缘故。'"

朱熹《论语集注》引谢氏曰:"人能操无欲上人之心,则人欲日消、天理日明,而凡可以矜己夸人者,皆无足道矣。"这是不居功、不骄傲、谦谦君子的品格。在军队打了败仗撤退时,孟之反殿后作掩护,这应该是有功的,但是他不居功、不显耀自己,等部队到了城门将要进城时,他却策马往前奔,说撤退时我走在后面,不是因为我勇敢,而是当时马走得慢。这种不居功、不显耀自己的态度,被孔子所肯定。

6·14 子曰:"不有祝鲍之佞,而有宋朝之美,难乎免于今之世矣!"

祝鲍(tuó),卫国大夫,字子鱼,有口才。"佞",能说会道。宋朝,即宋国的公子朝,有美色。

这一章的大意是,孔子说:"如果没有祝鲍那样的能说会道,而只有宋朝那样的美貌,那在今天的世上也是难免受害的!"

钱穆《论语新解》说:这一章是"孔子盖甚叹时风之好佞耳"。"好佞"就是当时的风气都喜欢能说会道、曲意迎合的人,而孔子是看不起这样的人的。

朱熹《论语集注》说:"篇内第十四章以前,大意与前篇同。"就是说在《雍也》篇的第十四章以前,和前面的《公冶长》篇一样,都是孔子评议各种人物的。以下的各章,就是孔子直接讲述道理。

6·15 子曰:"谁能出不由户?何莫由斯道也?"

这一章没有生僻字。"户",指房门。
这一章的大意是,孔子说:"谁能外出不从房门经过呢?为什么没有人从这个正道走呢?"

这个"道"应该就是孔子所主张的仁道。它就像我们外出必经房门一样，是人世间的正道。朱熹《论语集注》说："言人不能出不由户，何故乃不由此道邪？怪而叹之之辞。"孔子所主张的仁道，是人生、社会的"所以然"和"所当然"。"所以然"就是说它是人生、社会之所以能正常存在和发展的内在根据，"所当然"就是说它是我们应该遵循的正道。如果不遵循这样的正道，就像出屋不走房门一样，走入了人生、社会的邪路。

6·16 子曰："质胜文则野，文胜质则史。文质彬彬，然后君子。"

"质"，质朴，朴实。"文"，文采，文雅。"野"，古时称郊外为野，这里引申为粗野、粗鲁。"史"，古时掌管文书的官员，这里引申为虚文、虚浮。"彬彬，犹班班，物相杂而适均之貌。"（《论语集注》）"文质彬彬"是现在我们经常用的一个成语。"文"是外在的文采、文雅，"质"是内在的质朴、朴实，把文雅和朴实相互协调地结合起来，就是"文质彬彬"。

这一章的大意是，孔子说："朴实多于文采，就未免粗野；文采多于朴实，又未免虚浮。把文采和朴实相互协调地结合起来，做到既文雅又朴实，这样才是君子。"

君子是儒家所推崇的道德人格。君子内在的道德修养是真诚、质朴的，外在的形象和行为举止是文雅、有教养的，能够内外协调，文质彬彬，就是儒家所表彰、推崇的君子。

朱熹《论语集注》引杨氏曰:"文质不可以相胜。然质之胜文,犹之甘可以受和,白可以受采也。文胜而至于灭质,则其本亡矣。虽有文,将安施乎?然则与其史也,宁野。"这是说君子内在的质朴是根本,而外在的文雅是内在质朴的表现,相比起来,质朴应该是更重要的。

6·17 子曰:"人之生也直,罔之生也幸而免。"

"直",正直。"罔",诬枉,不直。"幸",侥幸。

这一章的大意是,孔子说:"人的生存或生活本是正直的,诬枉不正直的人只是侥幸地免于死亡。"

这句话是孔子肯定了人生的正直。我们可以进一步加深理解,就是孔子说的"性相近也,习相远也"。在《论语》里,孔子只有这一句讲"性",到孟子讲人性之善,有很多论述。那么,孔子只说了一句的"性相近"是指人性的哪个方面相近呢?

我认为,孔子说的"性相近"还是指人性在好的、善的方面相近。中国古代所讲的"性",是相对于"习"而言的。"习"指后天的习行、习染,而"性"指人一生下来就有的本性。孔子说"性相近也,习相远也",每个人对这一句话都有不同的理解,但如果联系到孔子说的"人之生也直"(在中国古代文献中,"性"和"生"二字是相通的),那么就可以说,人一生下来是正直的,而人之"性相近"也就是在正直的、好的方面相近。"习相远"就是说因为受到了后天的社会生活的影响,人与人之间就产生了较大的差距。孔子作为一位伟大的教育家,作为中国教师职业的开创者,主张"有教无类",即不分阶层、职业,不分国度、民族和地域,所有的人都可以接受教育,都具有通过教育而提升自己的潜能。他提出"性相近也,习相远也",实际上是为他所主张的"有教无类"提供一个人性论的证明,即因为人的本性相近,所以人皆可教,人都有接受教育而向好的方向发展的能力,只是因为后天的习行,受到不同社会生活的影响,才使人与人之间产生了大的差距。就此而言,孔子说的"性相近",是说人的好的、善或向善的本性相近。

6·18 子曰:"知之者不如好之者,好之者不如乐之者。"

"好",喜好。钱穆《论语新解》说:"本章之字指学,亦指道。"

这一章的大意是,孔子说:"知道它的不如喜好它的,喜好它的不如以它为乐的。"

朱熹《论语集注》引尹氏(程颐弟子尹焞)曰:"知之者,知有此道也。好之者,好而未得也。乐之者,有所得而乐之也。""知之"是知道有这样一个道理;"好之"是喜好它,但是自己还未有所得;"乐之"是切实得到了,所以才产生一种内心的愉悦。喜怒哀乐是人之常情,但是一个人以什么为乐,实际上更体现了一个人的价值取向。

儒家的"乐"是一种包含了道德理性的、超越个人功利的

"乐",如"孔颜之乐"。孟子也说:"君子有三乐,而王天下不与存焉。父母俱存,兄弟无故,一乐也。仰不愧于天,俯不怍于人,二乐也。得天下英才而教育之,三乐也。"(《孟子·尽心上》)这三种乐是孟子人生的一种价值取向,他感到有了这三种乐,就是人生的最大满足,它对于人生的意义甚至超过了"王天下"。也如范仲淹所说:"人苟有道义之乐,形骸可外,况居室乎!"这种乐是"道义之乐",因为是道义的,所以它又内在地包含着对社会的忧患意识和担当精神,追求"天下之乐",即"先天下之忧而忧,后天下之乐而乐"。

6·19 子曰:"中人以上,可以语上也;中人以下,不可以语上也。"

"中人以上""中人以下",是就人的智力水平和道德修养的高低而言的。"语上","语","告也"(《论语集注》),讲授;"上",指高深的道理。"不可",钱穆《论语新解》说:"本章不可二字非禁止意,乃难为意。"

这一章的大意是,孔子说:"中等水平以上的人,可以告诉他高深的道理;中等水平以下的人,难以告诉他高深的道理。"

孔门的教法是因材施教、循序渐进,即根据不同学生的特点及其已经知道和理解的程度来进行教育。对于智力水平比较高的人,可以给他讲一些高深的道理;至于中人以下,如果给他讲高深的道理,因为他还没有达到理解的程度,所以会接受不了。钱穆先生说这里的"不可",不是禁止的意思,而是"难为",就是说如果给他讲了高深的道理,他也难以接受和理解,所以还是应该循序渐进。朱熹《论语集注》说:"言教人者,当随其高下而告语之,则其言易入而无躐等之弊也。"从事教育者,要根据学生的具体情况来教授适合他自己的道理,这样他才容易接受和理解。如果超过了学生能够理解的程度,那就是"躐等",这样得不到好的效果。

孔子在这里说的是人之智愚的差别,不是如汉儒所说是讲"性三品"。孟子讲性善,荀子讲性恶,到了汉代,董仲舒提出"性三品"说。一直到唐代,儒者大部分时间在讲"性三品":有圣人之性,有中人之性,还有斗筲之性。圣人之性是纯善的;中人之性有善有恶,通过圣王的教化,恶可以转变为善;斗筲之性则有恶无善,圣王的教化起不了作用,所以必须要用刑法来治理。汉儒把"中人以上""中人以下"作为划分"性三品"的根据,但实际上孔子并没有"性三品"的思想。

6·20 樊迟问知。子曰:"务民之义,敬鬼神而远之,可谓知矣。"问仁。曰:"仁者先难而后获,可谓仁矣。"

樊迟,孔子弟子,名须,字子迟。樊迟在孔门中是一个比较迟钝的学生,但是他向孔子问的问题是非常重要的。比如说"樊迟问仁",子曰"爱人";"问知",子曰"知人"(《论语·颜渊》)。现在我们说的"仁者爱人""智者知人",就是出自此处。"知",同"智"。"务民",为政教民。"难",难做的事。

"获",收获,成效。

这一章的大意是,樊迟问什么是智。孔子说:"为政教民所应该做的,是对鬼神敬而远之,这可以说就是智。"樊迟又问什么是仁。孔子说:"仁者把难事做在前面,然后获得成效,这可以说就是仁。"

孔子认为,为政教民的智慧就是"敬鬼神而远之"。所以,儒家对于鬼神既不是无神论,也不耽溺于鬼神,而是持一种实践理性与社会情感相结合的折中态度。儒家重视丧祭之礼,即所谓"慎终追远,民德归厚矣"(《论语·学而》)。"慎终"即人死之后的丧礼,"追远"即人死之后的祭祀之礼。重视丧祭之礼,是使民德归厚的一个必要条件。也可以说,"慎终追远"的目的在于使民德归厚。人死之后,生者要表达一种对逝者的情感,所以要有丧祭之礼;因为重视丧祭之礼,所以要"敬鬼神"。但儒家更重视现世人生的道德,所以孔子说:"未能事人,焉能事鬼?""未知生,焉知死?"(《论语·先进》)因为更重视现实的人生,所以是"远鬼神"而不是耽溺于鬼神。

《说苑·辨物》记载了孔子与子贡的一段对话。子贡问孔子:"死人有知无知也?"孔子回答:"吾欲言死者有知也,恐孝子顺孙妨生以送死也;欲言无知,恐不孝子孙弃不葬也。赐欲知死人有知将无知也,死徐自知之,犹未晚也。"孔子对人死后"有知"还是"无知"的问题采取一种悬置的态度,这是一种实践理性的智慧。因为如果说死者"有知",那么就恐怕"孝子顺孙"隆重祭祀而妨碍了现实的生活;如果说死者"无知",

那么就恐怕"不孝子孙"放弃对死人的丧祭之礼。所以,对人死之后"有知"还是"无知"的问题最好是悬置起来,"死徐自知之,犹未晚也"。

至于"先难而后获",朱熹《论语集注》引程子曰:"先难,克己也。以所难为先,而不计所获,仁也。"先做好难事,克制自己的私欲,而不计较会有什么收获。这是其中一种解释。《论语集注》又引吕氏(吕大临)曰:"当务为急,不求所难知;力行所知,不惮所难为。"就是说所知并不很难,而把所知付诸实践更难,"先难而后获"是先要实践力行,克己修身,这样达到一定程度,就会有所收获。这是另外一种解释。

6·21 子曰:"知者乐水,仁者乐山;知者动,仁者静;知者乐,仁者寿。"

"知",同"智"。孔子在《论语》中经常仁智并举,这一章也是如此,讲仁者和智者的境界。

这一章的大意是,孔子说:"智者喜爱水,仁者喜爱山;智者多动,仁者常静;智者快乐,仁者长寿。"

为什么说"知者乐水,仁者乐山"呢?朱熹《论语集注》的解释是:"知者达于事理而周流无滞,有似于水,故乐水;仁者安于义理而厚重不迁,有似于山,故乐山。动静以体言,乐寿以效言也。动而不括故乐,静而有常故寿。"这里"动而不括"的"括"是阻滞、闭塞的意思。动而不闭塞,所以就乐;"静而有常",所以就长寿。这应该说的是一个大致的情况,而不见得是完全必然的。如孔子的弟子颜渊,虽然孔子没有说他是仁者,但他确实德行很高,可是他并不长寿。就大致情况而言,因为智者通达事理,把什么事情都看得清楚明白,所以智者的心中快乐;因为仁者坚持自己的操守,在生活中有节制,在精神上有很高的修养,所以仁者能长寿。这种情况在现实生活中也是有的,比如北大哲学系有些老师确实是长寿的,如冯友兰先生九十五岁去世,张岱年先生也九十五岁去世。后来有人说,北大哲学系研究中国哲学的人多长寿。其实,现在有其他学科的老师长寿已超过了研究中国哲学的,如研究伦理学的周辅成先生九十八岁去世,研究西方哲学的张世英先生将近一百岁去世。所以,人的生死寿夭虽然不是完全由个人所决定的,但是如果自然而然地保持自己生活的节奏,在精神上达到很高的修养境界,应该是有利于人之健康长寿的。

6·22 子曰:"齐一变,至于鲁;鲁一变,至于道。"

这一章没有生僻字。"道",这里指先王之道。

这一章的大意是,孔子说:"齐国一改变,可以达到鲁国的样子;鲁国一改变,就可以达到先王之道了。"

"先王"在儒家思想中一般指的是夏、商、周三代之王,夏主要指大禹,商主要指商汤,周就是周文王和周武王。朱熹《论语集注》说:"孔子之时,齐俗急功利,喜夸诈,乃霸政之余习。鲁则重礼教,崇信义,犹有先王之遗风焉,但人亡政息,不能无废坠尔。道,则先王之道也。言二国之政俗有美恶,故其变而之道有难易。"在孔子生活的春秋后期,礼崩乐坏,社会失序,战乱频仍,人民生活痛苦。所以孔子主张回到三代,从"天下无道"转变成"天下有道"。当时齐国的风俗是重视功利,喜好夸张巧诈,有齐桓公的"霸政之余习";而鲁国的风俗是重视礼教,崇尚信义,还保留着"先王之遗风",但是鲁国的贤君已经人亡政息,其风俗礼教也已大不如前。孔子对当时的齐、鲁两国都不满意,他设想从齐国的风俗转变到鲁国的风俗,然后从鲁国的风俗转变到先王之道。这个先王之道在孔子的思想中就是恢复正常的社会秩序,使"天下有道"。

6·23 子曰:"觚不觚,觚哉! 觚哉!"

"觚",古代盛酒的器具,也作礼器,上圆下方,在腹部和足部有四条棱角。

这一章的大意是,孔子说:"觚不像个觚,这是觚吗! 这是觚吗!"

孔子为什么对盛酒的觚发了这么一段感慨? 这里面包含了一些意思,孔门弟子认为这段话比较代表孔子的性情,也是一段重要的话,所以就把它收到了《论语》中。朱熹《论语集注》对这段话有这样一个解释:"盖当时失其制而不为棱也。觚哉觚哉,言不得为觚也。"觚作为酒器,也作为礼器,形状应该是有规范的,可能当时孔子看到的觚失其形制,没有棱了,这样的话就不应称为觚了。这反映了当时礼崩乐坏、名实不副的情况。所以,孔子就发出了"觚哉!觚哉!"的感慨。

朱熹《论语集注》又引程子曰:"觚而失其形制,则非觚也。举一器,而天下之物莫不皆然。故君而失其君之道,则为不君;臣而失其臣之职,则为虚位。"程颐的这段话就把这一章和孔子讲"君君,臣臣,父父,子子"的"正名"思想联系起来。君就应该有个君的样子,应该有君之德,行君之道,这样才能称为君;如果没有君之德,不行君之道,那就是名实相悖,就是"不君"了。臣也应该有个臣的样子,应该有臣之德,履行臣的职责,这样才能称为臣;如果没有臣之德,不履行臣的职责,那也是名实相悖,就是"不臣"了。"父父,子子"也是这样。孔子当时强调"正名",就是主张要在政治和伦理上做到名实相副,权责一致,担当什么名分,就应该具有和那个名分相符合的德行,就应该担负起那个名分的责任,这是孔子在当时社会的一种追求。

6·24 宰我问曰:"仁者,虽告之曰:'井有仁焉。'其从之也?"子曰:"何为其然也?君子可逝也,不可陷也;可欺也,不可罔也。"

宰我,即"宰予昼寝"的宰予,字子我。"井有仁焉"的"仁",一说"有仁之仁当作人"(《论语集注》),一说"仁,即'仁人'的意思"(《论语译注》)。对这一章有不同的注解,我们从朱注之说。"从,谓随之于井而救之也。""逝,谓使之往救。陷,谓陷之于井。欺,谓诳之以理之所有。罔,谓昧之以

理之所无。"(《论语集注》)

这一章的大意是,宰我问:"一个仁者,别人告诉他:'井里掉下去一个人。'他是不是会跟着下去呢?"孔子说:"为什么会这样呢?君子可以到井上去救人,却不会被陷于井里;他可能会被某些事所欺骗,却不会被不合理的事所愚弄。"

朱熹《论语集注》说:"盖身在井上,乃可以救井中之人;若从之于井,则不复能救之矣。此理甚明,人所易晓,仁者虽切于救人而不私其身,然不应如此之愚也。"这段话讲得明白,道理也比较浅显。但是否符合本章的原意,我觉得还可再作探讨。

6·25 子曰:"君子博学于文,约之以礼,亦可以弗畔矣夫!"

"文",文献。"约",约束,简约。"畔",通"叛"。

这一章的大意是,孔子说:"君子广博地学习文献,又用礼来约束自己,也就不致离经叛道了。"

朱熹《论语集注》说:"君子学欲其博,故于文无不考;守欲其要,故其动必以礼。如此,则可以不背于道矣。"孔子主张广博地学习文献,这侧重于知识方面;同时主张"约之以礼",这主要讲道德的操守、行为的规范。这两方面在宋代理学家的思想中就是讲致知进学与涵养修身的关系,二者相互关联,缺一不可。朱熹又引程子曰:"博学于文而不约之以礼,必至于汗漫。博学矣,又能守礼而由于规矩,则亦可以不畔道矣。"我们现在讲"博"与"约"的关系,知识与道德的关系,其源头也出自孔门教法的"博学于文,约之以礼"。

6·26 子见南子,子路不说。夫子矢之曰:"予所否者,天厌之!天厌之!"

朱熹《论语集注》对"子见南子"的解释是:"南子,卫灵公之夫人,有淫行。孔子至卫,南子请见,孔子辞谢,不得已而见之。"这是发生在孔子周游列国时的一件事,孔子到了卫国,卫灵公的夫人南子要见孔子。南子有淫行,名声不好,可她在卫国很有权势。孔子本想不去见她,但后来还是不得已而见之。这可能是和孔子在周游列国时积极宣传自己的政治主张有关。

"子路不说","说",同"悦"。子路是孔子门下比较直率的一个学生,他对"子见南子"表现出不高兴。由此可见,孔门弟子和老师之间的关系是融洽的,这些学生见到孔子哪一点做得不对,会向孔子提出来,表示自己的不满。"矢",通"誓"。"予",我。"否","谓不合于礼,不由其道也"(《论语集注》)。"厌",厌弃,弃绝。

这一章的大意是,孔子去见南子,子路不高兴。孔子发誓说:"我如果做了不合礼的事,天厌弃我!天厌弃我!"

孔子在周游列国途中发生的一些事情,有时会引起误解,包括他的学生有时也会误解老师。对于"子见南子,子路不说"这件事,孔子很严肃地对待,发了很重的誓。如何去评价这件事呢?朱熹《论语集注》说孔子是迫于形势,"不得已而见之"。《论语集注》还有一个解释:"盖古者仕于其国,有见其小君之礼。而子路以夫子见此淫乱之人为辱,故不悦。"国君的夫人在古代又被称为"小君"。古时候到某个国家去,"有见其小君之礼"。孔子去见南子,是符合这个"礼"的,但子路不知有这个"礼",所以就产生了误解。

6·27 子曰:"中庸之为德也,其至矣乎! 民鲜久矣。"

"中庸",何晏《论语集解》注:"庸,常也。中和可常行之德。"邢昺《论语注疏》云:"中,谓中和。庸,常也。"但是《礼记正义》引郑玄《目录》云:"名曰《中庸》者,以其记中和之为用也。庸,用也。"对于"中庸",历来有两种解释:一种解释是把"庸"解释为"常",相当于常道;还有一种是把"庸"解释为"用","中庸"就是用中。朱熹《论语集注》的解释是:"中者,无过无不及之名也。庸,平常也。"又引程子曰:"不偏之谓中,不易之谓庸。中者天下之正道,庸者天下之定理。"这是把"庸"解释为"常",是常道、常理的意思。对"中"的解释是一致的,就是中和,无过无不及,恰到好处。

"至",《论语集注》说:"极也。"真正做到中和,能够无过无不及,能够遵守常道,这确实是一种极高的德行。这也是中国文化的一个特点,就是"极高明而道中庸"。中国文化认为"极高明"不是要走到极端,而"道中庸"恰恰是"极高明"的。

"民",杨伯峻《论语译注》说:"这'民'字不完全指老百姓,因以'大家'译之。""鲜,少也。"(《论语集注》)

这一章的大意是,孔子说:"中庸作为道德,该是最高的吧!人们缺少这种道德已经很久了。"

这是对"中庸"之德表彰最高的一句话。"民鲜久矣"正说明"中庸"之可贵,真正能做到"中庸"是很不容易的。曾有学者根据孔子的这段话,说孔子一开始是重视礼,后来更重视仁,到了五六十岁更重视中庸。这是一种解释,可以参考。

6·28 子贡曰:"如有博施于民而能济众,何如?可谓仁乎?"子曰:"何事于仁,必也圣乎!尧舜其犹病诸!夫仁者,己欲立而立人,己欲达而达人。能近取譬,可谓仁之方也已。"

这一章是《雍也》篇的最后一章,也是很重要的一章。"博施济众"是我们现在经常用的成语,就是出自这一章。

"病",朱熹《论语集注》解释:"心有所不足也。"何晏《论语集解》引孔安国曰:"君能广施恩惠,济民于患难,尧、舜至圣,犹病其难。""譬,喻也。"(《论语集注》)"方",有各种不同的解释,朱熹说:"方,术也。"有一个词叫"道术","道"是大的原则,"术"是具体的方法。何晏《论语集解》引孔安国曰:"更为子贡说仁者之行。方,道也。"那么,我理解这里的"仁之方"就是行仁之方,即推行、实践仁的方法或原则。

这一章的大意是,子贡说:"如果能对百姓广施恩惠,又能周济大众,怎么样?可以说是仁了吗?"孔子说:"这哪里仅是仁呢,这一定是圣人了!就连尧、舜恐怕还难以做到呢!对于仁者来说,自己要有所成立,也要使别人有所成立;自己要有所发达,也要使别人有所发达。能近取诸己而推及他人,这可以说是实行仁的方法了。"

这一章有两个重点,其一是"博施于民而能济众",其二是"己欲立而立人,己欲达而达人"。关于"尧舜其犹病诸",又见于《论语·宪问》篇。子路问孔子什么是君子,孔子说"修己以敬"。子路说这样就可以了吗?孔子说"修己以安人"。子路又问,这样就可以了吗?孔子说"修己以安百姓"。在"修己以安百姓"的后面,孔子也说了一句"尧舜其犹病诸"。《雍也》篇的"博施于民而能济众"和《宪问》篇的"修己以安百姓",意思是一致的,都已达到了"尧舜其犹病诸"的"圣"的境界,这也是儒家希望达到的社会普遍"德福一致"的最高境界。

既然是"圣"的境界,一般人就难以做到,因为博施济众、"安百姓"必须得有一定的条件,身处尧舜那样高的职务才能努力做到。那么,作为仁者,切实可行的是什么呢?孔子就说:"己欲立而立人,己欲达而达人。"能够由近及远,推己及人,这就是推行、实践仁的一个切实可行的方法。

孔子曾说:"吾道一以贯之。"孔子的学生曾子就说:"夫子之道,忠恕而已矣。"(《论语·里仁》)我理解"吾道一以贯之"的"吾道"指的是仁道,而推行、实践仁道有一个"一以贯之"的方法或原则,曾子指出,这就是忠恕之道。

"恕"在《论语》里面有一个明确的解说,子贡问:"有一言而可以终身行之者乎?"孔子说:"其恕乎!己所不欲,勿施于人。"

(《论语·卫灵公》)一般认为,《雍也》篇说的"己欲立而立人,己欲达而达人"就是"忠"。在儒家的思想中,"忠"与"恕"是互为前提、内在统一的。"忠"作为"仁之方",实际上也包括"恕"在内,"忠"与"恕"都是推行、实践仁的方法或原则。

朱熹《论语集注》说:"以己及人,仁者之心也。于此观之,可以见天理之周流而无间矣。状仁之体,莫切于此。""近取诸身,以己所欲譬之他人,知其所欲亦犹是也,然后推其所欲以及于人,则恕之事而仁之术也。于此勉焉,则有以胜其人欲之私,而全其天理之公矣。"

忠恕之道虽然平实,但若要真正做到也并不容易。所以如上一篇《公冶长》中子贡所说:"我不欲人之加诸我也,吾亦欲无加诸人。"即我不愿意别人强加于我,我也不强加于别人。这也可以说是恕道的一个基本意涵,但是孔子恰恰认为真正做到这一点并不容易,这意味着"己所不欲,勿施于人",首先是把别人当作和自己一样有独立意志的人,我不愿意别人强加于我,所以我也不要强加于别人。这是"推己及人"的一个前提,在此前提下才有忠恕之道的"交互主体性"。

忠恕之道是普遍的"仁之方",也可以说是普世道德的黄金规则,简称金律。20 世纪 90 年代,世界各大宗教的代表人士到美国开了一个世界宗教会议,他们的目的是要建立一个普世的"全球伦理"。经过长时间的讨论,他们最后找到了世界各大宗教差不多都认同的一条规则,这就是你不愿意别人如何对待你,你也不要用这种方式对待别人,表述出来就是"己所不欲,勿施于人"。

在儒家经典《大学》中,忠恕之道又被称为"絜矩之道",它是用上下、左右、前后的关系来比喻一切人际关系的,在这一切人际关系中都要按照"己所不欲,勿施于人"的原则来行事。朱熹在《大学章句》中说,这是"所操者约,而所及者广,此平天下之要道也"。所谓"约"就是说这是一切人际关系中最基本的一条道德规则,所谓"广"就是说这是一切人际关系中最普遍的一条道德规则。

述而第七

孔德立 解读

《论语》在中国古代经典中的重要地位,陈来先生在《传承与训解——〈论语〉引论》中就做了高屋建瓴的阐释。《述而》是《论语》的第七篇,因首章的"述而不作,信而好古"而得名。本篇主要讲孔子的谦己诲人之辞、容貌行事之实。杨伯峻的《论语译注》与多数版本都将本篇分为三十八章,朱熹的《论语集注》把第九章"子食于有丧者之侧,未尝饱也"与第十章"子于是日哭,则不歌"合为一章,共三十七章。今从前一种分章方式。

7·1 子曰:"述而不作,信而好古,窃比于我老彭。"

本章的意思是,孔子说:"传述而不创作,相信并喜爱古代文化,我私自和我那老彭相比。"

这一章有三层意思:第一,我传述古代文化而不加以创作;第二,为什么传述而不加以创作呢?因为我相信古代文化、喜爱古代文化,所以只传述不创作;第三,我有同道中人,不只是我一个人相信并喜爱古代文化,还有"老彭"等人。

先看第一个短句,"述而不作"。"述"是传述。我们读《论语》或者其他古书,传有两个音,有的地方读 zhuàn,如《左传》、经传,有的地方读 chuán,此处传述的传是第二个读音。"作"是创作。

"述而不作"是孔子对古代文化的一种基本态度,对此朱熹的解释是非常重要的。朱熹认为,"孔子删《诗》《书》,定《礼》《乐》,赞《周易》,修《春秋》,皆传先王之旧,而未尝有所作也,故其自言如此"。儒家最重要的经典是"六经",现在越来越多的学者认识到了"六经"在中国传统文化中的重要地位。孔子之于"六经"不是首创者,而是传述者。当然,孔子的传述是新的意义上的创作。

《汉书·艺文志》记录先秦文献,称"六经"为"六艺",之后是诸子。诸子和"六艺"之间是什么呢?是《论语》。所以《论语》的地位仅次于"六经",而高于其他诸子。为什么《汉书·艺文志》把《论语》放在"六经"之后呢?因为孔子的思想是传述"六经"。但是孔子对于"六经"只是"述"吗?当然不是,孔子以他自己的方式进行了悄然的"创作"。孔子在尊重"六经"、传承"六经"的基本精神与价值的前提下对其进行了创造性转化、创新性发展。

朱注对于"述而不作"阐释得非常清楚了。他认为,孔子删定"六经","传先王之旧",其述之功倍于作。柳诒徵曾言:"孔子者,中国文化之中心也。无孔子则无中国文化。自孔子以前数千年之文化，赖孔子而传；自孔子以后数千年之文化，赖孔子而开。"孔子把他之前的中华文化的积累传下来了，经过他的阐释和修订，又开启了他之后的中华文化。

孔子在中国思想文化史上的崇高地位，首先在于他传述"六经"之功。南京夫子庙门口有一个牌坊，上有"天下文枢"四个大字。为什么说天下文化的枢纽在孔子这里？密码就在于孔子传述了"六经"。孔子自谦没有"作"，实际上，孔子在阐释、解读"六经"的过程中悄然进行了"作"。孟子说，"孔子成《春秋》而乱臣贼子惧"，"王者之迹熄而《诗》亡，《诗》亡然后《春秋》作"。孟子坚信孔子"作"《春秋》。

"六经"可以分为三部分：一是《诗》《书》《礼》《乐》，人道；二是《春秋》，治道；三是《周易》，天道。这种完备的人道、治道与天道，基本涵盖了人生的几种向度。只要是人，就要行人道，学习《诗》《书》《礼》《乐》，具备基本的知识与礼乐教养。在此基础上，修己才能安人，要懂得治理之道，懂得社会政治秩序运行的基本规矩，如君君臣臣等，这就是《春秋》赋予的"治道"。但是人生哪能都如意，有时候努力也未必能做到，故人还需要有天命依托。人性与天命的贯通，则是《周易》蕴含的哲学价值。下面举几个例子来说明。

《诗经》中的《郑风》有一首情诗——《子衿》，记述了一位女子追求男子的情感，其中有这样的句子："青青子衿，悠悠我心。""青青子佩，悠悠我思。""一日不见，如三月兮。"这些都是女子思慕男子的缠绵情话。后来，王阳明的弟子问老师："孔子编的《诗》也有这种淫诗吗？"王阳明不好回答，就说孔子当年没编,是后人替换的。估计到了明朝,就连儒生们也不能理解女子对男子思慕情感的流露了。但是孔子曾说"郑声淫",没有说"郑风淫"。风是诗,声是乐,不是一回事。朱熹的《诗集传》说,孔子编的是《风》,后来有人配乐配偏了。正得其解。所以我们说,孔子定《礼》《乐》与删《诗》《书》同等重要,《诗》删完了,《乐》定不好,也无法实现诗教的功能。所以,删《诗》《书》就要定《礼》《乐》。

定《礼》《乐》之后是赞《周易》。在治理社会与国家的过程中,总有失意与得意的时候,当实在无法实现自己的理想时,只能顺应天命。《论语·尧曰》:"不知命,无以为君子。"知天命,达天道,就要从《周易》中寻找答案。孔子晚年把《周易》纳入他的经典体系,认为人性和天道的贯通、教养和精神的寄托均在《周易》。

赞《周易》之后是修《春秋》。所谓修《春秋》,就是对《春秋》做了改动,"笔则笔,削则削"。什么是"笔则笔,削则削"?竹木简的文字是用毛笔写上去的,要改动就需要用刀削了重新写。孔子对《春秋》进行了改动,所以叫修《春秋》。孟子曰:"王者之迹熄而《诗》亡,《诗》亡然后《春秋》作。"孔子时代,礼崩乐坏,纲常失序,霸政之后,文风骤变,由赋诗风雅转为粗鄙不堪。孔子修《春秋》,是为重建社会秩序制定大法。

如《春秋·僖公二十八年》载"天王狩于河阳",《左传·僖公二十八年》载"晋侯召王,以诸侯见,且使王狩。仲尼曰:'以臣召君,不可以训。'故书曰'天王狩于河阳',言非其地也,且明德也"。"天王"就是周天子。晋国霸业正胜,召见周天子。下级召见上级,周天子居然去了。史书如果照实记载,那就违背了周礼。于是,孔子改为"天王狩于河阳",天王在河阳狩猎,顺便召见了一下晋君。这就是"春秋笔法"——"为尊者讳,为亲者讳,为贤者讳",其中彰显的就是秩序原则。人如果没有敬畏之心,就会变得肆无忌惮。

《春秋》是一部社会秩序的大法。近代辜鸿铭有一本书叫《春秋大义》,又名《中国人的精神》。为什么"春秋大义"是"中国人的精神"?因为《春秋》带有根本大法的性质,是治理国家与个人行为的最高准则。

为什么孔子说"知我者其惟《春秋》乎!罪我者其惟《春秋》乎"?理解我的人是因为我修了《春秋》,不理解我的人也是因为我修了《春秋》。为什么?原因是制定根本大法是天子的职责,圣人有其德,无其位,但是天子没有去做这件事,圣人把它承担起来了。故孔子既想做,又很忐忑,所以说知我罪我皆为《春秋》。因此只有懂《春秋》,才能知道如何维护社会秩序。汉代春秋决狱,就是以《春秋》作为国家法律的标准的。

我们刚才解读了孔子传述的什么,又作了什么。一言以蔽之,孔子是在传承古代文化的基础上,建立了维护社会秩序与伦理,贯通人道、治道与天道的"六经"体系。明明是"作"了,孔子为什么说"述而不作"?这是因为他"信而好古"。现在来看"信而好古"。

曾经有人错误地认为,孔子"信而好古",就是倒退,就是想复古。但是如果对"古"一知半解,又觉得今天的"我"厉害,就很难知古鉴今;不知古就不信古,反而会疑古,进而批古,鉴今就变得不可能了。所以,鉴今一定是在知古而信古的基础之上的。古代的人和事已经作古,不可再现,但可以通过文献流传下来,正如《左传》中叔孙豹讲人有"三不朽"——立德、立功、立言,我们之所以能了解过去,就是因为有文献留下来。

我们所说的文献之"文",按照梁任公(梁启超)先生的说法,"所谓'文'者,非辞章之谓。'文'之本训,指木之纹理,故凡事物之条理亦皆谓之文。古书'文'字皆作此解"。所以孔子讲的这个"文",是纹理之"文"。他相信古代的文,相信"事物之条理",相信古代的历史文化传统,并对古代先人创作的文献、理念有信心、有敬畏,所以孔子"信而好古,述而不作"。这是他尊重传统、敬畏传统的表现。用今天的话说,就是文化自信。

我们从这可以看出,孔子是在相信古代文化传统、坚定文化自信的基础上才说出"述而不作"的话的。同时这一章也显示,传承古代文化、尊重传统,要有同道中人,所以孔子把有志于传承古代文化的同道中人视为挚友。

最后看第三个短句,"窃比于我老彭"。"窃比"是什么意思?我私自相比。朱熹认为是"尊之之辞"。"我老彭"是什么意思?是比较亲近的词汇,相当于咱俩、咱们。从本章中,我们还可以发现圣人特别谦虚。如前面所说,孔子认为"知我者其惟《春秋》乎!罪我者其惟《春秋》乎!"《春秋》,天子之事,本应由天子来作,但圣人把它承担了起来,这正是圣人的伟大。但是即使如此,圣人还是说自己在传述古代的事情,而不是作。

梁任公说,亭林(顾炎武)毕生学问从抄书入手,采山之铜,而非取之旧钱。然后对于古人学问有心得者,写出笔记,即《日知录》。《日知录》每篇文章都很短小,但是谁又能说它不是一部重要的学术著作呢?《日知录》卷十九《著书之难》:"若后人之书,愈多而愈舛漏,愈速而愈不传。所以然者,其视成书太易,而急于求名故也。"所以现在有时候我们整理古籍为什么要慎重?因为有时急于求成,整理得越多错误越多,还不如不整理。

解读本篇首章我们用的篇幅多一些,因为首章意义太大了。孔子在中华文明史上的地位,就在于他在"信而好古"的基础上"述而不作"。孔子又有同道中人,我们希望自己也能成为孔圣人的同道之人。

7·2 子曰:"默而识之,学而不厌,诲人不倦,何有于我哉?"

"识",通"志",记住的意思。《论衡·超奇》"好学勤力,博闻强识"和《后汉书·祢衡传》"吾虽一览,犹能识之",其中的"识"都是这一意思。

这句话比较短,但同样是我们耳熟能详的句子,特别是当老师的,印象会更深刻。这句话的意思是,孔子说:"默默地记在心里，努力学习而不厌弃，教导别人而不疲倦，这些事情我能做到哪些呢？"

这一章表达的也是孔子的谦虚之德。"默而识之"，显示了学习态度；"学而不厌"，显示了好学的精神，两者皆为修身之学。"诲人不倦"，彰显了君子的社会责任，为安人之学。孔子修己以安人，修己时，努力进取，对自己严格要求；安人时，无私付出，不知疲倦，这是仁者之精神。汉代董仲舒有一本文集叫《春秋繁露》，写的是他对《春秋》的理解，是传承孔子的春秋学的。里面有一篇文章叫《仁义法》，文中说："《春秋》之所治，人与我也。"《春秋》讲什么？讲人和我，就是他人和自己。"所以治人与我者，仁与义也"，董仲舒认为对自己是义，对他人是仁。他还说："以仁安人，以义正我。……仁之法在爱人，不在爱我。"仁者到底爱谁？《孟子》说"仁者爱人"，《论语》说"樊迟问仁。子曰：'爱人。'""人"，是他人的意思，所以"仁者爱人"，实际上就是爱他人。很多人理解为爱自己，先爱自己再爱他人，这是不对的。董仲舒理解得非常到位，"仁之法在爱人，不在爱我；义之法在正我，不在正人"。对自己要严格，对他人要宽厚，也就是严于律己，宽以待人。这是孔子仁义精神的真谛。

此章先讲学而后教，对于今天的教育管理者和教育工作者，甚至政治管理者、为政者来说，我个人认为都有重要的启示意义。你要教书，先要自己会；你要管理他人，先要自己懂，这就是"默而识之，学而不厌"。先要修身，然后"诲人不倦"。

我们还要记住孔子的最后一句话，"何有于我哉？"我做到了哪些呢？孔子已经做得很好了，还反问自己做到了哪些，这种谦虚的态度值得我们好好学习。

7.3 子曰："德之不修，学之不讲，闻义不能徙，不善不能改，是吾忧也。"

这一章的意思是，孔子说："品德不培养，学问不讲习，听到义在那里却不能亲身赴之，有缺点不能改正，这些都是我的忧虑啊！"

第三章也是孔子的自谦之辞。何晏《论语集解》引孔安国曰："夫子常以此四者为忧也。"孔子常忧虑的四者：德、学、义、善。朱熹《论语集注》引尹氏（程颐弟子尹焞）曰："德必修而后成，学必讲而后明，见善能徙，改过不吝，此四者日新之要也。苟未能之，圣人犹忧，况学者乎？"圣人都担心做不到，何况其他人？

除了以上理解，我们还可以再延伸一点。南朝梁皇侃的《论语义疏》云："言孔子恒忧世人不为上四事也。"意思是孔子经常担心当时的人没有做到这四点。我认为此解可通。春秋后期，礼崩乐坏，贵族普遍不修德、不习礼、不知义、不为善。

"德之不修""学之不讲"与"闻义不能徙""不善不能改"之间有因果关系。如果德修了，学讲了，义就能行，不善就改了。所以，这四个短句可以分为两个层次，有先后顺序。修身的不足，导致义与善等社会伦理和正义面临崩解。

为什么叫"学之不讲"，不叫"学之不习"呢？现在一般把学术机构、组织称为学院、研究院、研究中心，以前很多叫讲习所、传习所。《论语·学而》篇言"传不习乎"，有"传"才有"习"，有"教"才有"学"。"讲习"呢？《说文解字》把"讲"训为"和解"，引申为研习。"习"是什么？"学而时习之"，"习"是不断地实践。"讲"有研习的意思，有和解的意思，有理清琢磨的意思。老师教了以后不是死记硬背，而要琢磨为什么这样做，所以"讲"的意思更丰富。

7·4 子之燕居，申申如也，夭夭如也。

这一章讲的是孔子燕居之时的体貌。通行的解释是，夫子在家闲居时，"体貌和舒"，或者"心和而貌舒"。我觉得这个理解不透彻，说"体貌和舒"，是什么体貌却没有讲出来。"燕"解释为"闲"，就是闲暇之时在家里。"居"怎么解？"居"是坐。"燕居"就是在家闲坐。什么叫"申申如也，夭夭如也"？"申申"是体貌安适，姿势不僵硬，非常舒缓。"夭夭"讲心情很舒畅。

孔子时代，没有凳子，怎么坐呢？就是坐在小腿上。朱熹的《论语集注》说："燕居"是"闲暇无事之时"。又引杨时的话，"申申"是"其容舒也"，"夭夭"是"其色愉也"。又引程颐说："此弟子善形容圣人处也，为申申字说不尽，故更著夭夭字。今人燕居之时，不怠惰放肆，必太严厉。严厉时著此四字不得，怠惰放肆时亦著此四字不得，惟圣人便自有中和之气。"就是说，今人在家里闲坐的时候，不是放肆，就是太过于严厉,很难达到中和的状态。

程颐是以中庸来解"燕居"的,所以他说圣人有"中和之气"。但是我们读黄式三的《论语后案》:"夭夭,屈也","合伸屈观之而见其得中也"。后人鲜有关注黄式三解读者,我觉得他讲的是对的。"夭夭"正好和"申申"相对,"申申"就是伸展,"夭夭"是把腿屈起来。"合伸屈观之"是什么?伸屈观之而后得其中。上身坐直,下身屈腿,但是不至于太僵硬。黄怀信先生顺此思路,解释说,孔子闲坐之时上身挺得很直,腿屈得很紧。因为当时席地而坐,故有此坐姿。

孔子闲坐之时如此,在众人面前应更为谨言慎行,此所谓圣人慎独之修身工夫。

7·5 子曰:"甚矣吾衰也!久矣吾不复梦见周公。"

这一章的意思是,孔子说:"我衰老得很厉害啊!好久没有再梦到周公了。"

有的学者在"甚矣"与"久矣"后分别加逗号,以强调孔子的感情。皇侃的《论语义疏》说:"夫圣人行教,既须得德位兼并,若不为人主,则必为佐相。圣而君相者,周公是也。"周公不是天子,"虽不九五而得制礼作乐,道化流行。孔子乃不敢期于天位,亦犹愿放乎周公"。孔子以周公为楷模,以成就周公伟业为梦想,"故年少之日,恒存慕发梦;及至年齿衰朽,非唯道教不行,抑亦不复梦见,所以知己德衰"。年少之时,经常梦到周公,意气风发,想恢复周礼,但是衰老之后,道化不行,梦想实现不了,也不再梦见周公。"圣人无想,何梦之有","伤周德之日衰,哀道教之不行"。孔子壮年时,为中都宰,路不拾遗,夜不闭户;为大司寇,取得夹谷之会的胜利,堕三都,弱三桓。但他终究无法阻止礼崩乐坏的颓势,只好栖栖遑遑于各国之间;回到鲁国以后,又将重心放在整理文献上。

孔子不梦周公,一则说明自己老了,没有年轻时候气盛了,感叹理想无法实现;二则感叹周德已衰,不可挽回。台湾有个歌手叫郑智化,一曲《水手》令很多"70后"动情。歌词中写道:"他说风雨中,这点痛算什么,擦干泪,不要怕,至少我们还有梦。"遇见艰难困苦,擦干泪,不要怕,至少我们还有梦。但是你擦干泪,梦还是实现不了,一次次打击,梦也就没了。所以一旦没梦,动力就没了,随之心灰意冷。今天我们读夫子自道"甚矣吾衰也!久矣吾不复梦见周公",可以回想,夫子当年艰难的行进终究没有挽救鲁国衰败的局势,只能等待新的时机。

7·6 子曰:"志于道,据于德,依于仁,游于艺。"

这一章的意思是,孔子说:"目标在道,根据在德,依靠在仁,而涵泳于礼、乐、射、御、书、数之间。"

这一章讲孔子为学的秩序。"志于道,据于德,依于仁,游于艺"这十二个字,孔子故里的杏坛中学把它挂在最高的教学楼上。如果大家从孔子研究院的东门进入,首先可见"志道据德"的牌坊,西边还有"依仁游艺"的题字。这十二个字或者八个字,可以称为孔子教育的方针。2014年9月9日,习近平总书记到北京师范大学看望师生时,发表《做党和人民满意的好老师》的重要讲话。党和人民满意的好老师的标准正出自这一章,总书记的原话是"要有理想信念""要有道德情操""要有扎实学识""要有仁爱之心"。

何晏《论语集解》注:"志,慕也。道不可体,故志之而已。""据,杖也。德有成形,故可据。""依,倚也。仁者功施于人,故可倚。""艺,六艺也。不足据依,故曰游。"志道就是羡慕道,心向往之。"道不可体",道看不见摸不着,所以从心里向往之。"据"是杖,"德有成行,故可据"。"依于仁"是说仁是靠山,要倚着、靠着。"仁者功施于人,故可倚",仁者帮助他人,有宽厚的基础,所以可以倚。"艺",即"六艺",内容多,所以要涵泳其中。

"志于道"的"道"是什么?朱熹说:"道,则人伦日用之间所当行者是也。"道就是目标,是儒家为之奋斗的目标。同时,道也是人道,即人应该走的路。朱熹的学生陈淳写了一本理学词典,叫《北溪字义》,书中解释了道、性、命等理学名词。书中解释"道"说:"道,犹路也。……人所通行方谓之路,一人独行不得谓之路。"就是说大家都走的才是道,如果你非得走另外的路,那不叫道,只能叫"径"。道还可以引申为被社会普遍认可的规则。如我们读书上学,参加工作,为社会做贡献,孝敬父母,爱护幼小,这都是为人之道。《论语》里有一句话叫"朝闻道,夕死可矣",早晨听到大道,晚上死了也值得。道优先于儒家的其他思想范畴,是最高原则。

"据于德"的"德"是什么?周代金文中,"德"与"得"相通。"为政以德"就是要让老百姓有所得的意思。怎么证明统治得好?不能自己说自己行仁政,要通过百姓的感受来评判。做得好不好,不是个人说的,有一个检验标准。德者,得也,老百姓的获得感就是检验的标准。《周易》里讲"厚德载物"。什么是"厚德"?因为德可以累积,一天累积一点,就会越积越多,就像盖房子一样,地基打好了,房子也结实。德累积得越多,人就越宽厚,承载力就越强,遇事就能扛过去。所以,这个"德"不是讲品德,而是指要不断累积,要能抗击挫折和困难。

"依于仁"是什么?去掉自己的私欲而求心德之全,"功夫至此而无终食之违"。人要存养,要真心实意对别人好,这样才能得众。《论语》里面叫"宽则得众"。什么是宽?宽就是对别人宽厚。怎么才能对别人宽厚?有仁者之心。你对别人宽厚,你就能得到别人的拥护和爱戴。

"游于艺"的"艺"是什么?礼、乐、射、御、书、数,多种技能。孔子说"君子不器",君子不能像器皿一样,只有一种用途,意思就是君子要多才多艺。比如,当前国家越来越重视高校里的哲学社会科学建设,没有一流的文科,很难有一流的理科与工科。学生涵泳于哲学与人文之间,才能有更多的想象力与创造力。

朱熹认为这一章有个先后顺序,先有目标,然后有德、有仁,最后有艺,这是进德修业的过程。王夫之认为,志道是德仁之基,其他三者没有先后。"游艺是格物,是博文,岂待依仁之后！""四段只平平说个大成之学,勿立次序。"

阳明先生答诸生之意:一曰立志,二曰勤学,三曰改过,四曰责善。"志不立,天下无可成之事,虽百工技艺,未有不本于志者。"总之,无论后边的事情怎么样,立志是第一位的。所以,"志于道"是方向,"据于德"是根基,"依于仁"是凭借,"游于艺"是知识与能力。

我认为还是应该有一个先后次序。《论语·学而》说:"弟子入则孝,出则弟,谨而信,泛爱众,而亲仁。行有余力,则以学文。"这里就有个先后次序。怎么才能学文?做到入则孝,出则弟,谨而信,泛爱众,行有余力了才能学文。前面没做好,就不要学文,别着急走下一步。《中庸》说:"君子尊德性而道问学。"这里还是有个次序,"德"在"学"前,没有尊德性,不要道问学,道德根基优先于知识教育。

《孟子·公孙丑上》记载,孟子曰:"夫志,气之帅也;气,体之充也。夫志至焉,气次焉。故曰:'持其志,无暴其气。'"我们都知道孟子的浩然之气,怎么才能有"浩然之气"?孟子讲以志帅气,先立志,气才能起来,所以他说"持其志,无暴其气"。无论是孟子还是后来的王阳明,都强调立志,这一源头就在于《论语》的这一章。

7·7 子曰:"自行束脩以上,吾未尝无诲焉。"

"自行",就是自愿,不是老师让送的,而是自愿送来的。送什么?送"束脩"。"脩",朱熹认为是干肉,十脡(tǐng,条状的干肉)为束。古代初次拜见尊长要送礼物,叫"贽"。贽者,至也,礼到,心到。它是表达心意的媒介。

这一章的意思是,孔子说:"主动送给我见面礼,我没有不教的。"

这章看起来好理解,但是在当代引发了不小的争论,很多人以此为根据,说孔子当年办学收学费。理解这个问题的关键在于如何正确解读"束脩"。

"束"是捆,"脩"是干肉,"束脩"就是把几条长条的干肉捆起来。古代没有冰箱,保存肉食应该多以风干的方式。孔孟之乡当前春节的风俗是,走亲戚要拿肉。但是,那个时候拿的肉不叫肉,叫礼。春节期间,你去肉摊,老板就会问你打礼还是吃肉,你说打礼,他就给你砍下带有肋条的部位,砍得很漂亮。如果不漂亮,走亲戚时就显得没有面子。长长的肉条,就叫礼。这从民俗学上印证了一束干肉,即束脩,是古代学生拜见孔子的见面礼。

"吾未尝无诲焉",你只要拿一捆肉过来,我没有不教的。如果连这个都没有,那就不教。为什么?因为没诚意。所以,我们说孔子收的不是学费,是见面礼。

朱熹的解释是对的:"但不知来学,则无往教之礼。"学生不愿意来学,老师还能强制吗?学生主动学和老师强制教,效果怎能一样?所以孔子强调"自行束脩"。

7·8 子曰:"不愤不启,不悱不发,举一隅不以三隅反,则不复也。"

这一章的意思是,孔子说:"教导学生,不到他想求明白而不得的时候,不去开导他;不到他想说出来却说不出来的时候,不去启发他。教给他东,他却不能推知西、南、北三方,便不再教他了。"

孔子有教无类,但有几个前提:第一个是必须"自行束脩",第二个是能"举一隅以三隅反"。

"不愤不启,不悱不发",朱熹《论语集注》:"愤者,心求通而未得之意。悱者,口欲言而未能之貌。启,谓开其意。发,谓达其辞。""愤"和"悱"相近,"启"和"发"相似。古人用字比较讲究,在这里我们把它们合起来说。学生有疑问,一定不要一开始就告诉他答案,要让他先想,实在是想获得答案的时候,就稍微指点他一下,他就明白了。这样的话他会记得牢,而且经过前期的摸索,他已经在尝试各种答案了。这是孔子教学的方法,是启发式教学,而非知识性灌输。

程颐曰:"愤悱,诚意之见于色辞者也。待其诚至而后告之。既告之,又必待其自得,乃复告尔。"又曰:"不待愤悱而发,则知之不能坚固;待其愤悱而后发,则沛然矣。"愤悱之后,你再启发他,他会豁然开朗。经过努力之后获得的才会珍惜,轻易得到的不会珍惜,这是人之常情。今天教导学生,不到他想求明白而不得的时候,不去开导他;不到他想说出来却说不出来的时候,不去启发他,仍然是教育的重要原则与方法。

"举一隅不以三隅反","隅"就是墙角、角落。古代的屋子绝大多数是方形的,"隅"就是墙角、直角。告诉学生,一个墙角是直角,问他其他墙角是什么?可以说,没有回答不出来的。如果答不上来,就是"举一隅不以三隅反"。

我以前看过一个小品,讲电视台举办歌唱比赛,有个选手迟到了,保安不放他进去。因为放选手进去,保安就违反了规定,要被罚款。但是经过这位选手的再三央求,保安动了恻隐之心,就想用个办法放他进去。他隐讳地说了几个方法,如自己肚子不舒服,要去洗手间;墙很矮,很多人一翻就过去。但是选手就是不明白。最后保安想到了一个办法,让选手通过对讲机唱歌,大家发现他的才华后,就会让他进去。这个选手就是孔子说的"举一隅不以三隅反"。

这章是孔子的教人之法。孔子虽然提倡有教无类,但对于实在不能举一反三的人也很无奈。"中人以上,可以语上也;中人以下,不可以语上也",也是这个意思。根据学习的积极性,孔子把人分为"生而知之""学而知之""困而学之""困而不学"四类,其中"困而不学"的人怎么教?所以有些人孔子是不教的。孟子后来将孔子的这一思想发展成一句名言,"得天下英才而教育之,三乐也"。

7·9 子食于有丧者之侧,未尝饱也。

这一章与下一章"子于是日哭,则不歌",在朱熹《论语集注》里是一章,杨伯峻的《论语译注》把它分成了两章,今从后者。

这一章的意思是,孔子在死了亲属的人旁边吃饭,不曾吃饱。

朱熹《论语集注》说："临丧哀,不能甘也。"我们对比一下《八佾》篇的最后一章,子曰："居上不宽,为礼不敬,临丧不哀,吾何以观之哉？""临丧哀",意思是参加丧礼,要有哀戚之情。既然有哀戚之情,在死了亲属的人旁边吃饭,就不能放任纵情地去大吃大喝,所以说孔子"未尝饱也"。

7·10 子于是日哭,则不歌。

本章意思是,孔子在这一天哭过,就不再唱歌。

这一章是接着上一章来说的。心情的转变有个过程,我们所说的心境就是这样,不可能变得太快。何晏《论语集解》说："一日之中,或哭或歌,是亵于礼容。"如果哭了之后再唱歌,是亵渎礼容,是对礼的不尊重。唱歌咏志,是欢乐之意,从悲伤到欢乐哪能一下子转过来？

朱熹解释"哭","谓吊哭",即吊丧的时候哭,所以他把两章合为一章。我个人认为,可以把本章放在上一章前面,"子于是日哭,则不歌。子食于有丧者之侧,未尝饱也"。参加丧礼时要哭,哭完以后,丧主招待亲属吃饭,有宴席,但是参加丧礼的人吃不饱。这样的话,意思更通畅。

程门四大弟子之一谢良佐说："学者于此二者,可见圣人情性之正也。能识圣人之情性,然后可以学道。"如果把这两章结合在一起,正显示了孔子的同情心与敬畏心。到了孟子这里,就把这个心境表述为恻隐之心。恻隐之心的心理机制是什么？就是孔子讲的同情心。凡是有同情心的人,参加丧礼时，如果看到有人大吃大喝，更有甚者在丧礼上大笑，就会感到非常别扭。

礼的功能是"节文"，意思是礼要约束人的行为，使之符合礼的规范。人在日常活动中要融入礼，遵礼而行。丧礼时，"食于有丧者之侧，未尝饱""于是日哭，则不歌"，这是对丧者的尊重，也是维护丧主的尊严。尊重他人，遵守礼仪，是有教养的表现。这一章与上一章都彰显了孔子在丧礼中的修养。

7·11 子谓颜渊曰："用之则行，舍之则藏，唯我与尔有是夫！"子路曰："子行三军，则谁与？"子曰："暴虎冯河，死而无悔者，吾不与也。必也临事而惧，好谋而成者也。"

这一章是孔子对颜渊和子路的评价。孔子对颜回的评价很高："用之则行，舍之则藏，唯我与尔有是夫！"用我们的时候就做，不用我们的时候就走，隐藏起来，只有我和颜回才能如此进退自如。结果这个话让子路听到了，子路应该不太高兴，他认为自己是孔子弟子中的勇士、猛将，老师为什么单单表扬颜回？于是对孔子说："子行三军，则谁与？"古代一军有一万二千五百人，有三军的都是大国。朱熹注："子路见孔子独美颜渊，自负其勇，意夫子若行三军，必与己同。"言外之意是，老师如果带领三军，一定要靠我。子路的话令孔子不满，他说："暴虎冯河，死而无悔者，吾不与也。"这话带有明显否定子路的意思。"吾不与"，我不和你在一起，因为你是"暴虎冯河"的人。什么是"暴虎冯河"？就是徒手和老虎搏斗，不用船只去渡河。不是谁都能这样的,像武松去打虎,也是因为喝多了,而且他还带了根哨棒,棒没了才用手。"暴虎冯河"在当时是一个俗语,《诗经》里面就曾出现,形容人有勇无谋。孔子批评子路"暴虎冯河",而且还不后悔,所以"吾不与也"。正确的做法是什么?应该是"临事而惧"。"临事而惧"不是不勇敢,而是掌握好分寸不胡来,应该先谋划而后行,这样才可能成事。

我们从"用之则行,舍之则藏"这句话中还可探讨一下"用"与"舍"的问题。用、舍之间怎么拿捏尺度,是"用"还是"舍",这是一个社会机遇问题。郭店楚简有一篇文章叫《穷达以时》,里面有这样一句话,"遇不遇,天也",正是论"用"与"舍"的时机问题。

7·12 子曰:"富而可求也,虽执鞭之士,吾亦为之。如不可求,从吾所好。"

朱熹《论语集注》说:"好,去声。执鞭,贱者之事。设言富若可求,则虽身为贱役以求之,亦所不辞。然有命焉,非求之可得也,则安于义理而已矣,何必徒取辱哉?"引苏氏曰:"圣人未尝有意于求富也,岂问其可不可哉?为此语者,特以明其决不可求尔。"又引杨氏曰:"君子非恶富贵而不求,以其在天,无可求之道也。"

这一章接上章"用之则行,舍之则藏",也是讲要不要出来做事。《论语》中多处出现富与贵,如《里仁》篇:"富与贵,是人之所欲也,不以其道得之,不处也。贫与贱,是人之所恶也,不以其道得之,不去也。"而富和贵不一样,富指财产、财富,贵指地位、官职。富不一定贵,贵一般都富,如古代商人富,但是地位低,不贵。君子爱财,取之有道,所以富可求,但是需以正当的手段去求。"执鞭之士"指赶车的人,是贱者之事。但是,只要是正当的职业,无论贵贱,我都可以去做,获得自己的收益。孔子年轻的时候做过委吏、乘田,管理过仓库、牧场,所以他说:"吾少也贱,故多能鄙事。"这正与本章对应起来。用正当的手段去获取财富,没有什么好丢人的。

"如不可求,从吾所好",如果这种事情做不到,或者说没有机会做,这个时代不允许我做,就不要去做,做好自己能做的事就行了。

如果说上一章是求贵,去做官,这一章就是求富。但是无论求贵还是求富,孔子皆是无可无不可,进退自如。正如杨时说:"君子非恶富贵而不求,以其在天,无可求之道也。"

7·13 子之所慎:齐,战,疾。

"子之所慎"有三点,第一点是"齐","齐"就是斋戒。什么时候斋戒?祭祀之前斋戒。《论语·乡党》云:"齐必变食。"之前大鱼大肉,祭祀的前三天要吃素食,这就叫"变食"。什么叫戒?有些事情不能做了叫戒。古代天子在祭天之前,不茹荤,不饮酒,以求内心宁静。斋戒之后就是迁座。什么叫迁座?居住的环境也要变。如大家去曲阜孔庙,还没有进大成门的时候,就可以看到东边有一个地方叫东斋宿。古代帝王将相到孔庙祭孔时,要先到东斋宿居住、休息,目的还是平静心情,体现祭祀的庄严肃穆。再如皇帝到天坛祭天的时候,也要先住进斋宫。住的地方变了,换个环境,能更加沉静自己的心性。

第二点是"战","战"就是打仗。朱熹注:"战则众之死生、国之存亡系焉。"能不慎重吗?《孝经·开宗明义》记载:"身体发肤,受之父母,不敢毁伤,孝之始也。"保护好身体不受损伤,就是尽孝。打仗时,随时随地都可能殒命,所以开战要慎重,不能不把生命当回事。当然,为了正义而战时也不能退缩,只是要慎重。

第三点是"疾"。"疾"是什么?古代疾与病不同,病是生病,疾是不舒服,还没有到病的程度。出现疾时要节制饮食,避免身体出问题。病从口入,很多人的健康问题是饮食和作息习惯不良造成的,比方说熬夜、暴饮暴食,都可能对身体造成伤害。所以孔子说要慎重对待。

孔子特别关注祭祀、民生与个人身体。祭祀涉及敬天法祖,战争关系民生福祉,最后才是个人身体之事。

7·14 子在齐闻《韶》,三月不知肉味。曰:"不图为乐之至于斯也!"

这一章反映了孔子对乐的精通和学乐的态度,同时体现了孔子的乐教思想。孔子对乐非常有研究,是一位伟大的音乐家。《史记·孔子世家》记载:"孔子学鼓琴师襄子,十日不进。师襄子曰:'可以益矣。'孔子曰:'丘已习其曲矣,未得其数也。'"孔子学琴于师襄子,十日不增加进度。老师说可以往前了。孔子说不行,"丘已习其曲矣,未得其数也"。又过了十天,老师说可以往前了。孔子说不行,"丘未得其志也"。又过了十天,老师说可以往前了。孔子说不行,"丘未得其为人也"。学到最后,他说,这首曲子是《文王操》,是为周文王而作,文王眼望四海,志在天下。我们回到本章,为什么孔子对《韶》这么痴迷?《韶》是赞美舜的乐章,是古代的圣王之乐。所以孔子在齐国闻得《韶》乐,三月不知肉味,痴迷如此,最后发出感叹,以前不知道音乐能达到这么高的境界!

范氏曰:"《韶》尽美又尽善。"我们现在形容事物美好,叫尽善尽美,《韶》乐就是尽善尽美。《八佾》篇载,孔子评价《韶》乐:"子谓《韶》:'尽美矣,又尽善也。'谓《武》:'尽美矣,未尽善也。'"所以他对《韶》乐的评价是非常高的,甚至可以说是最高的。范氏曰:"故学之三月,不知肉味,而叹美之如此。诚之至,感之深也。"我们今天经常用一个词,叫不负韶华,韶华就是美好时光。《尚书·益稷》:"《箫韶》九成,凤皇来仪。"《箫韶》有九章,九章演奏完后,凤凰都来了。

7·15 冉有曰:"夫子为卫君乎?"子贡曰:"诺。吾将问之。"入,曰:"伯夷、叔齐何人也?"曰:"古之贤人也。"曰:"怨乎?"曰:"求仁而得仁,又何怨?"出,曰:"夫子不为也。"

本章是孔子对古代圣贤的评价,是让子贡当传话筒,在冉有与老师之间通过问与答的形式展开的。冉有对子贡说:"夫子为卫君乎?""为",意思是赞成、帮助。老师是不是要帮助卫国的国君?子贡说:"好吧。我去问问老师。"冉有不直接问,而是让子贡去问,这是不是显示子贡和老师之间的关系更为密切?"入",就是进到屋里去。进去之后,子贡向老师提出一个问题:伯夷、叔齐是什么人?子贡这个人非常聪明,他没有直接问卫君怎么样,而是用古代的贤人伯夷、叔齐来试探老师的态度。孔子说,伯夷、叔齐是古代的贤人。子贡说,他们怨悔吗?孔子说,求仁而得仁,又有何怨呢?子贡从老师屋里出来,给冉有说,老师不帮助卫君。

这段话涉及六位人物:孔子、卫君、两位弟子、两位贤人。我们先看孔子的弟子。冉有是鲁国人,字子有,比子贡大两岁。子贡姓端木,名赐,卫国人。在众多弟子中,子贡应该比别人更了解卫国的形势。孔子周游列国时到卫国的次数最多,说"鲁卫之政,兄弟也",鲁国和卫国的始封之君是兄弟,都是文王的儿子,两国是同姓之国、兄弟之国。孔子对卫国有深厚的情感,他非常希望能在卫国实现政治抱负。

卫国的国君卫灵公有个儿子,叫蒯聩,他因为派人刺杀卫灵公的夫人南子失败而逃到宋国,不久又投奔晋国。卫灵公去世后,晋国想帮他打回卫国,夺取政权。但是卫国人拥护卫灵公的孙子、蒯聩的儿子继承君位,这就是本章提到的卫君卫出公,名辄。冉有问的就是孔子会不会帮卫出公。这时候,卫国政局不稳,一方面卫国拥护的卫出公即位,另一方面晋国人要帮蒯聩打回来。孔子当时在卫国,是否参与卫国政治,冉有拿不定主意,所以才有此问。

我们看孔子是怎么回答的。孔子将卫君与伯夷、叔齐进行对比。伯夷、叔齐是孤竹国君的两个儿子,伯夷是哥哥,叔齐是弟弟。孤竹国是一个小国,老国君想让弟弟叔齐来继承君位。老国君死后,叔齐要把君位让给哥哥伯夷,伯夷却认为应该遵循父亲的遗愿。弟弟认为应该立长,哥哥认为应遵父命,结果他俩推来推去,都没有当国君。后来,周武王伐纣的时候,伯夷、叔齐两个人叩马而谏,就是拦在周武王的马前,不让他攻打朝歌。等周武王灭了商之后,周朝建立,伯夷、叔齐不食周粟,隐居首阳山,就是今天的偃师邙岭一带,最后两个人饿死了。两个人不争权,不求利,最后成就了贤人之名。这种做法在很多人看来是很难理解的,所以子贡就问老师,有国君不当,周天子统一天下之后也不出来做官,隐居起来最后饿死了,他们会后悔吗?孔子说:"求仁而得仁,又何怨?"

这里体现了孔子的一个非常重要的思想,那就是礼让。伯夷、叔齐为什么都不当国君?伯夷认为要尊重父亲的命令,让弟弟来当;叔齐认为要以天伦为重,让哥哥来当。他们两个互相谦让,"皆求所以合乎天理之正,而即乎人心之安",故孔子说"求仁而得仁"。

我们再看史书。《史记》将《伯夷列传》放在诸传之首,这是为什么呢?唐代张守节的《史记正义》说,伯夷、叔齐虽有贤行,但在后世怎么流传下来的呢?这要感谢孔子,"伯夷、叔齐虽有贤行,得夫子称扬而名益彰著"。如果没有孔子的颂扬,伯夷、叔齐的事迹可能传不下来。不争名利,求仁得仁,又有何怨?"怨"就是心里面不顺畅。为什么不顺畅?觉得自己吃亏了才不顺畅。在社会生活中,我们有时候会吃亏,但是,还有比把一个国让出去更大的"亏"吗?"求仁而得仁",又有什么可怨的呢?

7·16 子曰:"饭疏食饮水,曲肱而枕之,乐亦在其中矣。不义而富且贵,于我如浮云。"

这一章讲孔子对人生富贵的态度。"饭疏食饮水"的"饭"是动词,吃的意思。"疏食"是粗粮。"饮水",古代的水与汤相对,汤是热水,水是凉水。"饭疏食饮水"就是吃粗粮、喝凉水。这是一种生活贫困的境况。"曲肱"就是弯胳膊,"曲肱而枕之"就是弯胳膊当枕头。这是一种很不舒服的姿势,睡醒以后,胳膊一准是酸疼的。"饭疏食饮水""曲肱而枕之"形容的是吃得不好、睡得不香。这是很多人都想摆脱的境遇,孔子却说"乐亦在其中"。这是一种安贫乐道的境界。追求富贵是人之常情,但是孔子在追求富贵的时候坚持一个原则,即以"义"取之,所以孔子说"不义而富且贵,于我如浮云"。如果不以"义"的方式,就是不以正道来得到富贵,我宁愿不要。"浮云"是飘浮的云,形容富贵飘忽不定。朱熹《论语集注》说:"圣人之心,浑然天理,虽处困极,而乐亦无不在焉。其视不义之富贵,如浮云之无有,漠然无所动于其中也。"这可不是一般人能达到的境界。

"饭疏食饮水""曲肱而枕之",都这么困难了,孔子还乐在其中,说明在孔子看来,肯定有比饮食起居更高的追求。宋儒有个命题叫"孔颜乐处",是周敦颐给二程出的题,周敦颐让弟子们找找孔颜乐在何处。孔子讲"不义而富且贵,于我如浮云",颜回"一箪食,一瓢饮,在陋巷。人不堪其忧,回也不改其乐"。颜回的陋巷之乐和孔子的"饭疏食饮水"是一样的,师徒二人在精神方面的追求毫无疑问是高于物质追求的。

7·17 子曰:"加我数年,五十以学《易》,可以无大过矣。"

这一章讲孔子与《周易》的关系及其对《周易》的态度。"加",通"假",给予。"加我数年",就是再给我几年,给我一些时间。《史记·孔子世家》:"假我数年,若是,我于《易》则彬彬矣。""五十以学《易》",朱熹说,这时候孔子讲这个话是一种假设,意思是假设从五十岁的时候开始学《周易》,不至于有很多的过错。这是孔子在回忆他的人生经历的时候说的话。也有人据此怀疑孔子和《周易》的关系,认为孔子没有学过《周易》,所以才说假如给我时间,我就有机会学习《周易》,表达的是孔子的后悔之情。

孔子和《周易》有没有关系?一种说法是孔子作《易传》,这是传统说法;另外一种说法是孔子没有作《易传》。其实,孔子与《周易》的关系,无论传世文献还是出土文献都有大量的证据。《史记·孔子世家》记载:"孔子晚而喜《易》,序《彖》《系》《象》《说卦》《文言》。读《易》,韦编三绝。曰:'假我数年,若是,我于《易》则彬彬矣。'""韦编三绝"的意思是孔子读《周易》次数太多，把连接竹简的牛皮绳都翻断了很多次。马王堆帛书《易传·要》篇载："夫子老而好《易》，居则在席，行则在囊。"孔子居家的时候，把《周易》放在席子上，外出的时候，随身携带，时刻不离。这说明，在孔子晚年，《周易》是他离不开的经典。孔子在熟读《周易》的基础上，有感于《周易》的哲理，作了《易传》。

孔子认为，如果从五十岁开始学《周易》，学上数年，就会少走很多弯路。那么，孔子五十多岁的时候在干什么呢？这一段时间是他最风光的时候，在鲁国任大司寇兼代理国相。当时，因为定公的父亲让三桓害死了，定公一是想复仇，二是想削弱三桓，加强君权，所以任用孔子来和三桓对抗，这正是孔子想做的事情。但是，最终因三桓势力太大，孔子与定公的计划没有成功。定公不敢得罪三桓，担心最后落得和父亲一样的下场，于是委曲求全，不再任用孔子。孔子失去了政治改革的机会，只好周游列国。周游途中，处处受阻，艰难行进，甚至绝粮于陈蔡。孔子晚年回忆他的经历，感叹说，如果五十岁能够悟得《周易》，是不是可以改变策略，甚至有可能获得成功？

这一章，既有孔子对他从事政治的利弊得失的总结，又证实了孔子与《周易》的关系。

7·18 子所雅言《诗》《书》，执礼，皆雅言也。

本章讲的是孔子讲话、教学、主持礼仪都用标准语。这句话有两种句读方式,第一种是把逗号放在"子所雅言"的后面,即"子所雅言,《诗》、《书》、执礼,皆雅言也"。整句意思是,孔子说话用雅言,教学生《诗》、《书》和主持礼仪,都用雅言。这是通行的句读方式。但我认为第二种方式更合适,即把逗号放在"《书》"后边,"子所雅言《诗》《书》,执礼,皆雅言也"。"雅言"是什么?雅和俗是相对的,朱熹解释雅言为"常言"。我们也可以把雅言解释成正言,即标准语。比方说,我要是讲课用普通话,大家都能听懂;如果用家乡话,有的人就可能听不懂。道理是一样的,所以孔子当年教学所用的应该是标准语。"执礼"是什么?应该是孔子对学生进行礼仪训练或者给别人主持礼仪时,也用标准语。所以《诗》《书》是知识体系,礼是动作,从中断开是合情合理的。

孔子的弟子来自四面八方,如鲁国、卫国,远的还有来自吴国的子游,如果孔子用方言讲课,很多外地的学生就听不懂了。所以,孔子讲话、教学应该用的是标准语,今天叫普通话。当时的普通话是什么话?春秋时期,周朝的首都迁到了洛阳,是不是官方语言为河南话?我们不清楚。总之,孔子应该用的是官方所认可的、社会所通行的标准语。

怎么能说明当时的语言出现家乡话与标准语呢?《孟子》书中可以找到证明。当时有个楚国大夫问孟子,如何让孩子学齐语。这就相当于今天湖北的人学山东话,准确一点是学淄博话。孟子说,如果给他请一位山东淄博的老师来教,但是周围全是郢地的小孩,都说楚国话,他上课学了一点,下课就忘了;如果把他送到淄博过上半年,回来后,恐怕连楚国话也不会说了。所以学习语言,环境很重要。从这段记载中我们可以发现,战国中期的时候,诸侯国之间的语言已经不通了。由此往前推一下,孔子所处的春秋晚期,各地应该也存在语言不通的情况。

7·19 叶公问孔子于子路,子路不对。子曰:"女奚不曰,其为人也,发愤忘食,乐以忘忧,不知老之将至云尔。"

"叶公问孔子于子路",意思是叶公向子路问孔子的为人如何,即问子路,你老师是一个什么样的人。"叶公",朱熹注:"楚叶县尹沈诸梁,字子高,僭称公也。"他为什么称公?因为楚国国君这时候要称王了,然后地方官的级别也跟着升了。子路拿不准叶公的意思,所以他不回答。子路这时候没有莽撞地回答,而是拘谨了一下。这一拘谨就受到了孔子的批评。孔子说:"你为什么不说呢?我是'发愤忘食,乐以忘忧,不知老之将至'的人啊!"子路哪能知道老师想让他这样回答。这也说明子路对老师还是不够了解。

孔子有很多优点,我们一般会评价孔子道德高尚、遵礼而行。但是孔子自己说,我不是道德最好的人,"十室之邑,必有忠信如丘者焉,不如丘之好学也"。讲到现在,其实孔子已经留给了我们一种很深的印象——好学。孔子说,好学是我最大的优点。好学到什么程度?到了"发愤忘食,乐以忘忧"的地步。读起书来把吃饭都忘了,高兴得忘了忧愁,这是何等境界!"好之者不如乐之者","乐之者"进入了无我境界,哪有忧愁！就是在这样持之以恒的好学、乐学过程中，不知不觉年老了。

夫子这样评价自己，一种好学的精神与坦然的胸怀豁然纸上。我们读书人读到这儿，也得结合自己来想一想我们读书的态度和问学的态度，能不能像夫子那样达到"发愤忘食"的境界。

我有一次接孩子放学，突然想到"发愤忘食，乐以忘忧，不知老之将至云尔"这句话。我刚去北京的时候，她上幼儿园中班，不知不觉现在已经读高二。有时候我们希望孩子快快长大，但是孩子的成长是与家长年龄的增长同时进行的。虽然现在我还不能说是"老之将至"，但还是感叹时光流逝。我们的年龄在增长，父母的年寿也在增长。每年给老人庆寿，看到老人身体好，我们就非常开心。但是孔子说"一则以喜，一则以惧"，意思是老人年寿越增长，离开我们的这一天就越近，心里越发不是滋味。我上周接受了《中国老年》杂志的采访，结合儒家来谈孝道，谈养老的问题。老年人的幸福其实有时候就是有点事情做。如果老人有爱好的话，他就会很开心。另外，我们要特别注意多给予老年人精神方面的关爱。子女陪老人聊聊天，让他们开心，就是尽孝。

"发愤忘食，乐以忘忧"，很少有人能达到孔子这么高的境界。我们要像孔子学习，学习他的好学精神与乐学的品质，做到"发愤忘食，乐以忘忧"。

7·20 子曰："我非生而知之者，好古，敏以求之者也。"

在《论语·季氏》篇有一句话,"生而知之者,上也;学而知之者,次也;困而学之,又其次也;困而不学,民斯为下矣"。孔子按照学习的主动性把学生分成四个层次:第一个层次是"生而知之",第二个是"学而知之",第三个是"困而学之",第四个是"困而不学"。本章中,孔子说自己不是"生而知之者",他不认为自己是圣人。在本篇的另外一处,记载孔子评价自己:"若圣与仁,则吾岂敢?"说自己连仁者都算不上。

孔子很谦虚,他认为自己之所以有所成就,就是因为"信而好古",喜欢古代文化,而且不知疲倦地、勤敏地学习。所以,这一章有三层意思:第一,我不是聪明的人;第二,我喜欢古代文化;第三,我勤敏地追求学问。尹氏曰:"孔子以生知之圣,每云好学者,非惟勉人也,盖生而可知者义理尔,若夫礼乐名物,古今事变,亦必待学而后有以验其实也。"我们还可以结合《公冶长》篇来解读。子贡问曰:"孔文子何以谓之文也?"孔文子为什么能谥为"文"呢?子曰:"敏而好学,不耻下问,是以谓之文也。""敏而好学,不耻下问"就是勤敏好学。所以这一章还是讲孔子的好学精神。

7·21 子不语怪,力,乱,神。

古代科举考试,曾以"子不语"为题。"语"是讲、说的意思。孔子不说四种事:一是怪,怪异的事情;二是力,勇力、蛮干;三是乱,悖乱之事、忤逆之事。这三点不符合中和之道。"神"是鬼神。对于我们来说,鬼神看不见,摸不着,但是孔子并不否定鬼神的存在。他的高明之处就在于,"敬鬼神而远之"。"敬而远之",既敬畏,又保持距离,不去探讨鬼神到底存不存在。

墨家的弟子曾经问儒家的弟子:你们不相信鬼,但是还祭祀,这不就相当于你们认为水里没有鱼,但是还在编渔网吗?其实,墨家没有理解儒家的深意,鬼神是帮助教化的手段,即神道设教。神道设教可以辅助人道教化。荀子有句话说:"君子以为文,而百姓以为神。"君子用它来统治,老百姓就信以为真了。

谢良佐说:"圣人语常而不语怪,语德而不语力,语治而不语乱,语人而不语神。"经常的、普遍的、被大众认可的,就可以谈论;不经常的、不普遍的、怪异的,就不说。孔子不主张暴力,主张仁政,他提倡的价值体系可作治世用,是正道。

7·22 子曰:"三人行,必有我师焉。择其善者而从之,其不善者而改之。"

这一章大家都比较熟悉。一般的理解是,路上有三个人,其中一定有我的老师。选择好的学习,不好的改正过来。朱熹《论语集注》说:"三人同行,其一我也。彼二人者,一善一恶,则我从其善而改其恶焉,是二人者皆我师也。"又引尹氏曰:"见贤思齐,见不贤而内自省,则善恶皆我之师,进善其有穷乎?"按照朱子与尹氏的解释,"三人"包含自己和其他两个人,这两个人一个是好人,一个是坏人,跟着好人学善,对坏人要引以为戒。无论好人还是坏人,对自己来说都有帮助,一个是正面的,一个是反面的。从这方面来看,这一章还是体现了孔子谦虚好学的精神。

其实,在我看来,这里的"三人"并不一定是确数,也可以说是多人。"行"是行事,做事。每个人总有考虑不周的地方,千万不要觉得自己很完美。要尊重他人的意见,善于吸收合理化建议,见贤思齐。好人是我们的老师,坏人对我们是反面教材。

7·23 子曰:"天生德于予,桓魋其如予何?"

桓魋(tuí),宋国的司马。《史记·孔子世家》记载:"孔子去曹适宋,与弟子习礼大树下。宋司马桓魋欲杀孔子,拔其树。孔子去。弟子曰:'可以速矣。'孔子曰:'天生德于予,桓魋其如予何?'"桓魋组织一帮人围攻孔子,当时孔子和弟子在一棵大树下学习礼。桓魋就砍树,想要迫使孔子赶快离开宋国。孔子这时候说,我的福报是桓魋能管得了的吗?"天生德于予","德",杨伯峻解释为"品德"。《礼记·哀公问》里讲"百姓之德",郑玄解释"德"为福,即福德、福报。郑玄的注解很符合此处"德"的意义。孔子的意思是我的福报是你桓魋能奈何得了的吗?是你小人能干涉得了的吗?

子夏说:"死生有命,富贵在天。"你的福报,你在一生之中到达一个什么样的层次,不是由自己决定的,这是儒家的天命观。天命不可违,正如朱子《论语集注》所言:"魋欲害孔子,孔子言天既赋我以如是之德,则桓魋其奈我何?言必不能违天害己。"

7·24 子曰:"二三子以我为隐乎?吾无隐乎尔。吾无行而不与二三子者,是丘也。"

这句话是孔子讲给学生听的。孔子说,你们以为我有隐瞒吗?我对你们没有什么可隐瞒的。我所知道的没有不告诉你们的,这就是我的为人啊!

我当老师这么多年,对教师这种职业有个很深的体会,作为一名老师,想把他知道的最好的东西都告诉学生,让学生都学好,都能超过老师。这是我的真实感受。我在北京师范大学做博士后期间,受到晁福林先生的亲切指导,我非常感激。我居住的博士后公寓距离著名历史学家刘家和先生的居室仅有十几米,因此我就有了向先生请教的便利条件。我每一次去先生家里,先生对我的指导,如果用心整理,就是一篇重要的学术论文。先生对我没有隐瞒,他把他的学术研究心得、研究方法不加保留地告诉我。从名分上说,先生并不是我的指导老师,但是先生为人师的风范,深刻诠释了孔子"吾无隐乎"的人师境界。

孔子之所以有此答,肯定是因为有弟子以为孔子有隐瞒,有弟子有此问。陈亢就问过孔鲤:你父亲教给你的和教给我们的是一样的吗?透过陈亢之问,我们知道确有弟子以为老师给自己的儿子或者别的弟子开小灶。

有一俗语说："赠人玫瑰，手有余香。"但是在现实生活中，赠人玫瑰，手里不一定有余香，有时候还可能会被刺扎伤。你无私地帮了别人，别人却对你有误解，这是很可悲的。

你们这些孩子是不是以为我有隐瞒？我没有任何隐瞒，我没有什么不能告诉你们的，这就是我孔丘。圣人的气象、圣人的胸怀，在这里又一次体现出来了。但即使是这样，未必有人能够深察孔子的内心，未必有人理解孔子的所为。圣人功德这么大，都有人误解他，更不要说我们这些平凡人了。有人误解了你，或者有人和你发生了冲突，那就学圣人，尽可能淡然处之就是了。"人不知而不愠"，说的就是这个意思。

7·25 子以四教：文，行，忠，信。

这一章的意思是，孔子教学生的内容是：文，行，忠，信。

"文"包括诗书礼乐，也包括博学、审问、慎思、明辨、笃行的进学方法与道理。教给学生知识是基础，还要告诉学生道理，道理有时候比知识更重要。韩愈讲师者，传道、授业、解惑也，把传道放在首位。

"行"是行事、做事，指社会实践。有了知识，懂了道理，但是如果没有社会实践，不知道如何在社会上做事，学就没有转化为行。

"忠"是忠以待人、诚以待人。朱熹解释忠恕之道的"忠"，称"尽己之谓忠"。"忠"就是"尽己"，有多大本事，使多大力量，不隐瞒，也不夸大。

"信"与"忠"相对应。"忠"是待人,"信"是律己。对别人要实实在在,对自己要严格要求。

"文,行,忠,信"四教,"文"与"行"侧重知识、道理和行为方式的教育,"忠"与"信"侧重道德、德行教育。四教合起来,知行统一,尊德性与道问学统一,可见孔子的教育是非常全面的。程颐解这一章,说"教人以学文修行而存忠信也"。

7·26 子曰:"圣人,吾不得而见之矣;得见君子者,斯可矣。"子曰:"善人,吾不得而见之矣;得见有恒者,斯可矣。亡而为有,虚而为盈,约而为泰,难乎有恒矣。"

本章是孔子对几种层次的人做出的评价。孔子评说圣人与君子,有两层含义。第一层含义是地位上的。在孔子之前,特别是春秋霸政之前,圣人和君子还不是道德意义上的,圣人对应天子,君子对应诸侯与大夫。在孔子视域中,圣人还包括更远的尧、舜、禹等古代圣王。圣人无论是在时间上还是地位上,都与常人距离遥远。但是作为君子的诸侯与大夫,常人是可以见到的。这是第一层意思。第二层含义指人的德行。孔子虽然承认有"生而知之者",但是他没有见过,他也不认为自己是"生而知之者",而认为自己是"学而知之者"。"生而知之"和"学而知之",可以分别对应圣人和君子。孔子说,我没有见过"生而知之者",我见过"学而知之者",意思是我没有见过圣人,我只见过君子。

"善人,吾不得而见之矣;得见有恒者,斯可矣。""善人"

是品行好的人，"有恒者"是持之以恒、坚守品质的人。孔子说，现在见不到善人了，能见到致力于向善的人就不错了。既然圣人与善人都很难见到，只能见到君子与有恒者，那么就应该做有恒者，致力于君子之道。孔子认为，有三种情况会威胁到君子和有恒者，即"亡而为有，虚而为盈，约而为泰"，没有装作有，空虚装作充实，贫困装作奢华。在学习和修身的道路上，我们也会遇到这三种人，但伪装的面子迟早是要露馅的，所以孔子说"难乎有恒"，不能持久。孔子告诉我们要诚实，实实在在做人。对于"有恒"，我们补充一点，《孟子·梁惠王上》记载："无恒产而有恒心者，惟士为能。若民，则无恒产，因无恒心。"如果百姓没有恒久的产业，就会出问题。只有受过教育的人，遇到穷困的时候才不改其志。"恒"必须是有一定修养、成为士君子的人才能做到。

我们从这一章可以看到孔子对圣人与善人的人格向往，以及在成就君子之路上需要注意的三种不良倾向。

7·27 子钓而不纲，弋不射宿。

本章理解起来不难。一条条地钓，是钓鱼；在河中间拉一张大网，大鱼小鱼全部收入网中，叫纲。钓与纲的区别在于，一个是适量获取，一个是大小全收。"子钓而不纲"，孔子钓鱼，不用网捕鱼。"弋(yì)"，用生丝系的箭。"弋不射宿"，孔子不射晚上归巢之鸟。

朱熹《论语集注》引洪氏曰："孔子少贫贱，为养与祭，或不得已而钓弋,如猎较是也。然尽物取之,出其不意,亦不为也。此可见仁人之本心矣。待物如此,待人可知;小者如此,大者可知。"本章体现了孔子的仁爱精神,用今天的话说,就是生态保护、可持续发展的理念。大家知道,国家海洋局在渔业生产方面,每年都设置一个禁渔期。古代也有禁渔期,《孟子·梁惠王上》记载,"数罟不入洿池,鱼鳖不可胜食也;斧斤以时入山林,材木不可胜用也"。古人已经有了可持续发展的理念。

我们应该向孔子学习,善待生物,善待一切生命,不得已索取的时候,也是按需索取、适量索取,保证生态环境的可持续发展。善待环境,善待生物,也就是善待自己。但是某些人可能认为,只要我得了利益,哪管其他人怎么样;至于为后人造福,更是遥远的事情。因此,社会上必须弘扬孔子的生态环境保护思想,只有更多人具有这种理念,社会才会发展得更好。

7·28 子曰:"盖有不知而作之者,我无是也。多闻,择其善者而从之,多见而识之,知之次也。"

"不知而作",是不知其理而妄作。孔子说,我不是这样的人,言外之意,孔子是"知而作"。本篇第一章,孔子说自己是"信而好古,述而不作",由此可知,孔子的作是建立在对古代的文化熟悉与继承的基础上的。"多闻,择其善者而从之,多见而识之",多听,选择好的传下来;多看,看完记下来,这就是"学而知之"。"知之次也"是倒装用法,意思是我的这种"知"是次于"生而知之者"的。我们从这段话可见,孔子坚持自己是"学而知之"的人,择善而从,多见而识。

7·29 互乡难与言,童子见,门人惑。子曰:"与其进也,不与其退也,唯何甚!人洁己以进,与其洁也,不保其往也。"

这一章讲"互乡"这个地方的人,不好打交道,说话不好听。"童子见,门人惑",童子是小孩,他想见孔子,孔子就见了他。弟子们感觉到困惑,认为孔子不该见小孩。这个地方的大人都不好交往,小孩也就更不懂事了。孔子说:"与其进也,不与其退也,唯何甚!人洁己以进,与其洁也,不保其往也。"

朱熹说此处的竹简可能有错简或者有阙文。我认为其实这样也能顺读下来。你有学问,别人想跟你交往,这不是寻求进步的表现吗?"与"是赞成的意思。赞成他的进步,不赞成他的退步,何必做得太过!人家都到家门口了,你还不见吗?这种理解是可以讲通的。

"人洁己以进,与其洁也,不保其往也",人家来见你,而且是梳洗打扮后很庄重、很正式地来拜见你,看其诚意也要见一见。不要对他以前的事情太在意,也不要揪住以前不放,不能一棍子打死,不给别人翻身的机会,要适可而止。这段话讲孔子对待他人包容宽厚,人只要想进步,就给他机会。所以我们经常讲,与人方便,与己方便,有容乃大。

7·30 子曰:"仁远乎哉?我欲仁,斯仁至矣。"

这一章和上一章看起来没有什么关系,可是如果连起来读,是可以贯通的。仁者宽以待人,帮助他人进步就是仁的表现。仁离我们很远吗?其实不远,如果想去做仁者之事,仁就到了。无论别人以前怎么样,只要虚心学习,大家给他提供帮助,他可能就成为好人;但是如果拒绝了他,他就有可能去做坏事。

朱子曰:"仁者,心之德,非在外也。放而不求,故有以为远者;反而求之,则即此而在矣,夫岂远哉?"程子曰:"为仁由己,欲之则至,何远之有?"孟子讲:"由仁义行,非行仁义。"从仁义出发,而不是做仁义的事情。从仁义出发,是发自内心的;做仁义的事情,可能有伪善的成分。无论孔孟,还是程朱,皆以为人是行仁的主体,只要想去做,并且付诸行动,就可以做成仁者之事。上一章互乡童子请见孔子,孔子还是见了,体现了孔子的助人向善、行仁之举。所以,把这两章结合起来读,就更容易理解孔子的做法了。

7·31 陈司败问昭公知礼乎?孔子曰:"知礼。"孔子退,揖巫马期而进之,曰:"吾闻君子不党,君子亦党乎?君取于吴为同姓,谓之吴孟子。君而知礼,孰不知礼?"巫马期以告。子曰:"丘也幸,苟有过,人必知之。"

"陈司败",陈国官员。朱子认为"司败"指司寇。"揖

(yī)",拱手礼。陈司败问孔子,鲁昭公知礼吗?孔子答,"知礼"。孔子走后,陈司败给孔子的弟子巫马期作了个揖,问巫马期:"我听说君子不偏袒,难道孔子也偏袒吗?鲁昭公娶同为姬姓的吴国公主,不敢称其吴姬,而称为吴孟子。鲁君如果知礼,还有人不知礼吗?"巫马期把陈司败的话告诉了孔子。孔子说:"我是幸运的人,有了过错,人家给指了出来。"

我们推测,这段对话可能是在孔子周游列国时发生的。孔子到了陈国,陈司败仰慕孔子的名气,前来拜访,或者来探一下孔子的底,于是给孔子出了一个考题,结果孔子答错了。在提问之前,陈司败知道鲁昭公娶吴国公主是违背周礼的,结果孔子却给出了肯定的答案,认为鲁昭公知礼。在陈司败看来,孔子不可能不知道这事,于是,他又跟巫马期询问。古代同姓不婚,吴与鲁都是姬姓国,不能通婚。鲁昭公却坏了规矩,娶了吴国公主,为了掩人耳目,不敢叫吴姬,叫吴孟子。巫马期一听,别人把鲁君隐晦的事给揭露了出来,只好如实告诉孔子。

孔子以诗书礼乐教弟子,怎么可能不知道鲁昭公娶吴国公主是违背周礼的?这里,孔子是有难言之隐的。朱子解释得对,他说:"孔子不可自谓讳君之恶,又不可以娶同姓为知礼,故受以为过而不辞。"孔子知道国君做错了,娶同姓违礼,但是他为国君隐瞒了这件事情,最起码不能从他口中说出来。按照他的价值取向,为国君隐瞒,是臣子之道。但是,这件事又被外人揭穿了。既然揭穿了,孔子立即承认自己做得不对。这体现了孔子的大智慧,有了过错,不要掩饰,当别人指出来后,还要感谢别人。所以,孔子说"丘也幸,苟有过,人必知之"。

这句话可以对比《论语·子张》,子贡说:"君子之过也,如日月之食焉:过也,人皆见之;更也,人皆仰之。"君子有没有过错?当然有。君子的过错就像日食、月食一样,别人都能看到。如果君子有过错,改了过来,大家会更加仰慕他。孔子对过错的态度,值得我们学习。是我的过错,要敢于承认,这是君子坦荡荡的表现。

7·32 子与人歌而善,必使反之,而后和之。

这一章的大意是,孔子与人一起唱歌,如果唱得好,一定会请他再唱一遍,然后自己会和一首。

为什么孔子觉得好,就会请他再唱一遍,而且要和一首?如朱子《论语集注》说:"必使复歌者,欲得其详而取其善也。而后和之者,喜得其详而与其善也。""复歌"是"欲得其详而取其善","和之"是"喜得其详而与其善"。孔子气象从容,诚意恳至,而后谦逊缜密,不掩人之善,值得我们反思与学习。

孔子精通乐理,"子在齐闻《韶》,三月不知肉味"。这种对音乐的痴迷程度,正是好之者、乐之者的表现。这一章显示了圣人的学习态度和方法。

7·33 子曰:"文,莫吾犹人也。躬行君子,则吾未之有得。"

前面有几处讲过"文"。"文"不能只理解为书本的知识,还应该理解为诗书礼乐等当时贵族必备的知识与教养。"躬行君子",指践行君子的风范。谢良佐曰:"能躬行君子,斯可以入圣。"能做到君子的标准,就是圣人了。孔子的意思是说,"文"的方面,我已经和别人差不多了,但是在践行君子的实践上,我还有很大的距离。

朱子注"犹人"为"言不能过人,而尚可以及人",不超过别人,和别人差不多。"未之有得","则全未有得,皆自谦之辞"。"文"与"行"实际上对应"知"与"行"。"知",未必能"行";"知"如人,"行"未必如人。知易行难,孔子劝人"勉其实",要谦虚谨慎,虚心好学。

7·34 子曰:"若圣与仁,则吾岂敢?抑为之不厌,诲人不倦,则可谓云尔已矣。"公西华曰:"正唯弟子不能学也。"

圣与仁是很多人向往的,但孔子从不以圣与仁自居。当时应该有人评价孔子是圣或者仁,所以才有"则吾岂敢"的自谦之辞。对圣与仁,我怎么敢当呢!我只是不知疲倦地学习做事,不知疲倦地教书育人而已。孔子的学生公西华,比孔子小四十二岁,鲁国人,他说,这一点正是弟子学不到的。

孔子"学而不厌,诲人不倦",主张学而知之,下学上达,认为这是通过自己的不懈努力实现人生价值的正途。孔子越谦虚,越努力,他的声望越高,影响越大,但无论别人怎么说,他都保持清醒,从不以圣与仁自居。从孔子的言语中我们可以推测,孔子把古代圣人作为教化的榜样,正如晁氏所言:"将使圣与仁为虚器,而人终莫能至矣。故夫子虽不居仁圣,而必以为之不厌、诲人不倦自处也。"

这一章还是讲孔子的谦虚态度,孔子自谦自己不是德行高于别人,不是悟性高于别人,不是爱心高于别人,而是对于学习痴迷的态度、好学的精神高于别人。

7·35 子疾病,子路请祷。子曰:"有诸?"子路对曰:"有之。《诔》曰:'祷尔于上下神祇。'"子曰:"丘之祷久矣。"

孔子生病了,子路想替他祈祷,结果这个事让孔子知道了。孔子问子路,有没有这回事?子路说,有这回事。不光有,还有诔(lěi)文。什么是诔文?祭祀或祷告的时候,把想求的事或者神写出来。《诔》曰:"祷尔于上下神祇(qí)。""祇",地神。北京地坛有座皇地祇神殿,是明清皇帝祭祀地神的地方。子路说,我向天地神祇祷告了。孔子说,我也祷告很久了。

子路向天地神祇祷告,闹出很大动静,很可能是因为孔子生了大病,他想让老师尽快好起来。孔子觉得不妥,但是又不能批评子路,只能说,我也祷告很久了。言外之意,祷告没有什么用。本章显示了孔子对鬼神敬而远之的态度,又体现了孔子对于子路出于好心为他祷告而做出的委婉拒绝。

7·36 子曰:"奢则不孙,俭则固。与其不孙也,宁固。"

本章意思是,孔子说:"奢侈显得傲慢,俭朴显得寒碜。与其傲慢,宁可寒碜。"

"孙",顺也,谦逊。朱子注:"奢俭俱失中,而奢之害大。"追求奢侈、奢华的人,一般比较傲慢;太过于节俭的人,一般比较浅陋,上不得台面。如果在奢与俭中做选择的话,孔子宁愿选择节俭,也不要奢华。

孔子是很低调的人。大家注意,为什么孔子褒扬疏食饮水的颜回?就是因为俭能养德,奢会败性。春秋贵族的衰落,就是因为他们失去了礼的约束,下级用上级的礼乐,这就是"奢则不孙"。所以,孔子说这句话,有针砭时弊的意味。

7·37 子曰:"君子坦荡荡,小人长戚戚。"

"坦"就是平,"荡荡"就是宽广。君子心胸开阔,心地平坦宽广,泰而不骄。《大学》篇中的"心广体胖",就是讲体态安适,与"坦荡荡"是一样的。"戚戚"是有许多小心思,心里狭促。敞亮还是狭促,是君子和小人的区别,敞亮是因为无私,狭促是因为有私。《论语》里面有很多君子和小人的对比,其根本就在于无私还是有私。

7·38 子温而厉,威而不猛,恭而安。

"厉",严肃。"温而厉",待人既温和又严厉。"威而不猛",有威严但不莽撞。"恭而安",对别人恭敬而又安适。如果温做不到厉,威做不到不猛,恭做不到安,就属于偏执了。朱子《论语集注》:"人之德性本无不备,而气质所赋,鲜有不偏,惟圣人全体浑然,阴阳合德,故其中和之气见于容貌之间者如此。门人熟察而详记之,亦可见其用心之密矣。抑非知足以知圣人而善言德行者不能也,故程子以为曾子之言。"

《述而》篇共三十八章,从学开始,孔子热爱古代文化,相信这种文化传统,故将其继承下来,并谦虚地说"述而不作",自己还有同道中人。下面有多章讲"学而不厌,诲人不倦","三人行,必有我师焉。择其善者而从之,其不善者而改之",都是一种谦虚的话。孔子教学生没有任何隐瞒,孔子的好学、孔子的为人处世,都蕴含了不偏不倚的中和之道。对于犯过错误的人、不好交往的人,孔子都可以泰然处之。本篇最后,以"温而厉,威而不猛,恭而安"收尾,圣人的中和气象,跃然纸上。

泰伯第八

孔德立 解读

《泰伯》是《论语》的第八篇,共二十一章。这一篇的主要内容是赞颂古代贤达,讲述为君治民及修身为政之道。对古代圣贤的赞颂,是为了启示孔子时代的当权者修身与为政,也是为后世治理天下者立言。

8·1 子曰:"泰伯,其可谓至德也已矣!三以天下让,民无得而称焉。"

本章的意思是,孔子说:"泰伯,那可以说是品德最崇高的了,三次把天下让给季历,老百姓简直找不出恰当的词语来称赞他。"

"至德",最高的品德与人格。开篇孔子给了泰伯最崇高的评价。"三以天下让","三",杨伯峻先生解释为"屡次",如果看历代的著述,此处确实就是三次。当然,我们不用拘泥于到底是几次,总之他把天下让给了季历。"让天下",孔子认为是最高的德行。老百姓之所以找不到用什么词语来称赞他，是因为无论多么华丽的语言都无法形容泰伯高大伟岸的德行。

为什么孔子对泰伯评价这么高？泰伯是谁？孟庙里有一道门叫"泰山气象门"，形容孟子泰山岩岩之气象。泰山的"泰"在古代通太平的"太"。我们在有些地方可以看到"泰伯"就写成"太伯"。"太"在古代又与"大"相通，故"泰""太""大"这三个字可以互用。泰伯就是大伯，长子。那么，他是谁的长子？他是古公亶父的长子。古公亶父生活在先周时代（周朝没有建立的时候，历史上称为先周时代），他把周族从豳地迁到了岐山。豳地即今陕西旬邑一带。他为什么要迁？因为他把原来的地方让给了北方的少数民族。北方的少数民族过来了，他们没地方居住，然后古公亶父就把周族的地方让给了他们，自己带着百姓往南迁移。

以前我们研究古代中原民族与北方游牧民族的战争时，经常好奇北方游牧民族为什么总是南下。气象学家竺可桢先生通过对中国北方地区古代气象的研究，解析了北方游牧民族和中原农耕民族之间战争的规律。当年平均气温降低到一定温度时，北方该长牧草的地方就不长了，游牧民族的牛羊就会冻死、饿死。为了生存，他们就要逐水草而居，往温度较高的南部迁移。过了燕山山脉，就进入了周族的统辖之地。进来之后，双方必然会发生冲突，爆发战争。历史上农耕民族和游牧民族的战争与气象变化有很大的关系。古公亶父面对游牧民族的南迁，没有阻拦，而是率百姓迁到了岐山，这也为下一步周族在渭河平原建立政权奠定了基础。

古公亶父有三个儿子：老大泰伯，老二仲雍，老三季历。季历的儿子昌，就是后来的周文王。文献记载，古公亶父想传位给姬昌。这样他就要先传位给季历，季历再传位给姬昌。但是有老大、老二在，怎么办呢？所以，老大、老二就要离开。关于泰伯的离开，有两种说法。

第一种说法，泰伯和他父亲的关系是相当好的，他为了让父亲实现心愿，主动离开，而且他不光自己走，还把他的弟弟仲雍也带走了。因为如果他走了，古公亶父还要在老二仲雍与老三季历之间选择；如果两个人都走了，就只能传位给季历了。泰伯和仲雍跑去哪了呢？跑到了荆蛮地区，就是今天的湖北，后来又到了勾吴。泰伯就是吴国的始祖，这叫"泰伯奔吴"。泰伯没有后人，死了之后，吴的政权就传给了仲雍。

第二种说法来自《左传》。《左传·僖公五年》记载："大伯、虞仲，大王之昭也；大伯不从，是以不嗣。"大伯就是泰伯，虞仲就是仲雍，大王就是太王，即古公亶父。这句话的意思是，泰伯、仲雍是古公亶父的长子和次子，泰伯不听从父命，因此古公亶父不把位置传给他，于是他离开了。

一种说法是主动走的，一种说法是被动走的。主动走的说法中，还有一个感人的故事。泰伯为了顺从父亲古公亶父的意愿，就在古公亶父生病的时候，以采药为名，带着二弟去了南方，隐居不归。古公亶父、季历就派人来找他们。找到之后，他们也不回去，这叫一让。古公亶父去世后，季历来给他们报丧，问泰伯，父亲死了你还不回去吗？泰伯还是不回去，这叫二让。后来季历直接挑明说,我不要王位,只想要你回去。泰伯还是不回去,这叫三让。

武王灭商之后,派人去找泰伯和仲雍的后人。后来找到了仲雍的后人周章,然后周天子正式册封周章为吴国国君。前面《述而》篇我们讲了伯夷、叔齐"求仁而得仁,又何怨"。伯夷在《史记》的《列传》里是首篇,泰伯在《世家》里也是首篇,即《吴太伯世家》。我们发现孔子对泰伯、伯夷都非常尊重,这对后来司马迁写《史记》是有影响的。

8·2 子曰:"恭而无礼则劳,慎而无礼则葸,勇而无礼则乱,直而无礼则绞。君子笃于亲,则民兴于仁;故旧不遗,则民不偷。"

前四句的行文格式是一样的,后面有点变化,所以有的学者认为应该分成两章。朱熹就认为应该分成两章,杨伯峻认为应该作为一章。我们还是作为一章来解读。

"恭而无礼则劳","恭"是恭敬、谦敬;"礼"是秩序,依礼而行;"劳"是徒劳。如果端庄、恭敬,但是不依礼而行也是徒劳。"慎而无礼则葸(xǐ)","慎"是谨慎小心;"葸"是畏惧。如果谨慎小心,但是不依礼而行就会变得唯唯诺诺。"勇而无礼则乱","勇"是勇悍、果敢。如果勇悍无畏,但是不依礼而行就会闯祸。"直而无礼则绞","直"是刚直,心直口快,不加掩饰;"绞"本义是绳子两股相交,引申为不合就会发生矛盾,容易得罪人。如果心直口快,但是不依礼而行就容易得罪人,引发矛盾。不依礼而行,即使有恭、慎、勇、直的美德,也不能够恰当地展现出来。

我们将前四句话连起来看,注重容貌态度的恭敬,不依礼而行,就未免劳倦。只知道谨小慎微,不依礼而行,就流于畏惧懦弱。专凭敢作敢为的胆量,不依礼而行,就会盲目闯祸。心直口快,不依礼而行,说话就会尖刻伤人。在孔子的弟子中,子路大概就属于"直而无礼"的人,故孔子说"野哉,由也"。

"君子笃于亲,则民兴于仁","笃",意思是坚持做、不动摇。《中庸》讲"博学之,审问之,慎思之,明辨之",最后是"笃行之"。前面博学、审问、慎思、明辨,但是如果不能持之以恒地坚持下去,也不会成功。"君子笃于亲,则民兴于仁"是说,为政者用深厚的情感持之以恒地善待亲族,做到孝悌,百姓就会走向仁德之路,民风淳朴,互敬互爱。

"故旧不遗,则民不偷","旧不遗",就是不遗旧。"旧"即旧臣,用今天的话说,就是退休的人。"旧不遗",就是不忘记以往的人创立的功业,尊重与善待曾经做过事的人。"旧不遗"是"民不偷"的前提。"偷"解释为"薄","不偷"就是不薄,引申为不苟且、不偷懒。对旧臣都念其旧功,那在职的人就"不偷",会努力工作,不苟且。

在上位的人能用深厚的感情来对待亲族,老百姓就会走向仁德。在上位的人不遗弃他的老同事、老朋友,老百姓就不至于偷懒、苟且,不至于待人冷淡无情。这就是为政之道。

北宋有位学者吴棫说:"君子以下,当自为一章,乃曾子之言也。"他认为"君子笃于亲,则民兴于仁;故旧不遗,则民不偷"这句话和曾子的话非常相近。在《论语·学而》篇中,曾子曰:"慎终追远,民德归厚矣。""慎终追远"不就是"旧不遗"吗?"民德归厚"不就是"民不偷"吗?所以,吴棫的解释是有道理的。朱熹也认为应该这样,他说:"此一节与上文不相蒙,而与首篇慎终追远之意相类,吴说近是。"关于分章问题的讨论,置于此处供大家参考。

8·3 曾子有疾,召门弟子曰:"启予足!启予手!《诗》云:'战战兢兢,如临深渊,如履薄冰。'而今而后,吾知免夫!小子!"

这段话很像是曾子的临终之言。下一章讲"曾子有疾,孟敬子问之。曾子言曰:'鸟之将死,其鸣也哀;人之将死,其言也善。'"可能也是曾子的临终之言。我们先看本章。

"曾子有疾",就是曾子病了。"召门弟子曰",召集他的弟子到身边来。"启"是"开"的意思。"启予足!启予手!"是怎么一个姿势?是他给弟子看他的手,看他的脚。怎么理解?大家想,我们去医院看望病人时,一般情况下病人是躺在床上的,身上盖着被子。"启"就是把被子打开。朱熹的解释是"故于此使弟子开其衾而视之"。"衾"有两个意思,一个是被子,一个是尸体入殓时盖尸的单被。活人用"衾",指被子。打开被子,你们看看吧,我的手、脚都没有问题。

"战战兢兢,如临深渊,如履薄冰",诗句出自《诗经·小雅·小旻》。这首诗的最后几句是:"不敢暴虎,不敢冯河。人知其一,莫知其他。战战兢兢,如临深渊,如履薄冰。"不敢跟老虎徒手搏斗,不敢不用船渡河,一路小心,战战兢兢,胆怯害怕,就像站在深渊的边上担心滑进去,踩在薄薄的冰上担心掉下去。这首诗是说人做事要小心翼翼。"如临深渊"的"渊",杨伯峻先生解释为"水坑",我认为水坑不如水潭贴切,幽深的水潭才会让人有恐惧感。曾子引这句话是告诫弟子要小心,不要蛮干。你们看看我,快到生命的终点了,但我的手、脚还好好的。我这一辈子,战战兢兢,如临深渊,如履薄冰,害怕犯错误,害怕身体有所损伤。曾子以保全他的身体为自豪,将死的时候,以此反复叮嘱学生。

程颐说:"君子曰终,小人曰死。君子保其身以没,为终其事也,故曾子以全归为免矣。""全归"指毛发、手足是全的。尹氏说:"父母全而生之,子全而归之。曾子临终而启手足,为是故也。非有得于道,能如是乎?"我们生下来的时候身体是全的,我们走的时候身体也是全的。曾子特别讲究孝道,他认为保全身体是孝敬父母的重要内容。

本章我们可以结合《为政》篇"孟武伯问孝"一起理解。"孟武伯问孝。子曰:'父母唯其疾之忧。'""父母唯其疾之忧",意思是父母什么都不担心,只担心我们的身体。如果我们连身体都不让父母担心,不就是孝吗?所以保全身体不出问题,不惹事,是一种孝道。我们再对比《述而》篇"子之所慎:齐,战,疾",祭祀、战争、疾病都需要慎重。战争和疾病都会损伤身体甚至是生命,所以对战和疾慎重也是为了保全身体。我们的身体不光属于自己,也属于父母,因为如果我们的身体出了问题,父母就会担心,让他们担心就是不孝。这段话和曾子的孝道是一以贯之的。

8·4 曾子有疾,孟敬子问之。曾子言曰:"鸟之将死,其鸣也哀;人之将死,其言也善。君子所贵乎道者三:动容貌,斯远暴慢矣;正颜色,斯近信矣;出辞气,斯远鄙倍矣。笾豆之事,则有司存。"

本章是曾子快去世的时候,跟他的贵族弟子孟敬子讲如何修身为政。

曾子生病了,孟敬子来看望他。上一章我们谈到了孟武伯,孟敬子是孟武伯的儿子。曾子说:"鸟之将死,其鸣也哀;人之将死,其言也善。"鸟快死的时候,鸣叫声很哀戚;人要死的时候,说的话是善言。曾子说这句话是为下面的话做铺垫。

曾子接着说:"君子所贵乎道者三。""贵"就是重。君子应该注重三项内容。第一个就是容貌,"动容貌,斯远暴慢矣"。朱熹《论语集注》:"容貌,举一身而言。"容貌不仅指面貌、穿着,还包括人的行为。"暴"指粗暴。"慢"指放肆、过分。这句话是说君子的礼仪行为应该"远暴慢",要文质彬彬。第二个是颜色,"正颜色,斯近信矣"。端正自己的神色,就容易让人相信;神色不端正、太随便,那说的话可能就没人信。第三个是语言,"出辞气,斯远鄙倍矣"。"辞",言语。"气",发声。说话的时候,多考虑语言与声调,就可以避免粗野与错误。

"笾豆之事,则有司存","笾",古时祭祀和宴会用以盛果实、干肉的竹器。"豆",食器,形似高足盘,或有盖;新石器时代晚期开始出现,盛行于商周,多陶质,后世也作礼器。笾、豆都指祭祀时盛东西的礼器,"笾豆之事",指祭祀的事务。作为一个贵族、一个上位者,像祭祀这类事情,自会有专门的人员去做,你不要去管。

作为执政者,先做好自己应该做的事情,注重容貌、颜色、辞气,使其恰到好处,这是修身之要、为政之本。至于具体事务,不要亲自去做,也不要干涉。

8·5 曾子曰:"以能问于不能,以多问于寡;有若无,实若虚,犯而不校,昔者吾友尝从事于斯矣。"

这一章的意思是,曾子说:"有能力却向没有能力的人请教,知识丰富却向知识欠缺的人请教;有学问像没学问一样,满腹知识像空无所有一样,纵被欺负也不计较,从前我的一位朋友就是这样做的。"

曾子的这段话也是讲修身,强调修身要谦虚。《论语·述而》篇"三人行,必有我师焉。择其善者而从之,其不善者而改之",与本章的意思近似。不要认为自己什么都懂、都会,要"能问于不能""多问于寡"。自己有能力,还向没有能力的人请教;自己掌握的知识很丰富了,还向知识欠缺的人请教,这是一种什么样的境界呢?实际上,这就是不耻下问的求学精神与谦虚的治学态度。自己有学问像没学问一样,自己一肚子知识像没有一样,自己纵使被欺负了也一笑了之,这可不是一般人可以达到的境界。

中国人讲"以德报德""以直报怨",为什么不是"以怨报怨",而是"以直报怨"?"直"是事物的是非曲直,背后的理念是天理人心。"以直报怨"比"以怨报怨"境界高:"以怨报怨"是直接回击,只要对自己不好,就要回击;"以直报怨"是要区分事物的是非曲直,看起来没有直接回击,但是天理人心在己,不计较一时之得失。

"昔者吾友尝从事于斯矣","昔"指以前,是说以前有,现在没了。"吾友"指颜回。曾子说这句话的时候颜回已经去世了。曾子说,我以前的一个老朋友就是这样做的,"以能问于不能,以多问于寡;有若无,实若虚,犯而不校"。在孔子弟子中,也就是颜回有这种品质了。这段话是曾子价值观的表达,也是对颜回的追忆。

8·6 曾子曰:"可以托六尺之孤,可以寄百里之命,临大节而不可夺也。君子人与? 君子人也。"

本章是名言,大家应该都很熟悉。可以把幼小的孤儿和国家都托付给他,面临安危存亡的紧要关头也不动摇屈服,这种人是君子吗? 是君子啊! 设问,自答,进一步强调这种人是君子。

"六尺之孤"是不满 1.38 米的孤儿。《晏子春秋》记载,晏子"长不满六尺",个子不高。他有一个车夫,长得很高大,因为给国相驾车,车夫就很得意,经常趾高气扬地招摇过市。后来,车夫的老婆批评他,说晏子虽然个子矮,但是身为国相,为人谦虚,你虽然个子高,却是人家的车夫。所以,应该摆正位置,不要借助国相的职位炫耀自己。

"托六尺之孤"的"孤",不是指简单的、一般的孤儿,有可能是国家的继承人。古代的托孤,寄托了一种很重要的职责在里面,像刘备托孤。"寄百里之命","百里"代指国,古代的国不大。"寄百里之命"就是把这个国托付出去。托孤寄命,这都是大事,把幼小的孤儿和国家都托付给他,这是把国家的希望与未来交给了他。

"临大节而不可夺",面临危急关头不动摇。什么叫危急关头？涉及自己的身家性命和国家命运的时候,就叫危急关头。"托六尺之孤""寄百里之命"都是面临紧急关头,绝不是一般情况的托付。

"君子人与？君子人也。"这里的君子指为政者,不是道德意义上的君子。朱熹《论语集注》说："其才可以辅幼君、摄国政,其节至于死生之际而不可夺,可谓君子矣。""托六尺之孤"意为"辅幼君","寄百里之命"意为"摄国政",辅佐幼孤幼主。即使到了危急关头,也要"临大节而不可夺",不能动摇,要辅佐好幼主,管理好国家。不能认为幼君弱小,国家不大,就去投靠别人。诸葛亮之所以得到尊崇,就是因为他被托孤寄命,在刘备去世以后,他治理蜀汉兢兢业业、殚精竭虑。刘禅能力有限,诸葛亮完全可以取而代之,但是他对自己的定位非常清楚,就是相,就是来完成托孤寄命任务的,无论怎么样都不会动摇。

8·7 曾子曰:"士不可以不弘毅,任重而道远。仁以为己任,不亦重乎? 死而后已,不亦远乎?"

本章的意思是,曾子说:"士不可以不刚强有毅力,因为他负担沉重,路途遥远。以实现仁德于天下为己任,不也沉重吗? 到去世的时候才算完成任务,不也是很遥远吗?"

这句话可以分为两层,第一层是"士不可以不弘毅,任重而道远",后面一层是来解释为什么"任重而道远"的。杨伯峻先生将"士"解释为读书人,我认为不妥。在宗法分封时代,"士"是比大夫低一级的贵族,是基本的武装力量。也就是说,贵族阶层的具体事务都是由士人来完成的。古代的"士"要掌握"六艺":礼、乐、射、御、书、数。射是射箭,御是驾车,是军事技能。所以,如果仅仅把"士"理解为读书人,就忽略了"士"的武力内涵。

"士不可以不弘毅","弘"是宏大宽广,"毅"是强忍,"弘毅"就是刚强有毅力。说一个人刚强有毅力,是指他能坚持。很多事都需要坚持,爬山如此,工作如此,做学问也如此。有时候领导给我们任务,我们没做过,但要学会挑战自我,如果止步不前,就无法进步。特别是年轻人,一定要善于挑战。因为身上的担子不轻,所以是"任重而道远"。"任重"讲的是担子重,"道远"指这件事一时结束不了,是长期的事。这句话的意思是,只有弘毅才能完成任重道远的使命。

"仁以为己任,不亦重乎?"为什么说"重"?因为我们是以"仁"为任务的。仁者爱人,要持之以恒地对别人好是很难做到的,所以说"重"。朱熹《论语集注》说:"仁者,人心之全德,而必欲以身体而力行之,可谓重矣。"这是"重"。"一息尚存,此志不容少懈,可谓远矣",只要有一口气,就要坚持下来,直到去世的时候才算完成任务,这是"远"。

程颐曰:"弘而不毅,则无规矩而难立;毅而不弘,则隘陋而无以居之。"如果只宽广,但不能坚持,就会无规矩难成事;但如果只有毅,不宽广,就会狭隘。所以弘与毅要结合起来,"弘大刚毅,然后能胜重任而远到"。

8·8 子曰:"兴于《诗》,立于礼,成于乐。"

这句话很短,只有三个短句,但三者之间有逻辑关系,"成于乐"的前提是"兴于《诗》,立于礼"。"兴"是启,"立"是站立,挺立。孔子的教育讲究先后次序,学习从《诗》开始,再以礼立身,最后以乐相合。

为什么孔子注重从《诗》开始?我们读《论语》不要孤立地看待章句,而是要前后照应,结合其他篇章对读。《季氏》篇中孔子讲,"不学《诗》,无以言""不学礼,无以立"。这是孔子给他儿子孔鲤讲的,不学《诗》,你不知道该怎么讲话;不学礼,你不知道怎样在社会上立足。

为什么学了《诗》就知道怎么讲话呢?《阳货》篇载,子曰："小子何莫学夫《诗》？《诗》，可以兴，可以观，可以群，可以怨。迩之事父，远之事君；多识于鸟兽草木之名。"学生们，你们为什么不学《诗》呢？学《诗》可以提升各种能力，可以获得多方面的知识。《阳货》篇又载，子谓伯鱼曰："女为《周南》《召南》矣乎？人而不为《周南》《召南》，其犹正墙面而立也与？"孔子给儿子讲学《诗》的意义，问他学《周南》《召南》了没有？如果不读《周南》《召南》，相当于正面对着白墙站立，什么也不懂！

很多优美的句子来自《诗经》，读了《诗经》以后，我们的语言会更加丰富，谈吐会更加优雅。有了优美的语言，再有立身的规矩，最后用乐来把《诗》和礼合起来，搭配得当，完美的礼乐人生就成立。

朱熹《论语集注》引程子曰："天下之英才不为少矣，特以道学不明，故不得有所成就。夫古人之诗，如今之歌曲，虽闾里童稚，皆习闻之而知其说，故能兴起。今虽老师宿儒，尚不能晓其义，况学者乎？是不得兴于《诗》也。"天下聪明人很多，但是如果道学不明，悟性再高，成就可能也不大。春秋时期的诗和今天我们唱的流行歌曲一样，就算是小孩也"习闻之而知其说"，故能兴起，耳熟能详。但是到了北宋，有名的儒生尚不能晓其义，更何况一般学者，所以《诗》兴不起来。

程子曰："古人自洒埽应对，以至冠、昏、丧、祭，莫不有礼。今皆废坏，是以人伦不明，治家无法，是不得立于礼也。""洒埽应对"，即洒水扫地，这是基本的家务劳动。冠礼、婚礼、丧礼、祭礼是人生的四大礼仪。程子说，现在没人懂这些礼了。"古人之乐,声音所以养其耳,采色所以养其目,歌咏所以养其性情,舞蹈所以养其血脉。今皆无之,是不得成乐也。是以古之成材也易,今之成材也难。"古代乐教发挥了重要的教化作用,到了程子的时代,乐也消失了。

到了南宋,朱熹发现连士大夫家里都不懂礼仪了,所以他开始重新梳理礼,编订了《朱子家礼》。以家庭为单位推动冠、婚、丧、祭之礼,朱熹有大功。从南宋开始,祠堂、家庙开始建立,直到现在,南方的祠堂和家庙都要比北方保存得好。所以说朱熹不只是做出了重要的理论贡献,而且在推动礼仪建设方面发挥了重要作用。

8·9 子曰:"民可使由之,不可使知之。"

这一章在儒学史上争论比较大,其中一个争论点在于孔子有没有愚民思想。本章一般有两种解释,第一种解释,句读为"民可使由之,不可使知之",意思是对于百姓,可以让他们照着走,不可以告诉他们为什么。这是在愚弄百姓,所以体现的是愚民思想。杨伯峻先生的《论语译注》持这种观点,直到今天,还有不少学者持这种看法。但是,如果这样理解,就与孔子在其他地方讲的开发民智、鼓励礼乐教化的思想是矛盾的。

我们把《论语》前后文融会起来读,就会发现孔子的思想是一以贯之的。所以,孔子不会一方面鼓励民智,另一方面又讲愚昧百姓。为政者和百姓之间,有时候限于认识与理解的不同，为政者很难给百姓解释清楚某件事这样做的原因，这时候，只能让他们照着做，然后再慢慢解释。

古代的读书人少，识字的人也不多，按照人口比例，古代通过读书考中功名的人少之又少。唐朝时期，"三十老明经，五十少进士"。三十岁考取明经科就算是年龄比较大的了，而五十岁考取进士却很年轻。这说明明经易考，进士难得。科举考试是古代选拔人才的一种重要手段，但很少有人能考上进士。到了宋朝，重用文官，压制武官，读书人多了，但在全国占的比重还是极低的。所以只能"民可使由之，不可使知之"。当然，这样做有一个非常重要的前提，就是君子为政，所以孔子强调"君子之德风，小人之德草"，可见儒家强调培养中间阶层、精英阶层。这是第一种解释。

第二种解释，句读为"民可，使由之；不可，使知之"。1993年，湖北荆门郭店发现一座战国楚墓，里面出土了大量的儒家文献。经过整理，有一篇被考古学家命名为《尊德义》的文章里面记载了一句话："民可，使道之；而不可，使知之。民可道也，而不可强也。"这句话和本章意思是一致的。"道"，引导。孔子注重的是引导民，百姓可以做，就引导他们；如果不可以做，就让他们知道为什么。百姓可以引导，不可以强制。《尊德义》是符合儒家精神的。

《孔子家语》里有一篇《执辔》，也是讲要引导百姓。"执辔"就是拿鞭子，孔子把治国形象地比喻为驾车，而把德法看作统御人民的工具，他说："夫德法者，御民之具，犹御马之有衔勒也。君者，人也；吏者，辔也；刑者，策也。夫人君之政，执其辔策而已。"驾车驱赶马,马不听话,就用缰绳引导他。从《孔子家语》的这篇文章中,我们可以看出孔子强调治国要用引导的方法。

《论语·尧曰》篇记载:"不教而杀谓之虐;不戒视成谓之暴;慢令致期谓之贼;犹之与人也,出纳之吝谓之有司。"如果对老百姓不加教育而进行杀戮,这是虐政。这段话也是讲要注重引导教化。综合来看,孔子是没有愚民思想的。

这句话无论用哪种句读方式,都没有愚民的意思。程子曰:"圣人设教,非不欲人家喻而户晓也,然不能使之知,但能使之由之尔。若曰圣人不使民知,则是后世朝四暮三之术也,岂圣人之心乎?"古代的儒家治理社会强调的是引导,带着老百姓走,其中最重要的前提是自己先做好,如《论语·为政》篇的首章"为政以德,譬如北辰,居其所而众星共之",为政以德,才能像北极星那样,安然处在自己的位置上,别的星辰都环绕着它。

《尚书·尧典》篇记载:"克明俊德,以亲九族。九族既睦,平章百姓。百姓昭明,协和万邦。"它是像同心圆一样一点点扩大的。从中我们看出,治理社会,不要想着一下子能拯救天下人,要先管好自己,管好身边的人。儒家讲修己以敬、修己以安人、修己以安百姓,也是一步步递进的。"民可使由之"蕴含着很深的治理智慧,当民众可以做的时候,就由着他们去做。当然前提是为政者要做好,给民众做出榜样。这是古人的治理之路。

8·10 子曰:"好勇疾贫,乱也。人而不仁,疾之已甚,乱也。"

"好勇疾贫,乱也","勇",果敢、勇义。"疾",嫉妒。"疾贫",嫉妒富有的人,嫌弃自己贫困。以勇敢自喜却厌恶贫困,是一种祸害。"好勇疾贫"容易出问题,因为不满自己的贫贱,可能作乱,又因为个人勇义、有胆量,作乱更容易发生。

"人而不仁,疾之已甚,乱也",对于不仁的人,痛恨太甚,也是一种祸害。身边有一个不好的人或者坏人,大家都痛恨他,孔子说,这也是一种祸害。不仁之人,应该以风俗化之,慢慢转化,如果一棍子打死,就会把他推到对立面,可能会适得其反,引发更大的问题。

这两种乱的根源都在于小人不能约束自己。朱熹《论语集注》说:"好勇而不安分,则必作乱。恶不仁之人而使之无所容,则必致乱。二者之心,善恶虽殊,然其生乱则一也。""好勇"与"恶不仁"的人,看起来都是好人,但是如果"不安分"或"使之无所容",就会生乱。

本章对我们的人际交往有很大的启示意义,一是面对好勇的人或者我们自己好勇怎么办;二是对于身边不好的人,我们应该如何对待。

8·11 子曰:"如有周公之才之美,使骄且吝,其余不足观也已。"

周公,即周公旦。"才美",谓智能技艺之美。"骄",矜夸。"吝",鄙啬。

本章的意思是,孔子说:"假如有周公这样的才与美,但矜夸而吝啬,其他的就不用看了。"

程颐曰:"此甚言骄吝之不可也。盖有周公之德,则自无骄吝;若但有周公之才而骄吝焉,亦不足观矣。"从这里看,不骄不吝是人的美德,它甚至在才和美之上。朱熹用这个标准"尝验之天下之人",发现"未有骄而不吝,吝而不骄者也"。我们也可以用这句话来检验身边的人。

本章孔子讲一个人如果能做到才德相匹配,而且不骄不吝,才是完人。《逸周书·寤儆解》:"不骄不吝,时乃无敌。""寤",睡醒,醒悟。这是周公告诉武王的话。孔子引用周公的例子,说假如你有周公这样的才和美,但骄且吝,其他的就不用看了,有再大的本事也不行。如果一个领导"骄",则不能"致士",不能招引贤人;为政者"吝",则不能养贤。墨子主张尚贤,说不光要给贤人位置,还要给他恰当的位置、相关的待遇,还有一定的荣誉,这样老百姓才能信服他。

8·12 子曰:"三年学,不至于穀,不易得也。"

"穀",孔安国解释为"善",不太妥当,很多的注本没有采纳。"穀"应为"禄",指做官。

本章意思是,孔子说:"为学已经三年了,不去追求做官,是很难得的。"

朱熹怀疑"至"字是笔误，疑为"志"。他说："为学之久，而不求禄，如此之人，不易得也。"杨时说："虽子张之贤，犹以干禄为问，况其下者乎？然则三年学而不至于穀，宜不易得也。"像子张这样的贤人，还想去做官，何况那些不如子张的人。《史记·礼书》记载，子夏说："出见纷华盛丽而说（悦），入闻夫子之道而乐，二者心战，未能自决。"子夏也在求学与出仕之间面临抉择。

孔子不希望学生着急去做官，如果学生这样做，他会不高兴。《论语·先进》篇记载：子路使子羔为费宰。子曰："贼夫人之子。"子路推荐子羔为费宰，孔子认为子路让没有完成学业的子羔去做官，这是误人子弟的行为。我们从中可以看出，孔子不希望学生着急去做官。当时天下无道，做官实际上是帮助坏人，还不如不去。所以孔子的弟子基本上可分为两派，一派是修身，一派是安人。不愿做官的修身派继承了孔子的这种思想，时机不到不去做官，因为即使去了，统治者也不会采纳自己的谏言，如果自己屈服于无道的统治者，那就违背了自己的志向，所以宁愿不去。《孔丛子·抗志》云："屈己以富贵，不若抗志以贫贱。"宁愿贫贱，坚守自己的志向，也不要去从事自己不愿做的事情。在孔子时代，特别是孔子晚年，天下大乱，鲁哀公等人问孔子，弟子之中谁好学，孔子说已经没有好学的人了，其实就是不想推荐。总体来说，孔子主张修身为本，时候不到不要着急做官。

8·13 子曰："笃信好学，守死善道。危邦不入，乱邦不居。

天下有道则见,无道则隐。邦有道,贫且贱焉,耻也;邦无道,富且贵焉,耻也。"

这一章的意思是,孔子说:"坚定地相信我们的道,努力学习它,誓死保全它。不进入危险的国家,不居住在有祸乱的国家。天下太平,就出来做官;不太平,就隐居起来。政治清明,自己贫贱,是耻辱;政治黑暗,自己富贵,也是耻辱。"

"笃信好学,守死善道","笃",坚持,不动摇。"笃信",实实在在、持之以恒地信。"好",去声。朱熹《论语集注》曰:"不笃信,则不能好学;然笃信而不好学,则所信或非其正。不守死,则不能以善其道;然守死而不足以善其道,则亦徒死而已。盖守死者笃信之效,善道者好学之功。"无论是"笃信"还是"守死"都是以道为依托的,"守死"的前提是"笃信"。孔子的弟子子路可以说是"守死善道"的一个典型。

"危邦不入"是危险的国家不能去。只是危险,还没乱,但已经出现乱的苗头,开始走下坡路了。"乱邦不居"是已经乱了的国家也不要居住停留了。

"天下有道则见,无道则隐","见",同"现"。天下有道的时候出来做官,出来做事,安居乐业;无道的时候不去做官,隐居起来。

"邦有道,贫且贱焉,耻也;邦无道,富且贵焉,耻也","贫"指贫困,"贱"指地位低。天下太平,秩序井然,人们应该积极做事,如果不好好干,过得不好,这是耻辱。邦无道,就应该退隐,这时候如果富贵,也是耻辱。朱子《论语集注》说:

"世治而无可行之道,世乱而无能守之节,碌碌庸人,不足以为士矣,可耻之甚也。"北宋巨野人晁说之说:"有学有守,而去就之义洁,出处之分明,然后为君子之全德也。"君子如何保持全德?有道的时候积极干,无道的时候退隐起来,保全自己。人要不要出来做事,要分清时代。

这一段话可以对照《宪问》篇。原宪是天下大乱的时候隐居起来的典型,《论语·宪问》记载:"宪问耻。子曰:'邦有道,谷;邦无道,谷,耻也。'"国家政治清明,做官领俸禄;国家政治黑暗,也做官领俸禄,这就是耻辱。另见"子路问成人"章:"子曰:'若臧武仲之知,公绰之不欲,卞庄子之勇,冉求之艺,文之以礼乐,亦可以为成人矣。'曰:'今之成人者何必然?见利思义,见危授命,久要不忘平生之言,亦可以为成人矣。'"无论什么时候都要坚持做到"见利思义,见危授命"。

孔子作为圣人,无论在时间上还是空间上,都讲究中道的选择。"危邦不入,乱邦不居"是以空间而言的,"邦有道""邦无道"是以时间而言的。

本章判断"入"还是"不入","见"还是"隐","贫贱"还是"富贵"的标准是"道",是这一章的第一句话"笃信好学,守死善道"。没有前面这句,后面的都做不到。它给我们的启示是要坚定"四个自信":道路自信、理论自信、制度自信和文化自信。《论语·述而》篇的第一句话"述而不作,信而好古"就是孔子的文化自信;孔子坚持恢复周礼的礼乐秩序,是一种制度自信;他相信修己安人的理论设计,是理论自信。我们从这一章可以看出孔子对道的自信,对道德的坚守。

8·14 子曰:"不在其位,不谋其政。"

此章表达的是要各司其职,同时要在其位,谋其政。孔子说:"不在这个位置上,不做这个事情。"如果把"不"去掉,就是"在其位,谋其政"。"谋",考虑。"政",事也。《宪问》篇有一章与此句重复:"子曰:'不在其位,不谋其政。'曾子曰:'君子思不出其位。'"

孔安国解释这章为"各专一于其职"。"不在其位,不谋其政",指人在这个位置上要专一做好这件事。清代戴望说:"位大言大,位小言小。"职位高就谋大事,职位低就做小事,不要僭越。当老师要教好书,管理人员要把单位行政事务做好,这就是在其位,谋其政。如果不在其位而谋其政,心里会很忐忑。孔子说:"知我者其惟《春秋》乎!罪我者其惟《春秋》乎!"他之所以有这种忐忑,就是因为不在其位。作《春秋》应该是天子的事情,但是当时天子有位无德,圣人有德无位,孔子想把这个事承担起来,所以才发出了这种感叹。北宋程颐说:"不在其位,则不任其事也,若君大夫问而告者则有矣。"不在其位就不管其事。孔子讲君君、臣臣、父父、子子,就有各司其职、各安其位的意思。《子路》篇讲"名不正,则言不顺;言不顺,则事不成","名不正",即位不正。

8·15 子曰:"师挚之始,《关雎》之乱,洋洋乎!盈耳哉。"

本章讲音乐。"师",太师,乐官。"师挚",鲁乐师,名挚。

《关雎》,《诗经》的第一篇。"雎",鱼鹰,在水边生活的捕鱼的一种鸟。"乱",乐之卒章,古代乐曲的最后一章或辞赋末尾总括全篇要旨的部分。"洋洋乎!盈耳哉","洋洋",美盛意。"盈",满、充盈。满耳充盈着美妙的乐曲。

本章是孔子对音乐的称赞。孔子觉得鲁国的乐师挚的音乐非常好,对他的评价非常高。《史记·孔子世家》记载孔子对师挚的评价:"乐其可知也。始作翕如,纵之纯如,皦如,绎如也,以成。"郑玄注:"是时道衰乐废,孔子来还,乃正之,故《雅》《颂》各得其所。"孔子因为乐乱,所以要正乐,使《雅》《颂》各得其所。《孔子世家》还记载:"古者《诗》三千余篇,及至孔子,去其重,取可施于礼义,上采契后稷,中述殷周之盛,至幽厉之缺,始于衽席,故曰'《关雎》之乱以为《风》始,《鹿鸣》为《小雅》始,《文王》为《大雅》始,《清庙》为《颂》始'。三百五篇孔子皆弦歌之,以求合《韶》《武》《雅》《颂》之音。礼乐自此可得而述,以备王道,成六艺。"记录了孔子对于乐的贡献。

8·16 子曰:"狂而不直,侗而不愿,悾悾而不信,吾不知之矣。"

"狂",狂妄。"直",直率。"侗(tóng)",无知,幼稚,未成器。"愿",质朴、恭谨。"悾(kōng)",蒙昧无知。"悾悾",无能的样子。

这章的意思是,孔子说:"狂妄而不直率,幼稚而不老实,无能而不讲信用,对这种人我是不知其所以然的。"

这一章是孔子对小人的批判。孔子不和这种人交往,对这种人不屑一顾。如果学生是这样的人,孔子也不会教他。

从这段话可以看出,孔子并不是对所有人都好的。有人认为儒家提倡的"仁者爱人"是对所有人都好,其实不是。《论语·里仁》篇说:"唯仁者能好人,能恶人。"就是说要正确地喜爱某人、厌恶某人,对好人好,对坏人就不能好。

苏轼评价这句话:"天之生物,气质不齐。其中材以下,有是德则有是病。有是病必有是德,故马之蹄啮者必善走,其不善者必驯。有是病而无是德,则天下之弃才也。"他从人的才智上区分,认为中材以下的人,有的是有问题的,不一定所有的人都能把他培养好,都能引导成好人。对于可引导的我们要加以引导,不可引导的就放弃。这正是孔子平凡而伟大的思想。我们越读《论语》越觉得孔子伟大,但是孔子也有着平常人的心态。赫伯特·芬格莱特的《孔子:即凡而圣》,论述了孔子是平凡中的神圣。我们不要把孔子说成神,如果是神,那就不能评价,不能质疑,就容易教条僵化。我们读《论语》要读出孔子的为人、孔子的率直、孔子的平凡,他是人间的圣人!

8·17 子曰:"学如不及,犹恐失之。"

孔子说:"学习恐怕跟不上,跟上了,又担心失去。"言外之意,就是要不断地去实践、去复习,达到烂熟于心的程度就不会失去了。

"学如不及,犹恐失之"有两解:第一个意思是自我学习。何晏《集解》解释:"学自外入,至熟乃可长久。如不及,犹恐失之。"知识是先人传下来的,是外在的东西,不会才去学习,熟悉了才不会忘,如果到不了熟的程度,就会失去。《孟子·尽心下》讲:"贤者以其昭昭,使人昭昭;今以其昏昏,使人昭昭。"自己都没有搞清楚,却想让别人明白是不可能的。我们立志做贤者,就需要自己先明白,先熟悉,需要不断地去学习,要保持"学如不及"的态度。第二个意思是学习先进,赶超先进,不懈怠。不然的话,就和先进的距离与层次越来越远了。

这一章讲孔子劝学。朱熹说:"言人之为学,既如有所不及矣,而其心犹竦然,惟恐其或失之,警学者当如是也。"朱子指出,这句话警示学者应该有忧患意识。亦如程子所说,只要有不及的,就不要放过,不要总是等到明天再说。

8·18 子曰:"巍巍乎!舜禹之有天下也,而不与焉。"

本章与接下来的三章讲的都是儒家的圣人——尧、舜、禹。

"巍巍",高大貌,指舜、禹很高大。高大不是指身材,这里是引申义,一个人有公心,无私心,就显得伟岸高大。舜、禹的天下不是自己的天下,是天下人的天下。"而不与",指不私有,不为自己。置天下于身外,富含"让"的精神。"不与",也有不相关的意思,是说不以位为乐,即禅让。孔子对于禅让、公天下的时代,是非常赞颂的。

《孟子·滕文公上》中记载的一段话与此章内容相关:"尧以不得舜为己忧,舜以不得禹、皋陶为己忧。夫以百亩之不易为己忧者,农夫也。分人以财谓之惠,教人以善谓之忠,为天下得人者谓之仁。是故以天下与人易,为天下得人难。"尧把得不到舜作为自己的忧虑,舜把得不到禹、皋陶作为自己的忧虑。他们都为天下寻找贤人。孟子又引了孔子的一段话:"孔子曰:'大哉尧之为君!惟天为大,惟尧则之,荡荡乎民无能名焉!君哉舜也!巍巍乎有天下而不与焉!'"舜,以孝道著称,能对虐待、迫害他的父母坚守孝道,禅让天下给禹,这对于孔子来说是一个典范。

8·19 子曰:"大哉尧之为君也!巍巍乎!唯天为大,唯尧则之。荡荡乎!民无能名焉。巍巍乎!其有成功也;焕乎,其有文章!"

此章讲尧。孔子用了两个"巍巍"来形容尧的高大。尧的高大体现为"唯天为大,唯尧则之",天是最高大的,只有尧能效仿。"则",法则、标准。"荡荡乎!民无能名焉","荡荡",广远之称,形容物的高大与广阔,只有尧的德能与它相比。恩惠宽广啊!百姓找不到词语称赞他。尧的德之广远,亦如天之不可以言语形容也。"巍巍乎!其有成功也;焕乎,其有文章","成功",事业。"焕",光明貌。"文章",礼乐法度。他的功绩实在太崇高了,他的礼仪制度也真够美好啊!尹焞曰:

"天道之大，无为而成。唯尧则之以治天下，故民无得而名焉。所可名者，其功业文章巍然焕然而已。"没人能支配天道的运行，天道是最高的，只有尧可以效仿天道，无为而治，不惊扰百姓，百姓又能感受到其治理的效果。

尧禅让给舜，舜禅让给禹。关于禅让，儒家相信其有，法家相信其无。《韩非子》说，尧、舜之所以让，是因为当时管理天下很辛苦，没有一点儿好处，全是付出。到战国时期，一个县令的职位都有人抢，是因为当了县令有好处。但儒家认为，尧、舜、禹不是因为怕受苦才把天子之位让出去，是因为他们年龄到了，也发现了更适合的人，才觉得应该让出去。儒家不断强化这种伟大的德性与道统的传递。

8·20 舜有臣五人而天下治。武王曰："予有乱臣十人。"孔子曰："才难，不其然乎？唐虞之际，于斯为盛。有妇人焉，九人而已。三分天下有其二，以服事殷。周之德，其可谓至德也已矣。"

当时帮助舜治理天下的有五人：禹、稷、契、皋陶、伯益。到武王时为十人：周公旦、召公奭、太公望、毕公、荣公、太颠、闳夭、散宜生、南宫适，还有一人为女性，谓文母。

孔子曰："才难，不其然乎？唐虞之际，于斯为盛。有妇人焉，九人而已。三分天下有其二，以服事殷。周之德，其可谓至德也已矣。"朱熹《论语集注》："唐虞，尧舜有天下之号。际，交会之间。言周室人才之多，惟唐虞之际，乃盛于此。降自夏商，皆不能及，然犹但有此数人尔，是才之难得也。"在周还没有灭商之时，周文王已经做到了"三分天下有其二"，但他仍然很谦虚，做一名本分的臣子，安心做西伯侯。孔子认为，这是一种赢得民心的最高德行。

此章一是表明尧、舜和周得天下是因为得到了人才的支持，二是讲得天下之正。天下不是靠武力夺来的，是靠人心得来的。孔子不宣扬用暴力手段推翻政权，到了孟子那里，才讲汤武革命的合法性。得民心者得天下，是孟子坚定的信念。

8·21 子曰："禹，吾无间然矣。菲饮食，而致孝乎鬼神；恶衣服，而致美乎黻冕；卑宫室，而尽力乎沟洫。禹，吾无间然矣。"

本章是《泰伯》篇的最后一章。儒家讲禹的不多，讲尧的有一些，讲舜的可能是最多的，孔子和孟子多讲舜。《墨子》里面讲禹的比较多。

"间（jiàn）"，找出毛病。"间然"，挑毛病，找错。"无间然"，即找不到错，没毛病。"禹，吾无间然矣"，禹这位圣人我找不到一点儿毛病。他作为天子，自己的饮食很差，却用丰盛的祭品孝敬鬼神；平时穿得很差，却把祭祀的服饰和冠冕做得华美；居住的房屋很差，却把人力完全用于沟渠水利上。他没有为自己，一心为大家，我挑不出他的毛病。用今天的话说，禹为人民服务，是人民的好公仆。

朱熹《论语集注》引杨氏曰："薄于自奉，而所勤者民之事,所致饰者宗庙朝廷之礼,所谓有天下而不与也,夫何间然之有。"这正与本篇第十八章"巍巍乎!舜禹之有天下也,而不与焉"对应起来。

《泰伯》篇的最后四章评价了尧、舜、禹,其一以贯之的精神是公天下、大公无私;同时,孔子梳理出了在他之前的一个道统:尧、舜、禹、文王、周公。孔子之所以能理清道统,就是因为他"信而好古",持之以恒地传承古代文化。

《泰伯》篇是对古代圣贤的评论与赞颂,对古代贤达尧、舜、禹、周公等人的赞扬。本篇不仅梳理了一个道统,同时讲了为君治民及修身为政之道,为国君及为政者立言。

子罕第九

杨朝明 解读

读《论语》后大家一定会同意这样一个看法:《论语》的思想属于孔子,或者说《论语》的思想属于孔子对于《论语》的理解。孔子去世后,儒分为八。韩非子提出:既然每个派别都觉得自己真正继承了孔子的思想,那么由谁来界定?所以我们要思考这样的问题:《论语》到底是谁编的?他为什么要编《论语》?在这样的背景下,我们就很容易得出结论,《论语》不是将材料随意堆砌而成的,而是在篇与篇之间、章与章之间都存在内在的逻辑关联。

从第一篇到第九篇可知,《论语》内部的篇章是相对独立的,但篇与篇之间又有内在的关联性。《子罕》篇哲学意味非常浓厚,关注天命与仁德,最后一章回归到《诗经》来表达:"唐棣之华,偏其反而。岂不尔思?室是远而。"我难道不思念你吗?只是我们相隔太远了。实际上是没有真的思念,真的思念又怎么会远呢?我们在做事时常常会觉得太迟,其实只要真正行动起来就不晚。子曰:"我欲仁,斯仁至矣。"只要我想做就能做到。儒家在谈行的问题时,通常会注意行和知的关系。众所周知,王阳明谈致良知,致良知即知行合一,有了这种认知便应付诸行动。

《论语》编排的用心由此可见一斑:第一篇《学而》相当于全书的绪论,总论修身做人。第二篇是《为政》。那么,为什么将《为政》放在前头?儒家认为社会要顺利前行、和谐发展,就必须有人来管理。社会管理者的素质、素养非常关键,管理者正,天下才能正。"政者,正也",为政者正,才能以正导政,才能引领天下正。

那么,为政者如何才能正?这就到第三篇《八佾》。《八佾》篇谈礼。子曰:"人而不仁,如礼何?人而不仁,如乐何?"为政最关键的是礼,就是要有制度、规则、仪式。周代的礼乐有三个层面:第一个层面是礼制,其实就是制度;第二个层面是礼仪,就是礼的仪式;第三个层面也是最深层的,即礼义,礼之根本意义。不论制度还是仪式,表达的都是一种内在的精神。

第四篇《里仁》。孔子说:"人而不仁,如礼何?人而不仁,如乐何?"仁和礼之间即存在这种关系,所以孔子讲里仁,孟子讲仁宅、讲礼门义路。一个人只有将心安放在有仁德的地方,有了内在的、自觉的素养,才能做应该做的,才能走礼门、行义路。《论语》的前四篇就是这样层层递进的。

第五篇《公冶长》以仁德为标准评论古今人物,从各个侧面探讨仁德。第六篇《雍也》谈临民之道、为仁之法、中庸之德。将这两篇联系起来看,第五篇为体,第六篇为用,"仁心"

之后为"义行"，"修德之体"之后为"进业之用"。

　　第七篇《述而》论孔子之行，描摹孔子的精神世界，反映他的理想信念、志向行事。第八篇《泰伯》载贤圣之德，论礼让仁孝之德、贤人君子之风。而到了《论语》第九篇《子罕》，对人心的思考达到最深层。这一篇讲孔子的使命、事业，讲孔子的价值观和人生观。如果说《泰伯》篇是在呼唤具有历史与社会担当的人才，那么《子罕》篇则是在《泰伯》篇的基础上，趁势呈现孔子广大深邃的思想、精微淳厚的修养与治国平天下、普行大道的情怀。

　　《子罕》篇共三十章，第一章相当于对全篇的概括。《论语》各篇的第一章均非常关键。可以这样讲，读《论语》各篇，如果读懂了第一章，那么对于整篇的理解便不难了。

9·1 子罕言利，与命，与仁。

　　"罕"，稀少。"言"，《说文》："直言曰言，论难曰语。"言，想到哪里说到哪里；论，就是语。"与"，认同、赞许。

　　这一章的意思是，孔子很少（主动）谈论功利，却认同天命，赞许仁德。

　　所谓《论语》，"语"即论，"论"有挑选之意，"论语"即挑选出来的孔子论述。"言"即直言，挂在嘴边上常谈。那么孔子为什么"罕言利"？子曰："富与贵，是人之所欲也。"追求利益是每个人的自然属性。《孟子》开篇记孟子见梁惠王，梁惠王问孟子："叟不远千里而来，亦将有以利吾国乎？"梁惠王问:"您大老远跑来了,能给我带来什么利益呢?"利益是一种自然的驱动与追求,孔子对于人的这种自然属性谈得相对少一些。"与命,与仁","与"表示认同、赞许,不常谈论利益,却常常谈论"命"和"仁"。

那么,该如何理解"命"与"仁"?将"命"与"仁"放在开篇的位置,体现了《论语》的大开大合气势,让我们对孔子感到既亲切又敬畏。"罕言利"与"不言利"不同,《论语·尧曰》记载:"因民之所利而利之。"《论语·述而》有云:"富而可求也,虽执鞭之士,吾亦为之。"人们对"执鞭之士"有不同的理解:或是拿着鞭子管理市场的人,或是马夫。这句话是说如果能够取得富贵,只要是正当的职业,无论贵贱,我都可以去做。可以看出孔子并不排斥利,只是"罕言利"。关键在于"与命,与仁",孔子重视命与仁和利益之间的关系。

为何要将"与命,与仁"和"罕言利"相比较?孟子曰:"何必曰利?"如果"上下交征利",大家都去谈利益,后果将不堪设想。追求利益是合情合理的,但不应过分强调。将义与利放在一个合适的维度需要境界与格局,而儒家之学正是以培养这样的君子为己任的,所以君子对于"命"与"仁"是有深刻理解的。"利"和"命""仁"之间,从深层次来说就是人的自然属性和社会属性的问题。

孔子和孟子是什么关系呢?司马迁在《史记》中说孟子"述仲尼之意"。"仲尼之意"是什么?孔孟之道的深层意义在哪里?其实,孔孟追求的是圣王之道,即《论语·尧曰》谈到的"允执其中"。《尚书》十六字心传:"人心惟危,道心惟微,惟精惟一,允执厥中。"在人心和道心之间把握的"中",也是"允执其中"的"中"。所以人心与道心之间、人情和仁义之间、天理和人欲之间,就相当于义和利之间。

关于人心,《礼记·礼运》记孔子曰:"美恶皆在其心,不见其色也。欲一以穷之,舍礼何以哉?"要解决人心问题,要让一个人不至于人欲横流,最终还是要落脚在"中"上。什么是"中"?"夫礼所以制中也。"合理的才是中。怎样才能把握住礼?如何按照礼的要求去做?"礼也者,理也。"礼仪的礼,就是道理的理。一个人明理,一个人正心,他才有可能把自己的欲望控制在合理的限度内,才不至于为了逐利而做出不应该做的事情。在这样的意义上理解"与命,与仁",就知道"命"和"仁"的内在含义与意义了。

"与命,与仁",什么是"命"?《论语·尧曰》记曰:"不知命,无以为君子。"《论语》之学是在培养君子。而君子、大人是社会的引领者,一个人不知命,就没有办法成为这样的人,没有办法处理好人心与道心、人情和仁义、天理和人欲、义和利之间的关系。所以从某种意义上讲,《论语》之学就是君子之学,培养君子需要知命。《论语·学而》篇讲:"人不知而不愠,不亦君子乎?"《尧曰》篇讲:"不知命,无以为君子。"辜鸿铭先生在《中国人的精神》一书中说道:"孔子全部的哲学体系和道德教诲可以归纳为一句,即'君子之道'。"孔子在培养君子时谈论"命",可见其意义非常重大。

那么,"命"到底应该怎么理解?看似区区一个字,实际上涉及的问题很多。我认为谈"命"要有一个前提,就是要认识到中国文化的长度。如果认识不到中国文化的长度,便会纠缠不清。在孔子那个时代,如何看待人们的天命观?这个问题真的很重要。在《礼记·表记》中谈到了夏商周,夏道尊命,殷人尊神,周人尊礼,所以范文澜先生把夏、商、周三代的文化分别称为尊命文化、尊神文化和尊礼文化。夏代多谈天命,商朝相信鬼神,周代的文化却是尊礼文化。什么是尊礼文化?尊礼文化是纯粹的人文文化,特别注重人本身。

《尚书·泰誓》篇在讲天命时特别提到商纣王。商纣王自以为天命在身,胡作非为,可是,经牧野一战,统治了几百年的商朝被推翻了。什么叫天命?《泰誓》中说,"天视自我民视,天听自我民听""民之所欲,天必从之"。不难看出,天命就是天意,天意就是民意。

孔子谈"与命","命"有两层意思,第一层意思是天命,第二层意思是使命。作为一个为政者,要了解敬德保民的道理。周代传统的政治思想就是敬德保民,即管理一个省,管理一个县,管理一个乡,这就是你的命或者天命,你必须知道,不论区域大小,民意都是应当尊重的,只有敬其德才能保其民。天命是外在赋予我的,我若是医生,我的天命就是救死扶伤;我若是老师,我的天命就是教育好学生。作为老师,如果对自己的使命都没认识清楚,能成为一位好老师吗?儒家讲的天命,即我们该承担什么样的责任,作为一个社会人到底应该怎么做,这就是外在赋予我们的对天命的一种认识。如果我是一名老师,种地可能不如农民,做工可能不如工人,治病也一般不如医生。所以我得认识到我的天命,首先就需要明白我是谁,从而做好自己。儒家的正名主张其实就是自己对天命、对社会身份的认知。这是"命"的第一个层次,即外在赋予的天命。

与之相应的第二个层次是使命。既然外在赋予我天命,我必须内在地认识到这是我的使命。只有认识到自己的使命是什么,才有可能做好。所以,"不知命,无以为君子"。有人质疑孔子,认为他讲迷信。我们认为,凡是具有这样认识的人,可能根本不知道中国文化发展历程的长度,只有了解中国文化的长度才能理解中国文化的深度。站在对三代文明实际认知的高度,才能理解孔子思想,才能理解孔子为什么谈命。

"与命,与仁",什么是"仁"?"仁者,人也",所谓仁,就是人。"人之所以为人者,礼义也。"第二十四届世界哲学大会的主题是"学以成人",这样的主题,是对中国哲学的高度概括,它要求我们知道自己内在的道德使命与外在的天命,踏踏实实做人。

《子罕》篇首章讲的是客观的命和主观的仁。作为社会人,每个人都有自己的社会身份与担当,这是君子在深刻体认了天命以后所形成的一种自觉的责任与担当,所以"不知命,无以为君子",社会就需要这样的引领者。认识到我是谁,认识到我在社会上应该有什么样的担当,那么我才有可能主动去担当,主动去做一个优秀的人。儒家之学正是这样的修身之学。

9·2 达巷党人曰:"大哉孔子!博学而无所成名。"子闻之,谓门弟子曰:"吾何执?执御乎?执射乎?吾执御矣。"

"达巷",地名。"党",五百家为一党。"党人",乡里人。

这一章的意思是,达巷党人说:"孔先生真是伟大呀!他学问广博而无一专以成名。"孔子听了,对门弟子说:"我擅长什么呢?是擅长驾车,还是擅长射箭呢?我想我还是比较擅长驾车吧。"

孔子研究院有一专题展览就叫"大哉孔子"展。现在提到孔子,有人说他是伟大的思想家、教育家、政治家等,很多门类都把他尊为了不起的人。那么孔子到底是什么家?孔子是圣人,圣人就是境界高的人,干什么都能干得漂亮。就像当下我们的教育,首先要解决心性问题,心性问题解决了,技术的问题就好办了。

我们现在谈工匠精神,工匠就是技术,精神就是心性,没有一流的心性,哪有一流的技术?教育其实就是培养人的心性,当一个人的心性成长起来后,做什么事都能做好。前段时间全国政协提出中华优秀传统文化"三进",即中华优秀传统文化进课本、进课堂、进校园。这里讨论的核心问题是进什么、怎么进,其实就是培养孩子们的心性,当一个孩子具备了一流的心性,做任何事情都不用担心。这里达巷人称孔子为"大",给我们的启发就是让一个人的格局大起来。

"博学而无所成名",孔子很博学,不是哪一个方面的专家。常有人请教李学勤先生的研究方向,他到底是研究古文字还是研究古文献,抑或是研究古代思想?其实李先生研究的是古文明,包括文明的方方面面,用李先生的话说就是"一些的一切,一切的一些"。"一些的一切"指抓住一个点,将那一点的方方面面都弄明白;"一切的一些"指在某个方面研究得很深,对其他方面都了解一些。实际上孔子也是这样,"博学而无所成名",并不是某个方面的专家,实则是在强调博大。

"吾何执?执御乎?执射乎?吾执御矣。"古代八岁入小学,"教之以洒扫应对进退之节,礼乐射御书数之文",这就是小学六艺。大学六艺则是《诗》《书》《礼》《乐》《易》《春秋》,为明礼正心的教育。小学六艺相当于现在的小学课程,礼就是礼仪,乐就是弹唱,射就是射箭,御就是驾车,书就是认字写字,数就是算数,其中射和御是军事体育教育,书和数相当于今天的语文、数学。所以小学六艺是读书人都要学的基本功。但是到了大学就要学习《诗》《书》《礼》《乐》《易》《春秋》,就要明礼正心,只有这样才能修己安人,只有自己的境界格局高了,才能从事管理。

孔子这里说的"射"和"御",明面上指小学六艺里的射和御,但是隐喻的是什么呢?"御"表面上指驾车,实际上指管理、方向。如果大家看《孔子家语·执辔》篇,就会发现孔子把治国比喻成驾车,一个会驾车的人,能拿着缰绳指挥马往前走;不会驾车的人,可能弃辔而用策,拿着鞭子到处抽,若是这样的话,"则迷惑失道"。所以孔子在这一章里面谈到"御","御"实际上就是治理天下。就像周天子用六官——天官、地官、春夏秋冬四官,相当于唐代以后吏、户、礼、兵、刑、工六部,一个会治国的人能掌控自己的官吏。众所周知,如果一个国家社会风气有问题,一定是官风有问题,所以治国者一定治官,治官便要以为政者的正来引导天下的正。驾车者首先要把握好方向,这便是领导者如何领导,为政者如何执政的问题,所以孔子说"吾执御"。

那么,为什么说"吾执射"呢?"射",即射箭,如果理解不到位的话,就会觉得"射"就是单纯地追求力量。《论语·八佾》记载,子曰:"君子无所争,必也射乎!"君子有什么好争的,做好自己便是。一个优秀的人,总是走在前面,就像俗语说的"一直被模仿,从未被超越"。一个真正优秀的君子只需要做好自己,所以"君子无所争"。而如果要争的话,"必也射乎",比试射箭吧。射箭的特点在于自己跟自己较量,比的是平和中正,如果内心不平静,就很难战胜自己。大家看奥运会,射击赛场常常会出现一些奇迹,比如在2004年雅典奥运会男子50米步枪3x40决赛中,美国名将埃蒙斯一直遥遥领先,结果却出现最后一枪脱靶的"神奇"事件,最终与金牌失之交臂。如果大家对《论语》足够熟悉,看完镜头马上便会想到孔子这句话,"执御"还是"执射"?射有时把握不好,就达不到平和中正,还是驾车吧。

上一章孔子说到"与命,与仁",我的使命是什么,我就应该干什么,这是一种使命感。这一章说的驾车恰恰是指方向感,要驾驭天下首先要驾驭自己,能够驾驭自己,明白自己是谁,才能更好地成人。将第一章与第二章联系起来,这样就不难理解了。

大家如果有机会去孔庙,会发现在圣迹殿最西侧有一个"夫子小影",在孔子像的右上方有一行字,是由宋代著名书法家米芾亲自题写的小篆:"孔子孔子,大哉孔子。孔子以前既无孔子,孔子以后亦无孔子。孔子孔子,大哉孔子。""大哉孔子赞"便是由此而来。孔子选择"执御",其实强调的就是人的方向问题,社会需要方向,人生更需要方向,一个真正的君子有了方向,才有可能成为对社会有用的君子。

《论语》这一章在《孔子家语》里也能找到类似的讲法,比如《王言解》篇说道:"夫道者,所以明德也;德者,所以尊道也。是以非德道不尊,非道德不明。虽有国之良马,不以其道服乘之,不可以取道里。虽有博地众民,不以其道治之,不可以致霸王。"孔子把治理国家比作驾车,驾车首先要明白道,这个道其实就是驾车的方向,那么治国其实也是方向问题。"不以其道治之,不可以致霸王",这句话正是习总书记所说的"人民有信仰,国家有力量,民族有希望",信仰就是方向。所以关于"执御"就很容易理解,其实就是国家控制与管理的问题。

9·3 子曰:"麻冕,礼也;今也纯,俭,吾从众。拜下,礼也;今拜乎上,泰也。虽违众,吾从下。"

"麻冕",用麻绳做成的黑色冠帽。"冕",古代帝王、诸侯、卿大夫的礼帽,《说文》:"大夫以上冠也。""纯",黑色的丝。"拜下",臣对君行的跪拜之礼。"下",指朝堂之下。

"上",堂上。"泰",骄泰。

这一章的意思是,孔子说:"麻冕是古礼,现在改用丝冕,这样节俭,我从众。臣拜君于堂下,这也是古礼,现在都在堂上拜,这是骄泰。虽违众,我还是主张在堂下拜。"

这章讲的是我们不要人云亦云、随波逐流,要用心,不管是驾车也好,做人也好,用心很关键。"麻冕"就是用麻绳做成的黑色冠帽。在古代,士大夫以上的人都是要戴帽子的。子路当年被人砍成肉泥,临死之前还要把自己的帽子整理好。实际上在中国传统文化里,士大夫都要戴着帽子。那么帽子是用什么材料做成的?以前的时候用麻,现在变得简单了,这样比较节俭,孔子也表示赞同。这里表达的意思是礼很重要,但礼的形式不拘泥,礼的内涵更重要,只要理解了礼的内涵,遵守礼仪即可,不一定非得用多么豪华的材料去做帽子。俭本身便是儒家追求的一种礼的价值观念。

"拜下,礼也;今拜乎上,泰也。虽违众,吾从下。"一个下级见到自己尊重的上级,应该在殿堂下面跪拜,而现在都在堂上拜,这就是骄泰。所以即使别人到堂上拜,孔子也要坚持旧礼在堂下跪拜,因为这样才能表达尊重。

所以这一章其实还是一个方向的问题。对于礼来说,形式固然重要,但是当形式和内容二者之间不一致的时候,还是要更注重礼的内在精神,这一点非常关键。如果将本章与上一章结合起来看,要"执御",那这个社会要用什么来"御"呢?当然只能是"礼"了。这就是二者之间的联系。

9·4 子绝四:毋意,毋必,毋固,毋我。

"绝",杜绝,一点也没有。"毋",同"无",没有。"意",凭空臆测。"必",必须、一定。"固",故步自封。"我",自以为是。

这一章的意思是,孔子具备的四种优秀品格:不凭空臆测,不绝对肯定,不故步自封,不自以为是。

本篇第二章孔子谈"执御"问题,"执御"就是驾车,驾车就要"御心",那么如何来驾驭人心呢?就要做到"四毋"。孔子的"四毋",充分体现了他的仁者情怀,我们也可以看作在礼的继承与发展方面必须坚持的"四项基本原则"。

礼有时候也在变化。子张向孔子请教:"十世可知也?"子曰:"殷因于夏礼,所损益可知也;周因于殷礼,所损益可知也。其或继周者,虽百世可知也。"(《论语·为政》)时代发生了变化,礼的形式也要变,但是形式变了,不意味着礼的内涵就变了。比如说之前我们见面都是鞠躬,后来演变成握手,由于疫情的关系,最近又变成拱手,不论是哪种形式,表达的都是人与人之间的友好与尊重,这就是人与人之间礼的内涵。

无论何时,只要我们人类共同生活在一起,就必须思考我们彼此之间相处的规则,这就是礼。礼包括形式和内容,形式一定是为内容服务的。孔子提出"四毋"的根据便是礼。以"固"为例,子曰:"君子不重则不威,学则不固。"(《论语·学而》)"毋固"说起来容易做起来难,我们要不断学习,不要故步自封。佛教倡导"无我相,无人相,无众生相,无寿者相",意思便是杜绝"我执"。这与儒家主张的"四毋"精神是相通的,就是放下自我去思考社会和人生内在的礼,这一点非常关键。

9·5 子畏于匡。曰:"文王既没,文不在兹乎?天之将丧斯文也,后死者不得与于斯文也;天之未丧斯文也,匡人其如予何?"

"畏",通"围",拘囚。《广雅》:"畏,恐也。"这里指被围困的情势十分紧急,孔子师徒处在一种非常危险的境地。"匡",古代地名。"后死者",孔子自谓。"与(yù)",参与,掌握。"如予何",把我怎么样。

这一章的意思是,孔子在匡地被拘。他说:"周文王死了以后,周代的文化不都在我这里吗?倘若老天想灭绝这种文化,那作为后死者的我也不会掌握这些文化了;倘若老天不想灭绝这种文化,匡人能把我怎么样呢?"

这一章表达了孔子的天命观。《论衡》有云:"文王之文在孔子,孔子之文在仲舒。"大家认为这句话很好地说明了董仲舒的地位。文王的文在于孔子,孔子的使命在于社会,而董仲舒把它落实了,辅佐汉武帝罢黜百家,独尊儒术。从董仲舒开始,从汉武帝开始,儒学和中国社会结下了不解之缘,所以董仲舒的地位非常重要。

那么孔子和周文王呢?如果大家去曲阜孔庙,在大成殿里会看到一块匾,上书"斯文在兹"。"文王既没,文不在兹乎?"周文王去世后,周代的文化就在我身上了,如果老天不想灭绝这种文化,匡人又能把我怎么样呢?实际上这是一种内在的使命担当精神,蕴含着一股浩然正气。孔子周游列国,心系天下苍生,他的身上承载了一种道德使命。这是孔子的"与命",是对首章"与命"精神的发挥。孔子所处的时代,天下无道,礼崩乐坏,为挽救颓势,他肩负起了这一使命,这也正是后世张载所言的"为天地立心,为生民立命,为往圣继绝学,为万世开太平"。

本章讲述的是孔子一行人在匡地被围困之际,孔子不畏惧,自信地对弟子们说自己肩负着上天的使命,是向世人传播历史文化的。孔子在很多篇章里都有类似的论述,比如《孔子家语·困誓》:"孔子之宋,匡人简子以甲士围之。子路怒,奋戟将与战。孔子止之,曰:'恶有修仁义而不免世俗之恶者乎?夫《诗》《书》之不讲,礼乐之不习,是丘之过也。若以述先王好古法而为咎者,则非丘之罪也。命夫!歌,予和汝。'子路弹琴而歌,孔子和之。曲三终,匡人解甲而罢。"又如《论语·述而》记子曰:"天生德于予,桓魋其如予何?"《宪问》记子曰:"道之将行也与,命也;道之将废也与,命也。公伯寮其如命何!"

在孔子这里,天命并非像后世人们所想象与渲染的那样神秘与复杂。"后死者与于斯文"也是因为社会的接受与需要,而这就是天命。老百姓的意志,就是政治领域的天命。

9·6 大宰问于子贡曰:"夫子圣者与? 何其多能也?"子贡曰:"固天纵之将圣,又多能也。"

子闻之,曰:"大宰知我乎! 吾少也贱,故多能鄙事。君子多乎哉? 不多也。"

牢曰:"子云:'吾不试,故艺。'"

"大宰",即太宰,官名,辅佐君主治理国家的人。"纵",使,让。"试",用。

这一章的意思是,太宰问子贡道:"你的老师是位圣人吗?为何这样多能呀?"子贡说:"本来就是天意让他成为圣人,又让他这样多能呀。"

孔子听到后,说:"太宰真是了解我呀! 我年少时贫贱,所以学会了许多鄙贱的技艺。真正的君子会是多能的吗? 不会多能。"

牢说:"老师曾说:'因我没有去做官,所以学得许多技艺。'"

本章的核心是"天纵",也就是"天命"。"天纵之将圣"的"天"也许指的是时代,也许指的是国家,也许是他自己特殊的人生,各种因素交汇在一起共同成就了孔子这样一个人,这是子贡的理解。孔子听说了以后,说自己出身比较卑微,正因为如此,孔子才接触到了更多的社会现实,了解人心,了解社会,所以才成就了他。社会上每一个有所成就的人,若去研究他的人生轨迹,一定会得到类似的启发。

在孔子心目中,舜是非常了不起的圣王,"无为而治者,其舜也与?""巍巍乎！舜禹之有天下也,而不与焉"。清华大学藏战国竹简《保训》中说道:"舜旧作小人,亲耕于历丘。"有人认为这批竹简有问题,其实仅凭这一句话我就认为这肯定不是后人伪造的。"亲耕于历丘","历丘"即历山。在古代,山和丘是有区别的,山是大山,丘是小山。在战国时期,孔子地位并不高,汉代之后为避孔子讳,才将丘改为山,所以历山最早称"历丘"。"旧作小人",小人即小民,舜长期与民间的百姓接触,了解民生疾苦。

"吾少也贱,故多能鄙事",周代的孩子八岁入小学,学"洒扫应对进退之节",即打扫卫生、整理内务,自己的事情自己做。"洒扫应对进退之节"实际上是孩子成长中必须具备的能力。《大学》中讲格物致知,所谓"格物"就是在事上磨,所以孔子从小一直在磨,能做很多事。

牢是孔子的弟子琴牢,他说:"老师曾经说过:'因我没有去做官,所以学得许多技艺。'"因为长期生活在民间,通过不停地读书、实践,孔子学到了很多。那么是太宰不了解孔子,还是子贡不了解孔子?从根本上说,这种疑惑与"无明",可能是人们心中的不良障蔽了本来的自性清明。所以只有在具体的实践中打磨自己,让自己去明理,才能正心,即《大学》的格物致知、正心诚意,这是修身的工夫。一个人有了修身的工夫,有了一定的信心,才有可能达到更高的境界。

孔子自述自己的成长经历,"吾少也贱,故多能鄙事",这就让我们想到了孔颜之乐,"饭疏食饮水,曲肱而枕之,乐亦在其中矣。不义而富且贵,于我如浮云","君子谋道不谋食。

耕也,馁在其中矣;学也,禄在其中矣。君子忧道不忧贫"。孔子在实践中成长,如果不经历一些患难,成长的境界可能就不会这么高。子曰:"士志于道,而耻恶衣恶食者,未足与议也。"一个年轻人如果有很远大的志向,说不定将来会是一个很了不起的人;反之,如果他斤斤计较于生活的琐事,嫌弃吃得不好,穿得不好,开的车不如别人,用的化妆品不如别人,那就没什么好和他说的了。有句俗话叫"莫欺少年穷",如果他是一个有志向的人,将来成为什么样的人还很难说。所以"吾少也贱"并不一定是坏事,关键是我们能不能去"志于道"。有了格局,有了境界,将来就有可能成为一个了不起的人。

9·7 子曰:"吾有知乎哉?无知也。有鄙夫问于我,空空如也,我叩其两端而竭焉。"

"叩",问。"两端",事情本末。

这一章的意思是,孔子说:"我有知识吗?我没有知识呀!有一个乡野之人向我求教,我对他的问题一无所知。我不过就他所问,从他问题的头尾两端、正反两面来了解琢磨,便穷竭明了他的问题。"

虽然说是"空空如也",但这里实际上讲述了一种方法,即择其两端用其中。关键是这里的"两端",其中包括理解对方,了解对方,懂得对方。子曰:"吾道一以贯之。"在孔子心目中,"一"很重要,"一"就是整体。《老子》云:"昔之得一者,天得一以清,地得一以宁……侯王得一以为天下贞。"郭店楚简有一篇叫《太一生水》,其中说:"太一生水,水反辅太一,是以成天。天反辅太一,是以成地。天地(复相辅)也,是以成神明。神明复相辅也,是以成阴阳。"由此可以推演,阴阳复相辅也,是以成男女。男女复相辅也,是以成夫妻……最大的一叫太一,之后有许多小一,君臣是一,父子是一,夫妻是一,长幼是一,各种关系都是一。

我们在观察、处理问题的时候一定要有"一"的思维,而互有关系的双方,就是"一"中包含着的"两端"。如果有"两端"的话,就不要只考虑一个方面,否则就可能走偏。比如说君臣关系,若是片面强调君,就有可能是君主专制;父子关系,若是片面强调父,就有可能是父家长制。所以择其两端用其中才能不偏不倚、不过不及。这样一个整体的思维,就是孔子的道。前文所提到的"拜乎上"和"拜乎下",实际上处理的就是君和臣的关系。社会有了秩序,才能和谐稳定,若是君不君、臣不臣、父不父、子不子,则天下无道。所以"叩其两端"是一种具体的分析问题的方法。

9·8 子曰:"凤鸟不至,河不出图。吾已矣夫!"

"河",黄河。"凤鸟至""河出图",预示着圣王出现,天下太平。

这一章的意思是,孔子说:"凤鸟不再飞来,河中龙马也不再负图而出。难道说我的道行不通了吗?"

孔子的政治理想,即他毕生追求的"凤至图出",如尧舜、周文时代一样的清明盛世。"河不出图"意味着圣人不出。据古史记载,伏羲王天下,龙马背负河图而出;舜帝在位时,凤凰来仪;文王治政,凤鸣岐山。

孔子借用这些典故,言下之意是当时缺少舜、文王这样的圣君明主。世上无明主,像孔子这样的贤能之士也就无人赏识,没有用武之地。因为遇不到明君,其思想和学说终不被采用,孔子不由发出了"吾已矣夫"的无奈感慨。

《孔子家语》《史记》等均记有孔子临终前七日那天早晨的情景。《孔子家语·终记解》篇记曰:"孔子蚤晨作,负手曳杖,逍遥于门,而歌曰:'泰山其颓乎!梁木其坏乎!哲人其萎乎!'既歌而入,当户而坐。"一天早晨,孔子一大早起来,感到自己将不久于人世,遂感慨道之不行:"泰山啊,将要崩塌了!梁柱啊,将要折断了!哲人啊,将要如同草木一样枯萎糜烂!"子贡去看望老师,孔子看到他,满心酸楚,对他说:"夫明王不兴,则天下其孰能宗余?"孔子希望遇到明君圣主,希望推行自己的主张,但最终也没能实现夙愿。子曰:"道不行,乘桴浮于海。"子曰:"朝闻道,夕死可矣。"孔子周游列国其实就是为了推行自己的主张,实现心中的道。这一章谈的就是孔子的一种追求和心境。

9·9 子见齐衰者、冕衣裳者与瞽者,见之,虽少必作,过之必趋。

"齐衰者",穿丧服之人。"冕衣裳者",戴礼帽穿礼服之人。"瞽",失明。"少",年轻,年龄小。"作",站起来,表敬意。"趋",小步快走,表尊重。

这一章的意思是,孔子见到穿丧服的人、戴礼帽穿礼服的人以及盲人,相见时,他们虽年轻,孔子也一定站起身;若从他们身旁走过,则必快步行进。

不难发现,这一章在《论语·乡党》篇中也出现过。《论语》中有很多重文,在各篇中反复出现,编者自有其考虑,也说明这一章比较重要。面对那个礼崩乐坏的时代,孔子明知他的道无法实行,但仍然"知其不可而为之",毅然"克己复礼",践行自己的道:哀有丧(齐衰者)、尊在位(冕衣裳者)、悯残障(瞽者)。

儒家强调修己,所谓"我欲仁,斯仁至矣",意思是只有我自己想做一个有仁德的人,才能真有仁德。大家都看过《西游记》,唐僧师徒四人取经路途艰难,唐僧行走不便,难道孙悟空、猪八戒不能背师傅走吗?八戒说的话很有意思:"师父的骨肉凡胎,重似泰山,我这驾云的,怎称得起?"没想到孙悟空也说:"我的筋斗,好道也是驾云,只是去的有远近些儿。你是驮不动,我却如何驮得动?"大家仔细想一想,他们的话是否可以从人生哲学的角度去理解,一个人若不经过磨炼,谁也帮不了他。所以儒家特别强调修身克己,只有我自己想做才有可能做好。

本章讲的是孔子遇到穿丧服的人、贵族和盲人的态度。孔子推崇周礼,倡导礼乐文明。他时时处处把握礼的内涵,知道遇到什么人该行什么礼。作为一个社会人,在生活中也应懂礼,比如在公交车上、在电梯里,有些人旁若无人,或许动作很小,但也证明其缺少对周围环境、对周围人的理解和尊重。本章虽然从一个很小的细节出发,但是表达了孔子作为一个社会人所展现的社会性意识,体现出一种内在的情怀,这一点很重要。

9·10 颜渊喟然叹曰:"仰之弥高,钻之弥坚。瞻之在前,忽焉在后。夫子循循然善诱人,博我以文,约我以礼,欲罢不能,既竭吾才。如有所立卓尔,虽欲从之,末由也已。"

"喟然",叹息的样子。"弥",更加,越发。"仰之弥高,钻之弥坚",高不可及,深不可入。"循循然",有步骤,有秩序。"博我以文,约我以礼",用文献典籍丰富我的知识,用礼法约束我的行为。"卓尔",高高直立的样子。

这一章的意思是,颜渊喟然深叹道:"越仰望,越感到高;越钻研,越觉得深。才刚看着在眼前,忽而又在身后。老师教人循序渐进,善于诱导,他用文献典籍丰富我的知识,又以礼法约束我的行为,让我即使想放弃也不能,直到我竭尽全部才智。(老师的道德与文章)让人感觉像座山,卓尔矗立,虽想追从,却找不到路径。"

这是颜回心目中的孔子形象。当今社会上有一些人不尊重孔子,认为他是两千多年前的人,有什么了不起?这就很浅薄了。实际上,这是因为他没有走近孔子,真正走近了,也许就会有不同的感受。为什么有人说《论语》常读常新？我就遇到一位老同志，他告诉我《论语》和《老子》已经读过很多遍，可是每读一遍感觉都是新的。也许这就是颜回所说"仰之弥高，钻之弥坚"，这是颜回对老师学问修养的赞叹，今天的我们难道不能从颜回身上得到些启发吗？

孔庙之前立着万仞宫墙，语出子贡："夫子之墙数仞，不得其门而入，不见宗庙之美，百官之富。"（《论语·子张》）就像这里提到的"如有所立卓尔，虽欲从之，末由也已"，孔子的道德与文章就像一座高山，不知道怎么入门。实际上孔庙大门有两层含义：第一是指万仞宫墙高大，儒家之学博大；第二是我们要得其门而入，把握住儒学的精髓。什么是儒学的精髓？学习孔子思想从哪里着手呢？其实孔子已经给了我们答案。《论语·学而》："孝弟也者，其为仁之本与！"我们每一个人来到这个世界上，都拥有一个家庭，父母爱我们，我们也应该敬爱父母、友爱兄弟姐妹。明白孝悌之意，把孝悌之道推而广之，就能培养爱和敬。所以儒家谈"立爱自亲始"，培养爱心从孝敬父母开始；"立敬自长始"，培养恭敬从尊敬师长开始。把这种爱和敬推而广之，人就能慢慢地成长起来，就能培养出健全的人格。

颜回赞叹孔子的话让我们心生敬意。在曲阜，除了有孔庙、周公庙，还有颜子庙。在孔子众多弟子当中，颜回可谓境界最高。在颜回的心目中孔子都如此这般，那么我们又该如何看待孔子呢？《论语·述而》篇有"抑为之不厌，诲人不倦，则可谓云尔已矣"，孔子不以圣人自居，他认为自己只是做到了"为之不厌,诲人不倦"。一个人要想成为一个有格局的人,就要使自己懂得天命,了解自己的使命与担当。所以如果把这一章与前面的"与命,与仁"联系起来,便能清楚地认识到孔子为什么能够清晰地认知到自己的道德使命。

之前我在一所大学做讲座,最后进行交流互动时,有学生提出:如果想成为有格局的人到底应该学什么?怎么学?我说"学天下之人,不如学孔子一人;读天下之书,宜先读儒家四书",得到了学生们的认可。后来在许多场合也听到不少这样相同或类似的观点,可见这是大家的共识。了解了孔子儒家学说的特点,有了基本的比较后,大家都会有这样的分辨能力。孔子思想是中华文化的高地,颜回对孔子有这般态度,我们也应该从中得到启迪。

9·11 子疾病,子路使门人为臣。病间,曰:"久矣哉,由之行诈也!无臣而为有臣。吾谁欺?欺天乎?且予与其死于臣之手也,无宁死于二三子之手乎!且予纵不得大葬,予死于道路乎?"

这一章的意思是,孔子病重,子路组织门人作为孔子治丧的家臣。孔子病势减退后,说:"仲由搞这种欺诈的行为已经很久了!不需要家臣却安排家臣。我骗谁呀?骗天吗?而且我与其死在家臣的手里,还不如死在你们几个学生的手里呢!又且,我纵使不能用卿大夫之礼厚葬,难道至于被抛尸道旁吗?"

与颜回相比,子路对孔子同样尊重,但他是以另外一种形式来表达的。不过,子路的好意经常会招来孔子的批评,这一次也不例外。子路泥古不化,太过注重"礼"的外在形式而不明"礼"的精神实质。

这里孔子还是在谈天命。《论语·阳货》载:"子曰:'予欲无言。'子贡曰:'子如不言,则小子何述焉?'子曰:'天何言哉?四时行焉,百物生焉。天何言哉?'"孔子说不想说话了,子贡就问老师,您怎么不说话?您不说话我们该如何传承您的思想呢?孔子说上天也没有说话,但是不影响寒来暑往、四季更替。《孔子家语》记载有这样一个故事,孔子晚年回到鲁国以后,鲁哀公向孔子请教君子为什么重视天道。孔子答到"贵其不已",也就是看重它的永不止息。孔子进一步解释:就和日月的东升西落一样永不停止,这是天道。它的保持永久,是天道。它的无所作为而万物皆成,是天道。它的万物皆成而又明明白白,也是天道。《中庸》说:"诚者,天之道也;诚之者,人之道也。"天道至诚,人要效法天道,所以"君子贵诚之"。仲由的做法孔子不赞成,"吾谁欺?欺天乎?"这句话是非常有力量的。

9·12 子贡曰:"有美玉于斯,韫椟而藏诸?求善贾而沽诸?"子曰:"沽之哉!沽之哉!我待贾者也。"

"韫(yùn)椟",藏在柜子里。"韫",藏。"椟",木柜子。"贾",商人。"沽",卖。

这一章的意思是,子贡说:"假若有一块美玉在这里,是将它装在柜子中藏起来好呢,还是找一个识货的买家卖了它呢?"孔子说:"卖呀!卖呀!我正在等待识货者呢。"

子贡以美玉是藏是卖为喻,试探老师对于出仕的态度。面对学生的试探,孔子旗帜鲜明地表达了自己的态度,那就是积极入世,并期待遇到明君。这说明孔子周游列国的目的就是寻找能够用他的人,能让他的道行于天下。

到这里我们可以理解,从第十章开始,"仰之弥高,钻之弥坚""虽欲从之,末由也已",是通过颜渊之眼看孔子;上章"由之行诈",实际上是通过子路之眼看孔子;而本章的"有美玉于斯",则是通过子贡之眼看孔子。当然之前还有通过太宰之眼看孔子,通过牢之眼看孔子,以及孔子对自己的评价与介绍。由此也可以看出《论语》并不是"杂乱无章"的语录体,它有内在的逻辑关联,通过前后联系展现出一个丰富的、立体的、多维的、客观与真实的"圣人"孔子形象,以此充分展示圣人的追求、事业与人生。

在孔门弟子中,颜渊是"仁"的化身,子路是"勇"的化身,而子贡则是"智"的化身。儒家讲"智、仁、勇"三达德,本章则是通过子贡的智慧向孔子提出了一个具有重大意义的问题,也就是圣人的使命问题。一个人有了德,"天生德于予",就会有一种使命感,有了使命感,对于现实社会的人生便有了一种关切。

9·13 子欲居九夷。或曰:"陋,如之何?"子曰:"君子居之,何陋之有?"

"九夷",泛指边远地区的少数民族。

这一章的意思是,孔子想迁居到九夷去。有人说:"那里太僻陋,怎么能住?"孔子说:"君子住在那里,那里还会僻陋吗?"

刘禹锡《陋室铭》有云:"斯是陋室,惟吾德馨。"君子住在哪里,哪里就会有仁德。在《孔子家语·五仪解》中,孔子把人分为五类,在谈到圣人时,说其特点是"化行若神"。一个境界高的人走到哪里,哪里就会受到好的影响。君子也是这样,走到哪里都不存在陋的问题,这实际上也意味着担当,或者说也是一种心境问题。

上章孔子说要等那识货的买家,但终归没等到,孔子遂动了"欲居九夷"的念头。前不久,我参加了一个会议,议题之一是墨家与儒家的比较。我看到一篇文章竟说孔子实在没什么了不起,他整天想着当官,有叛乱分子来找他,他也想去。大意是与墨子相比,孔子实在太糟糕。可见那个人对孔子和儒家蒙昧到什么程度。

实际上,孔子出仕的思想的确非常迫切。孔子说:"苟有用我者,期月而已可也,三年有成。"孔子做中都宰,其地相当于现在的山东汶上,仅一年时间,"四方皆则之"。现在我们要打造"优秀传统文化传承发展示范区",其实在孔子那时就已见规模。或者说,孔子所治理的中都,在当时就可以称为"文化示范区"。为什么这么说?鲁定公问孔子:"学子此法,以治鲁国,何如?"孔子回答,治理天下都可以,何况鲁国呢?这就是孔子的自信。这些政策实行一年,孔子由中都宰升为司空,后又升为大司寇。又六年,齐国就害怕了,说孔子为政必霸。因为孔子在鲁国为政,鲁国一定会强大起来,所以齐国人在这个时候采取了离间计,离间了孔子和鲁国君臣的关系,孔子才被迫离开了鲁国。

一个人有良好的仁德修养,就不怕外部环境的艰苦。古代把居住在东方边远地区的人称为夷人,那里文化相对闭塞落后。孔子强调只要有君子去这些地方居住,传播文化知识,开化民智,教授礼仪,这些地方的陋风旧俗就会发生改变。

这不禁让我想起阳明先生的《瘗旅文》。话说当年王阳明被贬到贵州龙场,某日听说北方来了一位吏目,带着他的儿子和仆人。王阳明很想向他们打听一下北方的近况,但因天气原因未能成行。第二天得知有一位老人死在蜈蚣坡下,旁边两人哭得很悲痛,他料想一定是那位吏目过世了。这天傍晚时又有传言说死了一人,他想可能是那位吏目的儿子也死了。第三天听说坡下有三具尸体,料想仆人也死了。因为担心尸体曝露荒野无人收殓,王阳明便带着两位仆人去埋葬了他们,即三人坟。在《瘗旅文》中,他写道:"吾昨望见尔容蹙然,盖不胜其忧者?夫冲冒霜露,扳援崖壁,行万峰之顶,饥渴劳顿,筋骨疲惫,而又瘴疠侵其外,忧郁攻其中,其能以无死乎?吾固知尔之必死,然不谓若是其速,又不谓尔子尔仆亦遽然奄忽也!皆尔自取,谓之何哉!"王阳明感慨道:"这都是你自己招来的祸患啊!"外在的客观环境恶劣,更且内心的环境更恶劣,饥寒交迫、忧愁苦闷,在这样的情况下怎能安然无恙呢?读到这里,我想起《论语》中的一句话——"君子坦荡荡,小人长戚戚",王阳明龙场悟道便是给我们做了一个完美的注解吧。

在今年疫情最为严重的时候,我写了一篇文章,叫作《以圣贤智慧化解疫情之忧》,文章开篇写道:"一场突如其来的疫情,使人们停下脚步,困守家中。沉静下来的人们在思考什么?王阳明当年龙场悟道,是因环境恶劣,跌落到物质与精神的双重困境,他于是追问'圣人处此会如何应对?'今天也进行这样的设问时,我们想到了孔子'灾妖不胜善政'的话。"其实孔子的心境也是这样,"君子居之,何陋之有?"尽管外部环境恶劣,作为君子也应主动去适应环境而非被环境所左右。

9·14 子曰:"吾自卫反鲁,然后乐正,《雅》《颂》各得其所。"

这一章的意思是,孔子说:"我从卫国回到鲁国,然后乐始得订正,《雅》与《颂》也各自找到了它们应有的处所。"

之前孔子提到"道不行,乘桴浮于海",他周游列国的目的就是希望自己的道能够实现,但最终未能如愿。孔子为什么最终没有"浮海居夷"?根本的原因在于时不我待。孔子"自卫反鲁"时已是年近七十高龄的老人了,而中国文化当时面临的是"文王既没,文不在兹"的局面,如果孔子不对其进行系统的整理,那这一优秀的文化遗产,真的是要万劫不复了。对于一个民族来说,文化相较于政治是更根本、更重要的基础建设!

孔子回到鲁国后,看到自己不能为政,便"删《诗》《书》,定《礼》《乐》",开始整理典籍。曾有人打了一个比方,说一座大殿失火,而孔子就是那个把设计图抢回来的人。孔子把这座中国文化大厦里的设计图抢出来后进行整理,才留下了这笔宝贵的遗产。董仲舒则根据设计图开始重新建构中国文化大厦。所以孔子面对"文王既没,文不在兹"的窘境,周游列国回来后毅然开始整理典籍,这是一种文化的传承,一种使命的担当。今天我们要传承中华优秀传统文化,就要走进孔子所整理的典籍,走进早期思想家的精神世界,只有了解中华文化在孔子以前数千年的传承,才能更好地做好今天的事情。

孔子"自卫反鲁,然后乐正,《雅》《颂》各得其所",《雅》《颂》是《诗经》里的两个部分。《诗经》中的"六义"指风、雅、颂、赋、比、兴,赋、比、兴是三种表现手法,风、雅、颂是《诗经》里的三种诗歌形式。《风》,即十五国风,指各地的民歌。其来源有多种说法,有的说是采诗,有的说是献诗。采诗是周天子派人到各个诸侯国去采风,把诗歌收集起来以观民风;献诗是地方把民间的歌谣献上去。《雅》,是宫廷雅乐,主要分为《小雅》和《大雅》。所谓宫廷雅乐,指为政者在宫廷欣赏的篇章。如果我们欣赏一些靡靡之音,那么我们的志气就可能堕落;欣赏一些雅正的东西,那么心就会清正。《颂》,包括《商颂》《周颂》《鲁颂》,指宗庙祭祀时的乐歌,通常颂先王之德。

《雅》《颂》在《诗经》中起正人心的作用,《论语·为政》:"《诗》三百,一言以蔽之,曰:'思无邪。'""无邪"就是正,是培养人的一种雅正。孔子晚年从卫国返回鲁国,结束了长期周游列国的生活,开始通过正乐复兴文化。如果说孔子的一生有三个伟大的贡献,那么第一是培养了一大批杰出的人才,第二是整理了"六经",第三是创立了儒家学说,这是孔子的文化贡献。

圣人的脚步从来没有停止过。回到鲁国以后,孔子"删《诗》《书》,定《礼》《乐》",用诗礼教化人心。到了晚年,孔子作《春秋》,"知我者其惟《春秋》乎!罪我者其惟《春秋》乎!"孔子晚年虽未为政,但在整理典籍时微言大义,春秋二百四十多年的历史,却只用了短短一万余字。大家如果读《春秋》,就会发现其遣词用句是非常讲究的,同样是杀人,可以用"杀",可以用"弑",可以用"攻",可以用"罚",不同的字表达的正义、非正义的情感色彩是不一样的,以至于春秋笔法一直影响着中国传统的史学。所以说如果没有孔子,就没有中华文化,天不生仲尼,万古如长夜。

9·15 子曰:"出则事公卿,入则事父兄,丧事不敢不勉,不为酒困,何有于我哉?"

"出",在朝廷。"不勉",不敢不尽礼。

这一章的意思是,孔子说:"出仕朝廷就侍奉王公大臣,入居私门就侍奉父母兄长,有丧事不敢不勉力操持,不为酒所困,这些事对我有什么困难的呢?"

"出则事公卿,入则事父兄",《论语·学而》讲:"弟子入则孝,出则弟,谨而信,泛爱众。""出"就是离开家,"入"就是在家里。一个人在外正确对待自己的工作,回家好好对待自己的父母兄长,这就是"出"和"入"。

"丧事不敢不勉","丧事"在这里代指礼仪,如果丧事都能处理好,那么对于礼仪的理解便没有问题了。一个人有了恭敬之心,才有可能把礼仪的事情做好。《礼记·曲礼》云:"毋不敬。"礼仪最重要的就是表达敬,如果失去了内在的敬,礼仪便失去了意义。还有一点值得注意的是,中国古代讲的各种礼,主要针对精英阶层、领导阶层。如《仪礼》共十七篇,士冠礼、士昏礼、士相见礼等都以士为名,这就强调了礼仪并不是做给别人看的,而是用来教化人心知其敬的,它培养的是一种内在的敬畏,士大夫一级的人做好示范,社会便能蔚然成风。

我曾经参加过一次婚礼,两位年轻人采用的是传统的中式婚礼。新人对婚礼的理解非常到位,一举一动严肃认真,表达出了未来家庭生活在男女双方心目中的神圣感与崇高感,让人赏心悦目。参加婚礼的人就是这种神圣结合的见证者,这就是礼仪。反观有些新人举办婚礼时的不雅举动,反映出的则是对礼仪缺乏认知。

"不为酒困",不因为喝酒耽误应该做的事。我曾在《孔子的叮咛》一书中探讨过这个小问题。《论语·乡党》："惟酒无量，不及乱。"凡事都有标准、尺度，不规定酒量大小，只要不达到"乱"（醉酒）的程度就可以了。《小雅》中的《宾之初筵》谈的就是喝酒的状态，通过描写宴饮的场面，讽刺了酒后失仪、失言、失德的种种醉态，提出反对滥饮的主张。"惟酒无量，不及乱"描述了合乎"礼"的饮酒场面，提倡和主张的是"饮酒孔嘉，维其令仪"，认为饮酒是很美好的事，因为有好的礼节与之相合。

本章"出则事公卿，入则事父兄，丧事不敢不勉，不为酒困"，表达的正是我们在生活中该如何对待一些交往和交流的问题，如果把这些都处理好了，那么"何有于我哉？"我还有什么好担心的呢？上一章孔子以诗礼教化人心，本章强调在现实生活中该如何去做，前后联系寓意深刻。

9·16 子在川上，曰："逝者如斯夫！不舍昼夜。"

这一章的意思是，孔子在川水之上，说："逝去的就像这川水呀！就这样不舍昼夜向东流。"

面对奔涌不息的河水，孔子感慨时光易逝，感叹生命短暂，不知不觉"老之将至"；叹息所有的经历过往都如流水一去不复返，昼夜不停。既如此，我们应珍惜当下，认真对待每一件事，善待每一个生命，自强不息，止于至善。如此，生命将不虚此行。

如果我们走进早期思想家的世界，就会发现他们常常思考水的问题,老子谈"上善若水""水善利万物而不争",孔子观水悟道,感叹"逝者如斯夫!不舍昼夜"。世间的一切问题都可以借水来比拟,所谓"君子见大水必观",孔子正是在东流的水中悟出时光易逝的道理,告诫我们要珍惜时光,珍惜当下,做好每一件事情。

9·17 子曰:"吾未见好德如好色者也。"

这一章的意思是,孔子说:"我还没见过好德像好色一样的人呢。"

孔子思考问题的出发点在于研究人性和仁的价值。之前我曾在越南参加过一次会议,到湄公河附近去考察时和一位德国学者坐在一起,他的汉语说得不好却一直滔滔不绝。就在我昏昏入睡之时,他的一句话让我振奋精神,他说:"未来世界的精神一定在中国。"我请他解释。他继续说道:"现在科技进步了,社会发展了,谁还相信那种超自然的东西?可是中国文化不是这样,中国文化是在研究人本身,研究人性和仁的价值,讲究修己的工夫。"实际上,儒学就是仁学,主要在探讨人性。孟子常常谈到人性的话题,每个人都有双重属性,一种是自然性,一种是社会性。作为一个自然人,我有七情六欲、喜怒哀乐。与此同时,我属于一个家庭,该不该讲家庭美德?我身处一个工作岗位,该不该讲职业道德?我处于一个社会,该不该讲社会公德?儒家讲天下为公,韩非云"背私谓之公",不自私就是公,公代表公共意识、公德意识,这就是人的社会性。

当人的自然性和社会性发生冲突的时候怎么办？孔子便从人性的角度展开论述，"好德"是社会性，"好色"是自然性，"吾未见好德如好色者也"，将自然性与社会性换位思考。在孔府二堂曾题有明代学者姜克礼的一副对联："以利己之心交朋必善，以好色之念求学必真。"孔子说，君子的道有四个方面："所求乎子以事父""所求乎臣以事君""所求乎弟以事兄""所求乎朋友先施之"。二者有异曲同工之妙，旨在强调换位思考的重要性。所以，当我们希望别人如何对待我们时，我们也要想一想是否也这样对待别人，这是修身的一种方法。

"好色"是本能，"好德"是自觉，孔子讲"好德"如"好色"，实是因为"好色"的本能超过了"好德"的自觉。因是之故，挽救社会风气当从君子提高自身道德自觉上着力。下一章便是孔子为弟子开示"好德"如"好色"的方法。

9·18 子曰："譬如为山，未成一篑，止，吾止也。譬如平地，虽覆一篑，进，吾往也。"

这一章的意思是，孔子说："譬如说堆一座山，只差一筐土没堆成，如果停下来了，我也就到头了。譬如说平一方土地，虽然只是倒了一筐土，但我决定继续前进，我也就过去了重要一关。"

正如老子所言，越是快要成功的时候越容易失败。比如说我们拉了一辆很重的车爬坡，快到坡顶的时候，如果继续努力就上去了，如果放弃就滑下来了，这就叫功亏一篑。

《中庸》有云:"人一能之,己百之;人十能之,己千之。果能此道矣,虽愚必明,虽柔必强。"别人一遍能做到的,我做一百遍;别人十遍能做到的,我做一千遍。果真能这样做,即使是愚笨的人也一定变得聪明,即使是柔弱的人也一定变得坚强。要变聪明并没有捷径,只有踏踏实实努力。其实这就是一个量变与质变的问题,更是一个重要的哲学命题。

9·19 子曰:"语之而不惰者,其回也与!"

这一章的意思是,孔子说:"我给弟子们讲话,能够细心领会实践而不懈怠的,恐怕只有一个颜回吧!"

颜回是孔子的得意门生,在他去世时孔子发出"天丧予!天丧予"的慨叹,是因为孔子看到自己文化生命的传人离开了这个世界。众所周知,颜回的优点在于"不迁怒,不贰过",这一点又有多少人能做到?明朝士人袁了凡曾作《改过之法》,认为人非圣贤,孰能无过,如果有了过失,就不要害怕改过。

我曾经和一些孩子交流,问他们犯过错误吗?当然犯过。又问谁能做到"不贰过"?结果没有人说话。我建议家长们在教育孩子的时候,如果孩子犯了错误,不如问他能不能做到不再犯错误并写下来,告诉他颜回的故事。当孩子再次犯同样的错误时,将"不贰过"改为"不三过",以此为戒。

颜回还有一个特点,即"择善而固执之",认定目标不放弃,坚持不懈。《中庸》记载:"子曰:'回之为人也,择乎中庸,得一善,则拳拳服膺而弗失之矣。'"这就是颜回的格局,所以孔子说:"细心领会实践而不懈怠的,恐怕只有一个颜回吧!"

本章孔子之所以夸颜回,恰是因为颜回的"好德"如"好色",甚至"好德"超过"好色"。

9·20 子谓颜渊,曰:"惜乎!吾见其进也,未见其止也。"

这一章的意思是,孔子评价颜渊,说:"可贵呀!我只看见他不断向前,没看见过他停下脚步。"

这里看似孔子是在叹息颜回,实际上也是在叹息自己。孔子曾说颜回"非助我者也",颜回从不提出反对意见和疑问,"不违如愚"吗?当然不是。《论语·公冶长》记子贡曰:"赐也何敢望回。回也闻一以知十,赐也闻一以知二。"我们通常说举一反三,颜回能举一反十,由此可见颜回的格局和境界,这便为他人树立了一个榜样。

这一章和上一章都是孔子对学生颜回的赞叹。在所有学生当中,能够持之以恒而不倦怠,自觉坚持道德修养的,只有颜回一人。孔子在赞叹颜回的同时,也是在鼓励提醒其他弟子当以颜回为榜样,追求学问和仁德能持之以恒。

9·21 子曰:"苗而不秀者有矣夫!秀而不实者有矣夫!"

这一章的意思是,孔子说:"苗不错,但不开花、不结穗的,有啊!开了花、结了穗,而不灌浆成实的,也有啊!"

这就好比治国一样,国家培养了很多人,但是不是都能达到培养目标呢?在科举时代里取得功名的人,彼此之间都互称"大人"。什么叫"大人"?就是格局大的人。而现代社会随着高等教育的普及,如果每个人都是"大人",有各自的工作,这样国家发展就好了。

王阳明少时跟他的老师有段对话,王阳明问老师:"何为第一等事?"老师说考状元是第一等事。王阳明说:"登第恐不是第一等事,第一等事是读书学做圣贤。"所谓登第,用现在的话说就是考一个好的大学,这固然无可厚非,但并不是最终目的,我们应该找一个好的平台成就自己。所谓圣贤,就是格局大、境界高,是人生应该追求的最终目标。

《孔子家语·五仪解》中孔子将人分为五类,即"人有五仪:有庸人,有士人,有君子,有贤人,有圣人。审此五者,则治道毕矣"。分清这五类人,治理天下之道便尽在其中了。而此处的"贤人""圣人"也是指格局大的人。

1927年,梁漱溟先生曾经写过一副对联,"不为圣贤便为禽兽,莫问收获但问耕耘"。"为"字作动词,即修为。如果有提高人生格局的这种意识,就不甘于沉沦,这样便脱离了禽兽,才是一个合格的人,进而成为"大人"。孟子说:"人皆可以为尧舜。"荀子也说:"涂之人可以为禹。"尧、舜、禹都是圣人,圣人不是高不可攀的,圣人也是人,只是圣人是普通人中尤其不普通的人。

所以儒家追求的格局和境界,其实就是提高认识世界的能力,提高把握世界的能力,提高引领世界的能力。2019年3月,习近平同志在看望参加全国政协十三届二次会议的文艺界、社科界委员时,强调要坚持用明德引领风尚。由谁来引领?便是由有格局的人来引领。所谓大学就是大人之学,从这句话中我们也应该得到启示。

9·22 子曰:"后生可畏,焉知来者之不如今也?四十、五十而无闻焉,斯亦不足畏也已。"

这一章的意思是,孔子说:"年轻人是值得敬畏的,谁能断定其将来的成就赶不上现在的人呢?若是到了四十、五十岁还乏善可陈,也就不值得敬畏了。"

《论语·为政》记:"吾十有五而志于学,三十而立,四十而不惑,五十而知天命,六十而耳顺,七十而从心所欲,不逾矩。"孔子享年七十三岁,这句话显然是孔子晚年说的。这段话与本章均是孔子对什么年龄段该做什么事的解读。古代八岁入小学,十五岁入大学,孔子之教其实就是大人之教。所谓大人之教就是要培养大人、君子,培养社会的引领者和管理者,所以孔子强调"十有五而志于学"。子曰:"自行束脩以上,吾未尝无诲焉。"有人说"束脩"是指孔子收学费,我认为"束脩"应是"束修",指束发修饰,把头发盘起来。"束修"是个年龄概念,若是十五岁以下,还不会思考人生,所以十五岁是很重要的年龄。"志于学"即"志于道",确定了新的方向才能沿着正确的路踏踏实实往前走。到了三十岁以后才能立,立加上人就是"位"字,在社会上能否立足并找到最合适的位置,关键在于不能走错方向,所以立志很重要。"四十而不惑,五十而知天命",但有些人若到了四五十岁还默默无闻、一事无成,基本上也就这样了,没什么可让人敬畏的了。

本章给我们的启发是督促我们赶快努力,如果在年轻时不能及时进德修业,荒废青春,到了四五十岁时还一事无成,就会被下一代超越,所以我们要把握当下。这与前章的道理是一样的。孔子还有一句话:"年四十而见恶焉,其终也已。"人到四十岁还被人厌恶,这一辈子也就这样了。孔子反复强调年龄,其实就是让我们在起步的时候把握好方向,把握住人生的节拍,把握每一个当下,勉励人成长。

9·23 子曰:"法语之言,能无从乎?改之为贵。巽与之言,能无说乎?绎之为贵。说而不绎,从而不改,吾末如之何也已矣。"

"法语之言",正言告诫的话。"法",取法。"语",教诫。"巽与之言",恭顺赞许的话。"与",许与、赞许的意思,即开篇"与命,与仁"之"与"。"绎",演绎、分析的意思。

这一章的意思是,孔子说:"正言告诫的话,能不接受吗?接受了进而改正才是可贵的。恭顺赞许的话,听了能不高兴吗?知道分析鉴别才是可贵的。只顾高兴而不分析,接受了却不加以改正,我对这种人没有什么办法了。"

"法语之言",即奉为法度的话。谁的话能被奉为法度呢？孔孟的话哪句不能被奉为法度呢？前不久我接受了一个采访,记者问:在习近平总书记视察孔子研究院时你全程陪同,总书记的哪一句话你记得最深？我答:哪一句话都印象深刻。他又问:你最喜欢孔子哪一句话？我答:我想不起来不喜欢哪句话。几年前我们一行人到北京师范大学拜访周桂钿先生,其间一位年轻人向周先生请教孔子思想的糟粕有哪些。周先生很睿智地答道:"最近这些年我一直致力于研究孔子思想的精华,没有研究孔子思想的糟粕。""取其精华去其糟粕"这句话本身没问题,问题在于如何区分精华和糟粕。所以在儒家的思想体系中,我们一定要把握住最重要的东西。

孟子说:"先立乎其大者,则其小者弗能夺也。"《汉书·艺文志》记载:"儒家者流,盖出于司徒之官,助人君顺阴阳明教化者也。游文于六经之中,留意于仁义之际,祖述尧舜,宪章文武,宗师仲尼,以重其言,于道最为高。"所谓道,即仁、义、礼、智、信。子曰:"择其善者而从之。"我们面对那些让人困惑、存疑的问题时,不妨先放一放,"先立乎其大者","于道最为高"。汉代著名学者扬雄编纂《法言》,在他看来,书中的话都是法语之言、善言佳语。"法语之言,能无从乎？改之为贵"。接受了,进而改正自己的缺点,这才是可贵的。

"巽与之言,能无说乎？"恭顺赞许的话听了自然高兴,但是"绎之为贵"。当别人夸我的时候,是恭维还是真心的鼓励需要分析和鉴别。如果只顾着开心而不分析,接受了之后却不改正,孔子说,我对这种人就没什么办法了。

实际上,《论语》的编者是从不同的角度让我们去提升自己的,比如如何对待圣贤的教诲,在别人鼓励、赞美我们时如何从中体会出别人的用意,然后使自己变成一个优秀的人。很多人年轻时放荡不羁,"四十、五十而无闻",到头来落得个"苗而不秀""秀而不实"的结局,这也正是孔子评说的许多人的通病。

9·24 子曰:"主忠信,毋友不如己者,过则勿惮改。"

这一章的意思是,孔子说:"做人以忠信为主,不与德行不如自己的人交朋友,犯有过错就不要害怕改正。"

孔子常谈忠信,《孔子家语》中有这样一个故事:孔子师徒从卫国返回鲁国,路过大河时在桥上停车观赏风景。只见河上瀑布高达三十仞,旋转回流的水长达九十里,鱼鳖不能游动,鳄鱼不能停留,可谓凶险。这时,他们却意外看见一位壮年男子要从那里泅渡过河。孔子担心,赶忙派人去河岸边加以阻止。谁知这名男子不以为然,坚持泅渡,竟然成功地游了出来。孔子觉得奇怪,心想:他一定有什么特别的技巧,或者有什么高明的道术,不然,他怎么能在如此湍急的水流中安全出没呢?这名男子自信地说:"始吾之入也,先以忠信;及吾之出也,又从以忠信。忠信措吾躯于波流,而吾不敢以用私,所以能入而复出也。"他只是完全遵循水性,顺从水流,没有丝毫的差池,这就像用"忠信"托着身躯,在急水湍流中平稳前进。

《孔子家语》中记载的这个故事对于理解忠信是非常有意义的。古代提倡的八德分别是孝、悌、忠、信、礼、义、廉、耻，1993年在郭店楚简中发现了一篇文章叫《忠信之道》，这些都充分说明忠信的重要性。有人质疑"忠"，认为"忠"指忠君，如果要走出封建帝制，就不能再谈忠。于是到了民国时期，八德中的"忠"便被"诚"或其他德行所取代。从造字方面来讲，"忠"字上中下心，心中有中则不偏不倚。儒家讲中庸，按照郑玄的说法："名曰《中庸》者，以其记中和之为用也。庸，用也。"中庸就是用中，用中就是把握中道，把握中道就是不偏不倚。如果没有做到不偏不倚，那么就做不好事情。

在宋代，孔庙的大门被称为"大中门"，又叫"中和门"，"中"在孔子思想中的地位可见一斑。在河南的方言中，"中"也代表着不偏不倚，适度、可以的意思。所以，在上述的这个故事中，孔子最终告诉弟子：水尚且可以用忠信来亲近，更何况与人打交道呢？那人练就了一身凫水的本领，不论水流如何湍急、旋腾，他了解其中的规律，掌握顺势而为的技巧，便能在水中出入自如。为人处世也理当如此，遵从规律，顺势而为，循理而动，遵道而行，这就是忠信。

"毋友不如己者"，有人理解为不和不如自己的人交朋友，如若此还怎么交朋友？实际上，这句话指的是不和在品德上有问题（即不忠信）的人交朋友。

传统礼仪中男子的成人礼叫冠礼，女子的成人礼叫笄礼。所谓成人礼，即成年时（关键的年龄）举行的特殊的成人仪式，"弃尔幼志，顺尔成德"，丢弃孩子气，将成人的德行固定下来。这就需要思维选择,明善恶,与善交。要成为一个有德行的人,就要和有德行的人相处,真正有了问题时,又要勇于改过,"毋友不如己者,过则勿惮改",说的就是这个道理。

关于这方面孔子谈过很多,《论语·学而》记子曰:"谨而信,泛爱众,而亲仁""就有道而正焉,可谓好学也已"。"谨而信"就是忠信;"就有道而正焉"指接近有道德、有学问的人并向他学习,纠正自己的缺点,就可以称得上是好学了。曲阜师范大学图书馆正门立有一座牌坊,正面写着"就道","就有道而正焉";反面写着"弘道","人能弘道,非道弘人"。子曰:"人而无信,不知其可也。大车无輗,小车无軏,其何以行之哉?"(《论语·为政》)人要是失去了信用或不讲信用,他还能做什么?就像大车没有车辕与轭相连接的木销,小车没有车辕与横木相衔接的销钉,它靠什么行走呢?再如"子张问行。子曰:'言忠信,行笃敬,虽蛮貊之邦行矣。言不忠信,行不笃敬,虽州里行乎哉?'"(《论语·卫灵公》)"行"就是行走的小路。子张问孔子怎样才能行路通达。孔子说:"言忠信,行笃敬。"所谓忠信便是对自己的话负责,符合忠信之道;做事不仅要心存敬畏,更要行为笃定,只要这样做,走到哪里都行得通。听完这句话后,"子张书诸绅",他解开腰间的带子,连忙把这句话记在带子上。所以做人最重要的就是懂得"言忠信,行笃敬",明白择贤托身。在"主忠信"的同时要树立一个榜样,确定努力的方向,即使赶不上,也要知道谁是优秀的人,孔孟便如是。

9·25 子曰:"三军可夺帅也,匹夫不可夺志也。"

"三军",周代的军制。大的诸侯国可以拥有上、中、下三军,或称中、左、右三军,每军一万二千五百人。"匹夫",庶民,普通人。

这一章的意思是,孔子说:"一国的军队可以丧失主帅,一个人不能丧失志向。"

本章的重点在"匹夫不可夺志也",说明立志的重要性,强调志气的力量。而"三军可夺帅也",则是反衬"匹夫"立"志"后的巨大精神力量。

"孙子曰:兵者,国之大事,死生之地,存亡之道,不可不察也。"何为兵道?"兵者,诡道也。"孙子认为决定战争胜负的五个基本因素是:"一曰道,二曰天,三曰地,四曰将,五曰法。"(《孙子兵法·计篇》)第一就是"道"。什么叫"道"?"道"就是上下同一,老百姓和君王可以与之生,可以与之死。这样的军队是无往而不胜的,这样的国家是不可能灭亡的,这就是"志"的重要性。

《孔子家语》记载:"夫道者,所以明德也;德者,所以尊道也。是以非德道不尊,非道德不明。虽有国之良马,不以其道服乘之,不可以取道里。虽有博地众民,不以其道治之,不可以致霸王。"所谓"道",要求人民必须有一个正确的价值观念,如果天下无道,内部先乱了,那么这个国家又能有多大的力量?所以,没有德行,道义就得不到尊崇;没有道义,德行就得不到彰明。即使有全国最好的马匹,如果不以正确的方法驾驭,一定也是寸步难行。即使国土广阔,人口众多,如果不以正确的统治方法治理,也难以实现王霸之业。"三军可夺帅也,匹夫不可夺志也"强调的是形成共同的价值观念,拥有坚定的志向,这样的国家是不可战胜的。

"三军可夺帅也,匹夫不可夺志也"作为名言传诵千古,孔子也是因"吾十有五而志于学"才成就了他的博学,成就了"天纵之将圣"。儒家所追求的志,就是志于学、志于道。"君子无终食之间违仁,造次必于是,颠沛必于是",所以人如果立定志向,什么都不能将其改变。如果立志为道、为学,就不会"苗而不秀""秀而不实",也不会"四十、五十而无闻",更不会"说而不绎,从而不改"。

王阳明说,人最重要的就是立志,志不立则天下无可成之事。而孔子之所以成为千古圣人,大概也正是因为他"十有五而志于学",有"匹夫不可夺志也"的精神气概吧。

9·26 子曰:"衣敝缊袍,与衣狐貉者立,而不耻者,其由也与?'不忮不求,何用不臧?'"子路终身诵之。子曰:"是道也,何足以臧?"

"衣(yì)",动词,穿。"敝",破旧。"缊袍",用乱麻旧絮衬在里面的袍子,形容衣着寒酸。"狐貉",用狐和貉的皮做的裘皮衣服,泛指衣着华贵之人。"忮(zhì)",嫉妒。"臧",善,好。

这一章的意思是,孔子说:"穿一件破旧的丝绵袍,而与穿狐皮裘的人并立,能不感到内心羞惭耻辱的,恐怕只有仲由了吧!(《诗经·邶风·雄雉》说:)'不嫉妒,不贪求,如何会有不好?'"子路于是终生吟诵这两句诗。孔子说:"这是正道,但还不能算是最好吧?"

  在求道的路上,什么才是至高的人生境界呢?在子路看来,不贪慕、不嫉妒即可,虽然孔子认为这不一定是最高的境界,但已经是正道了。如果想追求更高的境界,就要按照更大的目标前行,就像王阳明所说,立志做圣贤,即使做不了圣贤,也要做一个君子。《礼记》有云:"何谓人义?父慈,子孝,兄良,弟弟,夫义,妇听,长惠,幼顺,君仁,臣忠。"曾子曰:"孝有三:大孝尊亲,其次弗辱,其下能养。"作为一个社会人,要明晰自己的社会使命才能提高自己的人生境界。所谓"大孝尊亲",即最大的孝顺就是扬名声、显父母;"其次弗辱",其次使父母不受辱没;"其下能养",最下等才是赡养他们。

  前文提到过梁漱溟所写的对联"不为圣贤便为禽兽,莫问收获但问耕耘",其实这则对联最早是曾国藩的老师赠予曾国藩的,一度受到很多人的推崇,其中的"为"指的便是修为。有句俗语叫"人不为己,天诛地灭",很多人以为是指人如果不自私一点就会天诛地灭,实际上它的本意是指人如果不修为自己就会天诛地灭,"为"作动词,也是指修为。作为一个社会人,即使要求不高,也不能以此为理由沉沦自己,甘愿流俗。人不一定要追求多高的境界,但一定要选择正道。

  本章记述了孔子对子路既表扬又提醒的教诲,与上一章相联系,子路便是"匹夫不可夺志"的代表。在孔门弟子中,很多人认为子路的境界不是很高,当弟子们和孔子在一起谈话时,只要孔子一提问,第一个回答的永远是子路,纯净而透明。但是子路有自己的志向,有自己做人的原则,即使在死亡面前依然坚定,这需要多么强大的心理与精神的力量啊!

9·27 子曰:"岁寒,然后知松柏之后凋也。"

这一章的意思是,孔子说:"要到天气寒冷之时,才知松柏最后凋零的品格呢!"

"松柏之后凋",颂扬的是遗世而独立的精神品格,就像志士之于危难,良臣之于乱世。钱穆先生曾经说过一段话:"然松柏亦非不凋,但其凋在后,旧叶未谢,新叶已萌,虽凋若不凋。道之将废,虽圣贤不能回天而易命,然能守道,不与时俗同流,则其绪有传,其风有继。"松柏有生生不息的品质,我们也应培养松柏之性,越是在危难之时越见品性。

这句话是孔子的自况,也是孔子对弟子门人的期许。《庄子》里有这样一个故事,庄子对鲁国的国君说"鲁少儒",国君说很多人都穿着儒生的衣服,怎么会少呢?庄子便让国君下命令,没有儒学真本事的人不准穿儒服,否则便杀了他。结果五天以后大家都不敢穿了,只剩下一个人还穿着儒服。说到底,越是在这样的时候,越能体现出一个人的坚守、品格与格局,这样的人正是"松柏之后凋"。

其实在《论语》开篇便提到要树立坚定的志向并践行之。"学而时习之,不亦说乎?"假如我的"学"被这个社会所认可的话,那不是太令人喜悦了吗?"学"就是道,"而"是假设连词,"时"指时代。退一步讲,"有朋自远方来,不亦乐乎?"如果没有被社会普遍接受,只要有人认可,我也很开心。"有朋"就是志同道合的人,"远方"不一定是空间上的距离,也可以指心灵上的距离。再退一步讲,"人不知而不愠,不亦君子乎?"即使所有人都不理解我,我也要坚守自己。"岁寒,然后知松柏之后凋也"正是在强调坚守品格的重要性。

9·28 子曰:"知者不惑,仁者不忧,勇者不惧。"

这一章的意思是,孔子说:"智者不会迷惑,仁者不会烦忧,勇者不会畏惧。"

在《中庸》《大学》等核心典籍中均可见儒家的五达道和三达德。五达道即五种基本的社会关系,曰"君臣也,父子也,夫妇也,昆弟也,朋友之交也"。三达德即"知、仁、勇"。在做到智、仁、勇这三达德之后,就有可能做到"松柏之后凋"。一个人掌握了智慧、仁德和勇气,就能够做好自己。所以说智慧的人不疑惑,仁德的人不忧愁,勇敢的人不畏惧,这就是三达德。

9·29 子曰:"可与共学,未可与适道;可与适道,未可与立;可与立,未可与权。"

"适道",往赴。"立",立于道而不变,即坚守道。"权",

秤锤,引申为权衡轻重,因事制宜。

这一章的意思是,孔子说:"可以和他一同学习的人,未必可以和他走共同的道路;可以和他走共同的道路,未必可以和他事事依礼而行;可以和他事事依礼而行,未必可以和他一起通权达变。"

简言之,学习是为了找寻方向,真正优秀的人一定有正确的方向感;有了方向以后,坚定地沿着正确的方向前进,遵道而行,这就是礼;依礼而行时,通权达变很重要。如果你认为儒学是迂腐的、拘泥的、固守的,便是不懂"时中"。"君子而时中",就是君子所行的中庸之道,随时不离中道。

我还在曲阜师范大学工作时,曾为一群中学生小记者讲读《论语》。孔子尚且说"自行束脩以上,吾未尝无诲焉",更何况这些孩子还不到十五岁,所以课堂效果并不好。这时就需要通权达变,于是我转换角度,以问代教,让孩子们主动提出问题,转变课堂气氛,这才挽救了这堂课。

所以君子讲"时中",要学会通权达变,就是指随着时空环境等条件不同,处事的方式也要有所变化。《庄子》里有个故事,说鲁国有位年轻人叫尾生,与一女子约定在桥下相会。等了很久女子都没有来,他就一直在那里等,直到发大水也不走,最终抱着桥柱而死。这就是迂腐,不懂得通权达变。

本章谈的是格局与境界,孔子曾经再三强调"君子喻于义,小人喻于利",君子懂得道义,才能够通权达变,才能"惟义所在"。"中人以上,可以语上也;中人以下,不可以语上也",孔子将人进行分类,有的是中人以上,有的是中人以下。

这并不是说人与人之间不平等,在孔子看来,人与人当然是平等的,他指的是人格平等,但人格平等不等于责任平等。以"三纲"为例,现在提到三纲五常会比较敏感,牟钟鉴先生说:"三纲一个不能留,五常一个不能丢。"如果将"三纲"片面地理解成君权、父权和夫权的话,确实很可怕,但是在最初时,"三纲"只是指天地法则。如"君为臣纲"只是一种工作关系,"纲"就是担当、引领,强调的是为政以德;"父为子纲"指的是子不教,父之过,强调的是父亲的担当和引领;"夫为妻纲",所谓"夫者,扶也;妻者,齐也",指的是在夫妇的同心合力、提携互助之下共建美好家庭,强调的是丈夫的担当和引领。

所以,当你拘泥地看待问题时,所有的问题都是问题,如果学会了通权达变,比如将其放置在整个儒学体系中去理解,很多问题便迎刃而解了。我在珠海开会时曾被问到一个困扰众多男性的经典问题:"如果老婆和妈妈都掉水里了,你先救谁?"其实,这个问题本身便有问题,因为提问的人心中已经有了答案。换位思考一下,这个问题便很容易化解,再过二十年,你当了婆婆,儿子娶了媳妇,这时儿媳提问你儿子应该先救谁,你希望你儿子如何回答?如果你认为你儿子应该先救你,那么你也要允许自己的丈夫先去救他妈妈,这样才是合理的。

儒家讲求的是格局与担当,既为官员,就应该肩负更多的责任;既为父亲,就应该教育好子女;既为丈夫,就应该以身作则照顾家庭。本章其实是为"智""仁""勇"所做的阐释:将什么都看明白了,将什么都想明白了,这不是"智"是什么?

将什么都看明白了,将什么都想明白了,而把一切责任归于己,这不是"仁"是什么?将什么都看明白了,将什么都想明白了,而毅然将所有的责任一肩挑起,这不是"勇"又是什么?

9·30"唐棣之华,偏其反而。岂不尔思?室是远而。"子曰:"未之思也,夫何远之有?"

"唐棣",一种植物,落叶灌木。"偏其反而",形容花摇动的样子。"室是远而",就是住的地方太远了。

这一章的意思是,(《诗经》说:)"那唐棣树的花朵啊,翩啊翻啊摇动着。我的心难道不把你思念吗?只是我们相隔太遥远了。"孔子说:"只是没有真思念吧!若真的思念,有什么远的呢?"

子曰:"仁远乎哉?我欲仁,斯仁至矣。"只要自己愿意实践仁,仁就可以达到,关键在于是"欲"还是"不欲"。儒家强调修己,在已发现的战国时期的楚简中,"仁"字的构造是上面一个"身"字,下面一个"心"字。有人认为这种造字结构表明仁是心里只想着自身,实则不然,它代表吾日三省吾身,我的心管着我的身。"我欲仁,斯仁至矣",只有我自己想做才有可能做好。

许多人觉得孔子的道太过高远,不可企及。在《论语·雍也》中冉求说:"非不说子之道,力不足也。"《史记·孔子世家》记子贡说:"夫子之道至大也,故天下莫能容夫子。夫子盖少贬焉?"针对冉求,孔子批评他无心向道、画地自限,"力不足者,中道而废。今女画";针对子贡,孔子指出"今尔不修尔道而求为容",是"而志不远矣",没有远大志向。一个志士,一个君子,如果志向远大,又不画地自限,夫子之道也就存在于心中,既不高,也不远。就像窗外那朵唐棣花,在你的面前、在你的心里"偏其反而"。

  本篇哲学性很强,属于一种哲思,而下一篇《乡党》则更贴近生活。儒家讲"道不远人。人之为道而远人,不可以为道",在具体的现实生活中,我们每个人都承载着道,你的一举一动、一言一行都体现出你的格局和境界。如果你是一个有心人,你的工作岗位就是一个舞台,每个人在自己的岗位上都是一个表演者。所以到了下一篇,你就会看到现实生活中的君子形象。

乡党第十

杨朝明 解读

从逻辑联系上,《乡党》可以说紧接《子罕》篇。对此,我们首先需要试加分析。

我们从第一篇往下读,在第十篇《乡党》篇中,大家看到的是活生生的生活现实,人与人之间该如何交往,见什么人的时候用什么态度,平时吃饭的时候怎么做,这一篇的记述都显得特别朴实。曾有一位学者写了一本关于《论语》解读的著作,希望得到我的推荐。但作者认为,《论语》第十篇毫无价值,所以不给它注解、讲读。于是我否定了这本书,他这样理解,是不可能读懂《论语》的。

《论语》经过了非常用心的编排,它的篇与篇之间、章与章之间存在内在的联系,这一点非常重要。我们将第九篇《子罕》和第十篇《乡党》进行比较,会发现第九篇理论性很强,相对而言,第十篇则非常朴实。在《乡党》篇中,描写的是现实生活中的一位君子,他从责任心很强的环境中走到了现实的日常生活中。一个真正有思想的人生活在这个世界上,他会领悟到生命面对生活的意义,会品味出生活的品位。品味,指我们品尝味道;品位,指格局、格调、境界。从这样的意义上理解第九篇和第十篇的联系,也就把握住了《论语》的精髓。

《乡党》篇谈行,谈如何去做。每个人都有自己的思维方式、荣辱观和理想人格,对世界、对人生、对是非都有不同的理解。一个人的言谈举止、知行坐卧都体现着人生境界,每个人都有自己的工作岗位,如果把自己看成一个修炼者,把工作岗位看成道场,那么在这个道场中,你所展现的境界和格局既符合心中的理想,又能让别人一目了然,这就是《乡党》篇的意义。

读《乡党》篇时,在我眼前呈现出的是一位东方的君子,他在现实生活中有着动与静、张与弛相间的飘逸,看任何事情都那么自然而然,一切都刚刚好。在这里,他代表的是一种深切的对于世界的认知,对于人生、人际、社会的理解,并将这种认知融入自身。

历代的思想家都说读经典并不是目的,读经典只是手段,目的在于将经典里的价值和意义灌注自身,变成自己实实在在的一种人格。所以读经典是为了学经典里的精神,用以指导我们的人生。朱熹曾说,如果在读孔孟之后没有发生任何变化,还不如不读。不论是儒家典籍也好,其他经典也罢,都是希望我们能成为有境界、有格局的人。反之,一个人如果读了很多经典,但只是把它当作一种研究对象、一种外在知识,没有把自己融入进去,那么就很难走进圣贤的世界。

现在有很多人对圣贤评评点点,有时候还浅薄地去比较圣人之间的高低,这说明他们根本没有融入圣人的思想世界中,否则就不会去谈论这些问题。《乡党》篇集中描写了孔子的容色言动、衣食住行,展现了他言谈举止的正直与仁德,体现了他高深的素养。看起来很细碎,比如面见国君时如何表现,看到大夫时如何表现,与朋友交往时如何表现,哪些吃哪些不吃,吃饭时要注意哪些问题,等等,但这一切在孔子身上看起来都那么自然、得体。这就像我们身边有一个很有修养的人,见到自己尊重的人就变得很恭敬,见到自己的朋友就大大方方、举止有度,见到晚辈很爱惜,这一切都自然而然。把这种做法记录下来,也许有人会觉得矫揉造作,但当自己真正融入时便不会有这样的感受。

儒家文化谈的是成人的问题。2018年8月13日,第二十四届世界哲学大会首次在中国举行,大会以"学以成人"为主题。儒家思考问题的逻辑起点是人心之变,即学以成人。如果走进早期儒家的精神世界,大家会发现孔子和他的弟子常常谈到一个概念叫成人。所谓成人,就是人的内涵的饱满。《礼记·冠义》云:"人之所以为人者,礼义也。礼义之始,在于正容体、齐颜色、顺辞令。"人之所以为人,体现在礼义上。礼义的开端在"正容体",即举止得体,坐有坐的样子,走路有走路的样子。齐国有一个叫庆封的人,来到鲁国后表现得很无礼,鲁国人就在宴会的时候赋诗挖苦他,《诗经·相鼠》云:"相鼠有体,人而无礼。人而无礼,胡不遄死?"老鼠都有皮,人却连最起码的礼仪都没有,那还活着干什么?"齐颜色",

即态度端正。有一次,我爱人和同事抱着一摞书乘电梯,按楼层非常不方便,这时进来一个很有礼貌的小伙子,在他到达楼层后还帮他们按了电梯按钮,这么一个小小的动作,让人倍感欣慰。电梯是一个小社会,通过仔细观察我们是可以知道一个人的格局和境界的。"容体正,颜色齐,辞令顺,而后礼义备",这是礼义的开端,体现的是一种文化意识。作为一个社会人,该如何与别人相处?"正君臣、亲父子、和长幼",君臣各安其位,父子相亲,长幼和睦,正因为有这种礼义,社会才会特别和谐。"君臣正,父子亲,长幼和,而后礼义立",礼义确定下来社会就和谐了。《礼记》中的"齐颜色"在《乡党》篇中展现得淋漓尽致,"色勃如也""恂恂如也"都是一种状态,体现了一个人在成长的过程中礼义在身的重要性。

孔子强调一个士人的成长首先要"志于道"。子曰:"吾十有五而志于学。""学而时习之,不亦说乎?""志于学"就是有志于对道的追求,有志于对世界、对社会的理解,投入其中做一个对社会有意义的人。子曰:"士志于道,而耻恶衣恶食者,未足与议也。"如果一个人有格局,就不会"耻恶衣恶食",不会因为穿得不好、吃得不佳而耿耿于怀。反之,君子就要追求"恶衣恶食"吗?当然不是。孔子虽然提倡安贫乐道,但并不是提倡每个人都要贫,如果这样理解就误解了儒学和早期思想家的经典。孔子的论述处处体现着一种中庸的境界:用中。用中就是中之用,不偏不倚。所以在理解问题时不能拘泥,否则就违背了儒学精神。

由此我们可以想见,儒家的"志于道"是说身上承载着道。我们常评价一个人是有道之人,言下之意是他有道性,境界很高。那么什么是道?齐景公问政,孔子说"君君,臣臣,父父,子子",这八个字极其简单又内涵丰富。每个人都有自己的社会身份,君臣关系就代表上下级关系,各安其位,各尽其力,工作就做得好;在家庭里,"为人子,止于孝;为人父,止于慈",父慈子孝,父子关系就好。"君君,臣臣,父父,子子"其实就是儒家的一种正名主张。孔子曰:"君子有三畏:畏天命,畏大人,畏圣人之言。""畏天命",敬畏自己的道德使命,敬畏自己的岗位职责。"畏大人",敬畏格局比自己大的人,向他学习才能更好地成长。从这种意义上看,我们会更容易理解孔子在《乡党》篇里所呈现出来的每一个动作、每一种做法、每一种样态。把《乡党》篇放在孔子的思想体系中,我们就不会觉得琐碎,每一个小小的动作都呈现出一种精神。

子张向孔子请教:"十世可知也?"再过十世,人与人之间相处的原则可以知道吗?子曰:"殷因于夏礼,所损益可知也;周因于殷礼,所损益可知也。其或继周者,虽百世可知也。"夏、商、周三代都是损益的关系,礼的形式可以变,但是内涵不会变,就算是三百年以后也是可以知道的。那么,人与人之间相处的原则是什么?就是为人之义。子张问行。子曰:"言忠信,行笃敬。"即言即行,这是对这句话最好的注解。在《乡党》篇中,孔子的思维与追求得到了具体的落实,落脚到具体的行为中,我们从中也可以得到一些启示。

《孔子家语》记载:"孔子初仕,为中都宰。制为养生送死之节:长幼异食,强弱异任,男女别涂,路无拾遗,器不雕伪。为四寸之棺,五寸之椁,因丘陵为坟,不封不树。行之一年,而西方之诸侯则焉。定公谓孔子曰:'学子此法,以治鲁国,何如?'孔子对曰:'虽天下可乎,何但鲁国而已哉!'"孔子入仕中都宰时已五十余岁,一年时间便做到了"四方皆则之",其实就是做到了"养生送死"。一辈子最重要的事有两件:一是活得好,二是安详地离开这个世界。"老者安之,朋友信之,少者怀之",一个人到了晚年没有后顾之忧,这一辈子基本上是满足的,这就是"老者安之"。前面提到的"长幼异食",指年长的和年幼的吃的东西都不一样。在《乡党》篇里举行乡饮酒礼时,"乡人饮酒,杖者出,斯出矣"。举行完礼仪之后,等老年人都出去了自己才出去,这就是尊老。"长幼异食,强弱异任,男女别涂,路无拾遗,器不雕伪"等做法,鲁定公非常认同,甚至要推广到整个鲁国。所以,如果社会上的人都像《乡党》篇中所呈现出的孔子一样,这将会是一个多么安详的世界!作为儒学的创始人,孔子希望社会是安宁的、安详的,这基于每个人的素养。孔子在现实生活中的种种行为,在《乡党》篇中得到了集中呈现。正如朱子《论语集注》引杨氏曰:"圣人之所谓道者,不离乎日用之间也。故夫子之平日,一动一静,门人皆审视而详记之。"孔子在晚年讲学时,"每孺子之执笔记事于夫子",因为孔子的言行举止都值得效法,他的日行坐卧都体现出道,不离于日常的生活。所以《乡党》篇看起来记载的是平常的生活,所呈现的却是道。

我在前面提到有人认为《乡党》篇没有价值,实际上是他不知道儒学的价值,他以为儒学只是理论、逻辑,只讲一些空洞的东西,实则如果儒学离开了社会,离开了个人实践,儒学就不是儒学。儒学可以改变一个人,熏染一个人,它能洗净一个人的心灵,甲骨文的"儒"字看起来就像一个人在洗澡。最早的儒是一种职业,但是孔子创立儒学时并不仅仅将其视为职业,他的目的在于提升社会境界、提升人的素养。孔子告诫弟子要做君子儒,不要做小人儒。君子儒就是洗净铅华,不断提升格局和境界,使自己成为一个立于天地之间的正人君子。

《乡党》篇看起来记录的都是些很具体的事,但是它呈现了道。钱穆先生曾经说过:"本篇记孔子居乡党,日常容色言动,以见道之无不在,而圣人之盛德,亦宛然在目矣。"孔子并不是有意为他人做榜样,而是到了这种境界后行为都出自本能,自然而然,并不是别人要我做我才做。

在"与命,与仁"中,"与命"就是认识到自己的道德使命,将外在赋予的职责变成内在的自觉。"我欲仁,斯仁至矣",所以《乡党》篇里的种种做法并不是孔子刻意而为之,而是他生活中本来就是这个样子,这就是生活的真相。当生命遇见生活,我们才能品味出生命的品位,品味出生活的真谛,这一点非常关键。

《礼记》中有《儒行》篇,《孔子家语》中也有相关记述。所谓"儒行",指儒者的行为。汪士淳先生有本书叫《儒者行》,一个真正的儒者应该具备什么样的品质在书中谈得非常到位。如果说《儒行》篇是在谈应该怎么样,那么《乡党》篇就是在谈应该这样做。

2005年3月18日,《北京娱乐信报》有一篇报道称,北京门头沟区民俗协会发现了清光绪三十二年(1906)出版的小学修身教科书。该书是由学部(相当于现在的教育部)在1906年编译,由图书局印刷发行的《初等小学修身教科书》第一册,定价为银圆四分。书中有二十课,分别是学堂、敬师、容体、整洁、恪守时刻、勤学、讲堂与体操场、游戏、父母、孝顺、兄弟、家庭之乐、交友、戒争论、戒讳过、戒恶言、礼仪、戒搅扰人、体育、儿童。这些课程其实是一个人在成长过程中必须具备的一些素养。其中前八课为儿童入塾开始了解学堂的环境,九至十二课是如何对待家庭,十三至十五课是如何对待社会,十六至十九课为行为规范,第二十课为总结,即如何做个好儿童。众所周知,1901年清政府下诏改革新政,进行教育革新。1905年科举制废除,标志着新学教育制度在中国确立。这本书是修身教科书,相当于现在的素质教育,它是中国重视品德素质教育的很好的证明。

在学习《乡党》篇之前,了解这些对于理解文本非常有意义,因为《乡党》篇实在太特殊,很多人都认为本篇太过琐碎而忽略它。当我们具备了这样一个认知前提后,就可以走进《乡党》篇。

10·1 孔子于乡党,恂恂如也,似不能言者。其在宗庙朝廷,便便言,唯谨尔。

"乡党",指家乡。"恂(xún)恂",温和恭顺之貌。"便(pián)便",辩也,善于辞令。

这一章的意思是,孔子在自己的家乡非常恭顺,好像不能说话的样子。在宗庙、朝廷上,该说的时候他便明白晓畅地表达出来,只是言语较为谨慎。

本章从日常言语的角度说明孔子的言谈举止均符合古代之"礼"。它点明了孔子在乡党、宗庙、朝廷不同的言貌,正如清代孙奇逢《四书近指》说:"乡党是做人第一步,他日立朝廷、交邻国、事上接下,俱在此植基,故记者以乡党先之。"

在孔子看来,乡党中的"恂恂如也"和宗庙、朝廷上的"便便言,唯谨尔"均符合礼仪。与《论语·先进》篇中说的"过犹不及"一样,他十分重视权量事物之轻重。

宗族乡里是放松之处,面对自己的父老乡亲、左邻右舍、兄弟姐妹,孔子谦恭有礼,轻声细语地聊天,这实在是对孔子谦和而又有涵养的表达。他并不侃侃而谈,见了谁都一副"好为人师"的样子。

在宗庙、朝堂上,"便便言,唯谨尔",讲得清楚且善于辞令。善于辞令是自信的表现,在宗庙、朝堂之上自然要有自信,有自信才可以担当,才可以让人放心。虽然自信与自负只有半步之遥,但孔子的表现恰到好处,善于言辞而又务实谨慎。

子张曾经向孔子请教如何求取禄位,子曰:"多闻阙疑,慎言其余,则寡尤;多见阙殆,慎行其余,则寡悔。言寡尤,行寡悔,禄在其中矣。"孔子教育子张应该多闻多见,谨言慎行。事实上,多闻多见的目的在于博学,阙疑阙殆就是求真切问,慎言慎行是敦厚崇礼,"言寡尤,行寡悔"就是极高明而道中庸。因为用中,自然中用,则"禄在其中矣"。孔子自身是很好的践行者,自信而又温和恭顺,有担当又不嘲笑别人,光而不耀,温润而泽。

10·2 朝,与下大夫言,侃侃如也;与上大夫言,訚訚如也。君在,踧踖如也,与与如也。

"侃侃如也",温和而快乐的样子。"訚(yín)訚如也",正直而恭敬的样子。"踧(cù)踖(jí)如也",恭敬而不安的样子。"与与如也",行步安详的样子。

这一章的意思是,在朝堂上,(君主不在时,)同下大夫说话,温和而快乐;同上大夫说话,正直而恭敬。君主在时,则恭敬而不安,行步安详。

上章言孔子在"公"与"私"之场合的不同表达,本章说明孔子在朝堂事上接下时的言行举止。这正体现了孔子在待人接物时尽力符合礼的要求。在朝堂上,同下大夫说话,温和而快乐,没有居高临下之感;同上大夫交谈,正直而恭敬,没有谄媚之色。君主临朝,心中恭敬而不安,同时行步安详,威仪中适,中正平和。

10·3 君召使摈,色勃如也,足躩如也。揖所与立,左右

手,衣前后,襜如也。趋进,翼如也。宾退,必复命曰:"宾不顾矣。"

"摈",同"傧",接待客人。"勃",变色貌。"躩(jué)",动作变快,这里指脚步加快。"揖",拱手行礼,是一种礼节。揖礼,行礼人是站立的,双手合握,从上而下拱手。古人礼仪繁多,即使是行揖礼,行礼人也会根据不同的对象,采用不同的拱手方式。"襜(chān)如",衣服整齐的样子。

这一章的意思是,国君召孔子去接待宾客,孔子脸色立即庄重起来,脚步也加快。他向与他站在一起的宾客作揖,左手、右手都得体自然,衣服随之前后摆动,却整齐不乱。快步向前走时,像鸟儿展开双翅一般。宾客走后,必定向君主回复:"客人已经送走了。"

本章记孔子为君傧相之时的容态。代表君主接待客人,展示的是一国之威仪,彰显的是邦国之形象。我们看到的孔子形象是:他表情庄重,脚步加快,神采奕奕(色勃如也,足躩如也);他迎宾并伴宾行走,左右兼顾,彬彬有礼(揖所与立,左右手);他的衣服随之前后摆动,却整齐不乱(衣前后,襜如也);他快步向前走时,像鸟儿展翅一般,风度翩翩(趋进,翼如也);他有迎有送,当客人已经走远,不再回头时,向君主回复,有始有终,慎终如始(宾退,必复命)。

在这一组镜头中,孔子在不同的角色、不同的场合保持着平衡,他给人以充分的信任与尊重。这些特质,使得他不仅风度翩翩,让人感到安定、踏实,更使其在宗庙朝堂与宗族乡里之间完美驾驭。于公于私,事上待下,行处住卧,于一切时中都是刚刚好。

10·4 入公门,鞠躬如也,如不容。立不中门,行不履阈。过位,色勃如也,足躩如也,其言似不足者。摄齐升堂,鞠躬如也,屏气似不息者。出,降一等,逞颜色,怡怡如也。没阶,趋进,翼如也。复其位,踧踖如也。

"公门",古者天子五门,诸侯三门。"鞠躬",有两种解释:一是屈身,二是恭敬谨慎的样子,此处取后者。"阈(yù)",门槛。"过位",指经过鲁公的座位。"摄",提起。"齐(zī)",衣服的下摆。"出",出堂,与前面的"升堂"相照应。"等",台阶,与后面的"没阶,趋进"相照应。

这一章的意思是,孔子进公门时,像鞠躬般小心谨慎,好像没有容身之地。站立时,不站在门之中间;过门时,不踩门槛。走过鲁公的位子时,脸色一下子变得庄重起来,脚步加快,说话也好像底气不足。登堂时提起衣服的下摆,像鞠躬般小心谨慎,屏住气好像不能呼吸的样子。从里面出来,走下了一个台阶,神情放松,怡然舒畅。下完台阶,快步向前,神态端正的样子。回到自己原来的位置,一副恭敬不安的样子。

本章讲述的是孔子在朝堂上的容貌。读完此章,如亲临一场完整的情景剧。时过千载,却似就在眼前,萦绕于心间者,是满满的敬意。

程树德《论语集释》曰:"此节朱子以为记孔子在朝之容,由外朝而治朝而燕朝,通记之也。外朝在库门内,由是入雉门而治朝,入路门而燕朝。故先记入公门之容,入治朝则雉门外有君位,入燕朝则路门外有君位,故次记过位之容。外朝以询万民,惟治朝、燕朝君与大夫发令谋政,故次记言容。燕朝在路寝,有阶有堂……君听政于此,则臣有告君之政可知,故次记升堂之容。告毕还位治事,故次记复位之容。"

孔子非常注重礼,他曾在鲁国做过几年的大司寇。颜渊死后,他的父亲颜路请求孔子把车卖了给颜渊做一副棺椁。子曰:"以吾从大夫之后,不可徒行也。"孔子的身份是卿大夫,他明确地知道自己的级别,而大夫不可徒步出行,所以他拒绝了颜路的请求。

10·5 执圭,鞠躬如也,如不胜。上如揖,下如授。勃如战色,足蹜蹜如有循。享礼,有容色。私觌,愉愉如也。

"圭",瑑(zhuàn)圭,玉器名,长条形,下稍阔,上稍窄,是一种受命出使的信物。江永《群经补义》曰:"人臣所执之圭谓之瑑圭,其度用偶数,大国之臣八寸,次国六寸。若桓圭九寸,信圭、躬圭七寸,谓之命圭,臣不得而执也。""蹜(sù)蹜",形容小步快走。"享礼",使臣向邻国的君主献礼的仪式。"有容色",指举行享礼时,面部表情很得体。"私觌(dí)",以个人身份私下见面。

这一章的意思是,出使邻国时手捧着玉圭,恭敬谨慎,好像力不胜举的样子。向上举如同作揖,向下举如同授出。脸色一下子庄重起来,战战兢兢,脚步细碎,像沿着线走一样。献礼的时候,面部表情得体。私下相见,轻松愉快。

本章讲述的是孔子出使时的容貌神情,与第三章中的"使摈"相呼应。《仪礼·聘礼》中也详细记载了使者出使时的礼节。

到本章为止,本篇三次讲到"鞠躬如也":一曰"入公门,鞠躬如也,如不容";二曰"摄齐升堂,鞠躬如也,屏气似不息者";三曰"执圭,鞠躬如也,如不胜"。"鞠躬如也",好像没有容身之地,屏住气好像不能呼吸的样子,好像力不胜举的样子,均是自卑而尊人,诚敬到极致。能做到这一点,实在是深厚学养的表现,更是源于内心深处的自信与自觉,也可以称为仁者情怀。

鞠躬代表谦恭,说到谦恭,关于孔子的先祖也有类似的记载。在《孔子家语·观周》篇南宫敬叔与鲁昭公的对话中,谈及了关于孔子先祖的一些事:孔子的七世祖正考父有几分不同于常人,他辅佐了宋国的三代国君,可谓三朝元老,且一再地被加封。正考父每被加封一次,他的腰就弯得更深,还循墙而走。就是这深深地低头,深深地弯腰屈身,循墙而走,谦卑、恭敬自在其中。孔子的先祖就曾这样做,孔子的骨子里自然流淌着这样的血脉。

10·6 君子不以绀緅饰,红紫不以为亵服。当暑,袗绤绤,必表而出之。缁衣,羔裘;素衣,麑裘;黄衣,狐裘。亵裘长,

短右袂。必有寝衣,长一身有半。狐貉之厚以居。去丧,无所不佩。非帷裳,必杀之。羔裘玄冠不以吊。吉月,必朝服而朝。

"君子",此处有两种理解:一指与孔子类似的人,二指孔子本人。"绀(gàn)",《说文》曰:"帛深青扬赤色。""緅(zōu)",《说文》曰:"帛青赤色也。""绀緅",青红色。"饰",领与袖之边。"亵服",私居或闲居时的衣服。"袗(zhěn)",单衣。"绤(chī)",细葛布。"綌(xì)",粗葛布。"表",里面有衬衣,单衣穿在外面。"缁(zī)",黑色。"素",白色。"麑(ní)",小鹿。"亵裘",在家私居时所穿的皮衣。

"短右袂(mèi)",历来学者对其理解分歧较大,总体来说有三种观点:一是右袖可以略短,以便做事;二是"右"即"又",手也,应不仅指右手,否则左右长短不一;三是指卷其右袖使之短。而根据《礼记·玉藻》所记"朝玄端,夕深衣。深衣三袪,缝齐倍要,衽当旁,袂可以回肘。长、中继掩尺,袷二寸,袪尺二寸,缘广寸半。以帛里布,非礼也",可知深衣为闲居时所穿之衣,故袖短,手掌可露于外,以方便行动。长衣、中衣之制大体与深衣同,唯衣袖的长短不同。

"必有寝衣,长一身有半",历来学术界对此理解也多有分歧。方骥龄《论语新诠》总结有四说:一、"寝衣",小卧被也,以别于大被之曰衾。小卧被一身有半,物中分曰半,又分为二曰又半;长过于身,再加二分之一之二分之一,长过于身甚多,使手脚不外露也。二、谓此当在"齐,必有明衣,布"之下,为错简。盖齐主于敬,不可解衣而寝,故别有寝衣,其半所以覆足。三、寝衣殆为今之睡衣,或是孔子特制。古人衣不连裳,仅在股以上。此言长一身又半者,顶以下踵以上谓之身,颈以下股以上亦谓之身。一身又半,亦只及膝。四、"必有寝衣"当疑承上文"当暑"而言。钱穆先生认为:"此言寝衣,下言坐褥,明与上文言衣裘有别,非错简。"根据上下文义,我们赞同第一种说法。

"狐貉之厚以居"的"居",这里有两种解释:一方面,"居"是居家以待宾客,如何晏《论语集解》引郑玄曰"在家以接宾客";程树德也认为:"凡引《论语》文者,狐貉主裘,不主褥;居主燕居,不主居坐。"另一方面,"居"是坐的意思。朱熹《论语集注》曰:"狐貉,毛深温厚,私居取其适体。"而刘宝楠《论语正义》亦曰:"古人加席于地,而坐其上,大夫再重。至冬时气寒,故夫子于所居处,用狐貉之厚者为之藉也。"钱穆《论语新解》则曰:"以狐貉之皮为坐褥,取其毛之深,既温且厚,适体也。"联系《论语》上下文"居必迁坐""寝不尸,居不容"等,"居"均有坐之义。

"去",除去。"佩",佩戴,系于大带之上。"帷裳",朝祭之服,用整幅布为之。"杀",杀缝,以免脱线。"吊",吊唁。"吉月",正月初一。

这一章的意思是,孔子不用青红色的布做衣服的镶边,不用紫红色的布做便服。暑天穿葛布,尽管很热,但里面也一定要穿上衬衣才能出门。(冬天,)黑衣服配紫羊羔皮袄,白衣服配鹿皮袄,黄衣服配狐裘的皮袄。在家闲居时所穿的皮袍做得很长，而右袖较短是为了方便。睡觉时一定要有睡衣，长约上身一又二分之一。粗厚的狐皮比较暖和，用来做坐垫。去丧以后，衣服上可以佩戴各种各样的装饰品。除了祭祀时的衣服用整幅帷裳，其他的衣服必须杀缝。紫羔衣和黑色的帽子都不能在吊丧时穿戴。正月初一，必定要穿上朝时的礼服去拜见君主。

礼的内容是最关键的。比如说升国旗时要行军礼，一位战士在前线失去了双臂，没办法敬礼，难道他对国旗就没有敬畏吗？礼并不拘泥于形式，有它的时代性。在那样的时代，也许只有那样做才能表达出一种尊敬，这透露出来的是一个人的教养和修养，显示出来的是对别人的尊重，所以我们读这一章时一定要从这样的角度出发。孔子说："殷因于夏礼，所损益可知也；周殷于殷礼，所损益可知也。"时代发生了变化，礼的形式也一定有所损益，但是礼的内涵不能变。

曾有人向孔子请教："死人有知无知也？"人去世了之后有没有意识？孔子没有给出确定的答案，他说："吾欲言死者有知也，恐孝子顺孙妨生以送死也；欲言无知，恐不孝子孙弃不葬也。"所以我们在理解问题时不要拘泥。"祭如在，祭神如神在。子曰：'吾不与祭，如不祭。'"祭祀祖先，内心当如祖先就在这里一样，显现出无比的诚敬；若无敬意，还不如不祭祀。《中庸》有云："鬼神之为德，其盛矣乎！""洋洋乎！如在其上，如在其左右。"当我们在孔庙祭祀孔子时，孔子像代表的就是孔子，它营造了一个感性的空间，在这个空间里面，我们和鬼神交接,我们和孔孟等圣贤对话,进入他们的思想世界。

有人说祭祀是迷信,其实祭孔是一种人文,这个时候我们早已经走出对于天命和鬼神的盲目迷信。所以不论是礼仪还是服饰,表达的都是要与时偕行、与时俱进,在不同的时期要有不同的文明表达,素养才能随之提升。

在孔子心目中,衣食住行都是礼的载体,都是关于礼的表达。理解到这种程度,服装就不仅仅是一件衣服,更反映了一个人的生活方式及对生活真谛的一种理解。

10·7 齐,必有明衣,布。齐必变食,居必迁坐。

"齐",同"斋"。古人于祭祀之前必先斋,斋必有所戒。"明衣",沐浴后穿的浴衣。"布",祭祀时所穿的衣服是用布做成的。"变食",改变平常的饮食。这里主要指不饮酒,不吃葱、蒜等有刺激性气味的东西。"迁坐",指从内室迁到外室居住,不和妻妾同房。

这一章的意思是,斋戒前,沐浴一定要有用布做成的浴衣。斋戒时,一定要改变平常的饮食,居住也一定要搬移地方,不与妻妾同房。

本章是在说明斋戒前后的衣食与礼节。《论语·述而》有云:"子之所慎:齐,战,疾。"孔子所谨慎小心的三件事:斋戒、战争、疾病。斋与战,关乎国家大事。《左传·成公十三年》云:"国之大事,在祀与戎。"《孙子兵法》也说:"兵者,国之大事,死生之地,存亡之道,不可不察也。"在众多的礼仪中祭祀最重要,"礼有五经,莫重于祭",因为祭祀表达的是敬,敬即心之所至。斋戒乃古人举行祭祀前所行之整洁身心等活动,所以斋代表祭祀。

疾病很可怕,打仗很重要,但是为何将祭祀也放在最重要的位置?《孙子兵法》云:"经之以五事,校之以计,而索其情。"打仗想要取胜,要从五个方面来衡量,首先就是道。道就是上下同一,老百姓可以与之生、与之死,当我们上下一心、众志成城的时候是战无不胜的。所以祭祀很重要,它蕴含着民心、价值观念与道德,它不仅仅是一个礼仪形式,也是在通过这种形式表达礼义。

10·8 食不厌精,脍不厌细。食饐而餲,鱼馁而肉败,不食。色恶,不食。臭恶,不食。失饪,不食。不时,不食。割不正,不食。不得其酱,不食。肉虽多,不使胜食气。惟酒无量,不及乱。沽酒市脯不食。不撤姜食,不多食。

"饐(yì)",食物腐败变味儿。"餲(ài)",食物有了馊味儿。"馁(něi)"与"败"互文见义,指食物的腐坏。"失饪",食物煮不熟或者熟过,采用不合适的烹饪方法将食物煮坏,都是失饪。"气(xì)",通"饩",谷物,食物。"沽酒",买来的酒。"市脯",街上买来的腊肉。

这一章的意思是,吃饭不要过于追求精,食肉不要过于追求细。食物放的时间长了会有馊味儿,鱼和肉放坏了,都不吃。颜色不新鲜,不吃。气味难闻,不吃。烹饪不当的食物,不吃。不合时令的食物,不吃。刀切割得不正的肉,不吃。没有合适的调料的食物,不吃。肉食虽多,吃的量不超过主食。只有酒不限量,但不喝过量,不能失态。买来的酒和腊肉,不吃。常备姜食,但吃得不多。

本章是在说明孔子对日常饮食方面的要求。首句"食不厌精,脍不厌细",学界一般理解为粮食不嫌舂得精,鱼和肉不嫌切得细。但从文献记载看,孔子向来不重视口腹之欲,如子曰:"君子食无求饱,居无求安,敏于事而慎于言,就有道而正焉,可谓好学也已。"(《论语·学而》)子曰:"士志于道,而耻恶衣恶食者,未足与议也。"(《论语·里仁》)子曰:"饭疏食饮水,曲肱而枕之,乐亦在其中矣。"(《论语·述而》)子曰:"君子谋道不谋食。"(《论语·卫灵公》)孔子认为,人应该致力于道义的追求,而非衣食的享乐。如果按照通常的认识来理解,则势必会产生矛盾。

其实,人们的误解主要是由于对"厌"字的理解出现了偏差。"厌"字在先秦时代有两层含义,一是表示憎恶、抛弃、厌倦的意思,二是饱、满足的意思。《论语》中的这句话应该是第二层含义。这样,这句话的意思便十分明了,即吃饭不要过于追求精,食肉不要过于追求细,孔子的意思是不要仅仅着眼于生活,贪求食物的精细。

正确理解"食不厌精,脍不厌细",对于理解其他相关词句很有帮助。因为不贪求食物的精细,不意味着对于食物没有最基本的要求,所以孔子接下来讲了一系列不食。比如

"割不正,不食",古代肉的切割有一定的规定,割不正,不合割之常度,是失礼的表现。因为失礼,孔子不食。又如"不得其酱,不食",有些食物要配有一定的佐料,没有佐料,食物之味美无法彰表,所以不食。再如"惟酒无量,不及乱",酒不限量,但不喝过量,不能失态。《诗经·小雅·宾之初筵》有曰:"饮酒孔嘉,维其令仪。""令仪",正常的、好的状态。此处"乱"与"令仪"相对。

济南有一家菜馆叫"八不食",便出自此章。《乡党》篇每章都有一个主题,这一章讲的是吃东西时哪些吃哪些不吃,我们从中也应该得到些启示。

10·9 祭于公,不宿肉。祭肉不出三日。出三日,不食之矣。

这一章的意思是,士大夫助祭于鲁公,分得的祭肉不留到第二天。自己家里的祭肉存放不超过三天。超过三天,就不吃了。

本章是对祭肉用法的要求。刘宝楠《论语正义》云:"《杂记》:'大夫冕而祭于公,士弁而祭于公。'注:'助君祭也。'是大夫士有助祭之礼。《礼运》:'仲尼与于蜡(zhà)宾。'《史记·世家》:'鲁今且郊,如致膰于大夫,则吾犹可以止。'本篇云入太庙,皆夫子助祭之征。"可以参照理解。

祭肉在古代的祭祀中非常重要,祭祀完成后祭肉的分配也是一种礼仪。《史记》中记载:"孔子为政必霸",齐国人惧怕,便离间鲁国国君与孔子的关系,尽管如此,孔子还抱有一丝希望不离开鲁国。《孟子·告子下》有这么一段记载:"孔子为鲁司寇,不用,从而祭,燔肉不至,不税冕而行。不知者以为为肉也,其知者以为为无礼也。乃孔子则欲以微罪行,不欲为苟去。君子之所为,众人固不识也。"不了解孔子的人,认为他是因为没有分到祭肉才离开的,而了解孔子的人都知道他并不是为了祭肉,而是因为自己被无礼对待才离开的,所以祭肉同样能够表达礼。

10·10 食不语,寝不言。

"语",为人论说。"言",自言其事。

这一章的意思是,吃饭时不应与他人争论,睡觉时不应自言自语。

本章是在说明孔子良好的生活习惯。结合上下文,这里不仅仅是记载平常的言行,也涉及斋戒时的礼节问题。古代典籍中也有相关记载,《诗经·大雅·公刘》记:"于时言言,于时语语。"《礼记·杂记下》曰:"三年之丧,言而不语。"清代任启运《四书约旨》曰:"当食时,心在于食,自不他及,日常如此,故记之。若礼食相会,岂无应对辞让之文?祭与养老,更有合语、乞言之礼。但行礼时则语,食时亦自不语。"

10·11 虽疏食菜羹,瓜祭,必齐如也。

"疏食",粗粮,是相对于细粮而言的,古人以稗食为粗食。"菜羹",以菜和米屑为羹,即有菜有汁的食物。"瓜祭",古人食瓜,吃之前,必先祭祖,称食瓜荐新,表示不忘本。《礼记·玉藻》:"瓜祭上环。""上环",切瓜作环形,有上环、下环之分,上环为蒂部,下环为脱花处,祭祖时用上环。

这一章的意思是,即使是粗饭菜羹和瓜祭之类的薄祭,也一定要与斋戒一样严肃恭敬。

本章表明了古代对劳动成果的重视、对自然的敬畏。古代有各种崇拜,比如天地崇拜、山川崇拜、祖先崇拜等。春秋时期,臧文仲叫国人去祭祀海鸟"爰居",柳下惠批评这种"淫祀"现象,见于《展禽论祀爰居》一文。《春秋》常常记有一些祭祀,"常事不书"是其鲜明特点。"《诗》既亡,《春秋》作。寓褒贬,别善恶",在《春秋》描写的祭祀中,实际上包含着一种对人心、对社会的理解。《论语》云:"冠者五六人,童子六七人,浴乎沂,风乎舞雩,咏而归。"如今在曲阜仍有舞雩坛,古时用来祈雨,也是祭祀当中正常而普遍的一种形式。

本章记祭祀时的礼节。《礼记·杂记下》记:"孔子曰:吾食于少施氏而饱,少施氏食我以礼。吾祭,作而辞曰:'疏食不足祭也。'吾飨,作而辞曰:'疏食也,不敢以伤吾子。'"可见,这种祭祀是孔子所注重的。

10·12 席不正,不坐。

这一章的意思是,席的布置不合礼制,不坐。

本章是关于"坐"的礼仪。据《史记·孔子世家》《墨子·非儒》《韩诗外传》《新序》《说文》等记载,该句应在"割不正,不食"之前后,所以有学者推测这里应为错简。而错简之说并不一定确切,相反,这样编排更体现了编纂者本人的意旨。因为"割不正,不食"一章均是讲孔子在饮食方面的"不食",若穿插进"不坐"反而显得不伦不类。将它独立出来不但可以使行文美观,也更能体现孔子在"坐礼"上的要求。

大家都知道晏婴使楚的故事,春秋末期,齐国大夫晏子出使楚国,楚王三番两次侮辱晏子,比如让他走侧门。晏子说:"使狗国者,从狗门入。今臣使楚,不当从此门入。"同理,入席时座次的安排也是有讲究的,如果安排不当便是对客人的不尊重。《武王践阼》是西汉戴德《大戴礼记》中的一篇文章,讲的是周武王刚登基时,向姜太公询问治国之道的故事。他把听到的道理都写在席子的四周,"退而为戒书",以此告诫自己。所以"席不正,不坐"也说明了孔子在生活中的严谨。

10·13 乡人饮酒,杖者出,斯出矣。

"乡人饮酒",党正蜡(zhà)祭(年终大祭)时,在乡中饮酒。"杖者出",年龄较大者先出。

这一章的意思是,举行乡饮酒的礼仪时,等挂杖的老人走出去以后,自己才能出去。

这章是在乡饮酒之时所遵循的礼节。乡饮酒礼是一种尊老礼,到了年底的时候,把老人请到一起,以示对老人的尊重。

在古代,尊重老人被赋予了很多意义,年龄大的人身上承载着知识,承载着道德,承载着方向,所以尊老是社会本身很自然的一种需要。乡饮酒礼是礼仪中很重要的一环,有时候和射礼放在一起,称为"乡射"。

乡饮酒礼,在《礼记·礼运》和《孔子家语》中都有记载。《礼记·礼运》:"昔者仲尼与于蜡宾,事毕,出游于观之上,喟然而叹。"孔子在举行完祭祀之后和他的弟子子游有一段很长的对话,在谈礼的产生时提到礼是为了追求一种更高的境界,能够"选贤与能""不独亲其亲,不独子其子","是故谋闭而不兴,盗窃乱贼而不作,故外户而不闭,是谓大同"。"大同"就是大顺。古时谈礼就是希望社会和谐,希望社会大顺大同。孔子之所以在这样的背景下论述,正是由于这种祭祀激发了孔子深深的思考。

"杖者出,斯出矣","杖者出"就是年龄较大的人先出去,自己后出去。"斯"字可谓点睛之笔,遵循顺序,孔子自然不造作的修养跃然纸上。《礼记·杂记》记:"子贡观于蜡。孔子曰:'赐也乐乎?'对曰:'一国之人皆若狂,赐未知其乐也。'子曰:'百日之蜡,一日之泽,非尔所知也。'"当"一国之人皆若狂"时,众人不再有先后顺序,令人慨叹。

《礼记·乡饮酒义》记:"乡饮酒之礼:六十者坐,五十者立侍,以听政役,所以明尊长也。六十者三豆,七十者四豆,八十者五豆,九十者六豆,所以明养老也。民知尊长养老,而后乃能入孝弟。民入孝弟,出尊长养老,而后成教,成教而后国可安也。君子之所谓孝者,非家至而日见之也。合诸乡射,教之乡饮酒之礼,而孝弟之行立矣。"乡饮酒的礼仪,六十岁的人坐下,五十岁的人站立陪侍,听候差使,这是用以表明对年长者的尊重。给六十岁的人设菜肴三道,七十岁的四道,八十岁的五道,九十岁的六道,这是用以表明对老人的尊重。老百姓知道尊长养老,然后才能知孝悌,"孝弟也者,其为仁之本与""立爱自亲始,立敬自长始"。

我们关爱父母,这就是孝的问题;关心自己的兄弟姐妹,这就是悌的问题。基于父母兄弟之爱,把爱和敬推广开来,社会上才能有爱有敬,所以爱和敬被称为至德要道。基督教有两点非常重要,一是博爱精神,二是神圣观念。博爱精神就是爱,神圣观念就是敬。与之相对应的是,儒家也有两点很重要,一是仁爱精神,二是敬畏观念,所以不论是东方哲学还是西方哲学都离不开爱和敬。

"合诸乡射"的"射"是礼的一部分。子曰:"君子无所争,必也射乎!"君子没有什么可与别人争的事情,如果有,一定是比射箭了。把乡饮酒礼和射礼结合在一起,就是在强调社会的平顺与祥和。所以这简单的一句话背后所彰显的意义值得我们深思。

10·14 乡人傩,朝服而立于阼阶。

"傩(nuó)",旧时在腊月举行的一次驱疫逐鬼的民俗活动。"阼阶",东面的台阶。古人以东为主人的位置,西为客人的位置。

这一章的意思是,乡人过傩舞节时,穿上朝服立于庙前东边的台阶上。

本章是在说明乡人过傩舞节时的礼节。"傩",除了有驱疫逐鬼的实用功能,在当时的百姓生活中,还是可以欣赏的"文艺节目",是艺术的表达。所以傩舞节时,要盛装,站在东面的台阶上观看。

如同西方的贵族绅士换上礼服去歌剧院欣赏歌剧,或是聆听音乐会,衣服的样式不同,欢看的节目不同,但是对于美的向往与追求,对于艺术的欣赏,古今中外亦是人同此心,心同此理。当然,孔子观此,还有他对于"礼"的遵循。

10·15 问人于他邦,再拜而送之。

这一章的意思是,托人给他邦的朋友慰问送礼,要两次行礼为使者送行。

本章记述托人慰问他邦之人时对使者的礼节。孔子派使者向身在他邦的友人问候,必再拜而送别使者。这是为了表达有礼与恭敬。《礼记·曲礼上》记:"凡以弓剑、苞苴、箪笥问人者,操以受命,如使之容。"这也许是当时的礼节。

10·16 康子馈药,拜而受之。曰:"丘未达,不敢尝。"

康子,即季康子。"馈",赠送。"未达",未通达药之属性。

这一章的意思是,季康子送药给孔子治病,孔子拜谢并接受。接着说："我对这种药的药性还未了解,所以不敢吃。"

季康子送来药物,孔子拜谢后接受,这是循礼;"丘未达,不敢尝",则是循理。此处与后章"君赐食,必正席先尝之"形成了鲜明的对比:对于"赐食",可以"先尝之",但是对于"馈药",不了解药性不敢随便吃,所以告之"丘未达,不敢尝"。孔子自称"丘",是下属或晚辈对上级或长者的礼敬。接受别人赠送的食物,要亲自品尝食物味道,是人间情浓不负厚爱的一种表达;而接受别人赠送的药物,"未达,不敢尝",则体现了孔子实事求是的态度。

"情理交融"四字已经足以概括本章的关键意义了!人与人之间的真心关怀,虽久隔两千余年,仍然让人感动。这一章与其说在言"礼",不如说在言"情",字里行间透露着爱与敬。生活中的孔子知礼明理而"执事敬",这一章短短的十五个字,却把孔子刻画得传神而生动。

10·17 厩焚。子退朝,曰:"伤人乎?"不问马。

"厩",马棚。据《孔子家语》记载为公厩,而《礼记·杂记下》为私厩。结合上下文的字义,这里应该为孔子的家厩。"退朝",从朝堂退而回家。

这一章的意思是,马棚失了火。孔子从朝堂回到家里,问:"伤人了没有?"而不首先问马。

这一章体现了孔子的人文关怀。马厩失火,孔子首先关心的不是马,而是养马之人,体现了孔子的仁爱思想。

在《乡党》篇中，满目都是孔子的彬彬有礼，一个人外在的得体与有礼，源于内心的仁爱之情。仁是守礼的自觉，仁爱之心是礼的发端与源泉。此章也与"人而不仁，如礼何？人而不仁，如乐何？"遥相呼应。

10·18 君赐食，必正席先尝之。君赐腥，必熟而荐之。君赐生，必畜之。侍食于君，君祭，先饭。

"食"，熟食。"正席"，指把席摆正。"腥"，生的鱼或肉。"荐之"，祭献先人。"生"，活的动物。"侍食"，陪同君主一起吃饭。

这一章的意思是，国君赐给熟食，必定摆正席位先尝一尝。国君赐给生鱼生肉，一定要煮熟了，先祭给先人。国君赐给活物，一定先畜养起来。陪国君一起吃饭，在国君举行饭前的祭祀时，先为君主尝食。

本章记述了处理与国君有关的食物时的礼节。皇侃《论语义疏》曰："祭，谓祭食之先也。……祭者，报昔初造此食者也。君子得惠不忘报，故将食而先出报也。当君正祭食之时，而臣先取饭食之，故云'先饭'。饭，食也。所以然者，示为君先尝食，先知调和之是非者也。"朱熹《论语集注》曰："《周礼》：'王日一举，膳夫授祭，品尝食，王乃食。'故侍食者，君祭，则己不祭而先饭。若为君尝食然，不敢当客礼也。"钱穆亦说："古者临食之前必祭。君赐食则不祭。于君祭时先自食饭，若为君尝食然，亦表敬意。"可见这里"先饭"的主语是孔子,表现其对君主的敬意。

黄式三《论语后案》引孔安国曰:"正席先尝,敬君惠也。既尝之,乃以颁赐也。荐,荐其先祖也。"朱熹《论语集注》亦曰:"食恐或馂余,故不以荐。正席先尝,如对君也。言先尝,则余当以颁赐矣。腥,生肉。熟而荐之祖考,荣君赐也。畜之者,仁君之惠,无故不敢杀也。"可以看出孔子对待君主的礼节以君主所赐食物的不同而不同,其依据在于当时的礼制。

10·19 疾,君视之,东首,加朝服,拖绅。

这一章的意思是,得了疾病,国君来探望,头朝东,身体盖上朝服,并把大带放在腰间。

本章讲国君探望病情时所用的礼节。方骥龄《论语新诠》说:"朝服上拖大带,因卧病不克着衣束带,用此以示朝服,尽礼也。""尽礼"一词传神地表达了孔子于小节之处见大礼的品格。

10·20 君命召,不俟驾行矣。

这一章的意思是,国君召见,不等驾好车就急着先行。

"不俟驾行矣"是符合当时"君命召"之礼的。《礼记·玉藻》曰:"凡君召以三节,二节以走,一节以趋。在官不俟屦,在外不俟车。"明代王肯堂《论语义府》记:"《荀子》曰:'诸侯召其臣，臣不俟驾，颠倒衣裳而走，礼也。'《诗》曰：'颠之倒之，自公召之。'天子召诸侯，诸侯辇舆就焉，礼也。以此看礼最活。寻常大夫不可以徒行，及至趋召，则徒行乃更为礼，而至于颠倒衣裳不为过。仪文逐敬而移，由心而变，岂有常乎？"以此阐释孔子心目中的"礼"字更为贴切。

10·21 入太庙，每事问。

这一章的意思是，进入太庙，对有疑问的事情都应请教学习。

这一章与《八佾》篇重出，二者所强调的侧重点有所不同，并不能仅仅以朱熹所说"重出"了结。《八佾》篇体现了孔子答时人的问对，而这里则是从一般礼节的角度，表明孔子慎重、谦虚地对待礼仪。正如皇侃《论语义疏》所说："前是记孔子对或人之时，此是录平生常行之事，故两出也。"

随着时代的推移，很多相关的礼节背后所蕴含的礼义已不为人所知，祭祀也只是成为一种形式。尽管孔子本人也强调礼仪，但他最关心的还是礼的本质。正如他在《论语》中说："礼云礼云，玉帛云乎哉？乐云乐云，钟鼓云乎哉？"又说："人而不仁，如礼何？人而不仁，如乐何？"在《孔子家语·礼运》中也说："为礼而不本于义，犹耕而弗种。"因此，本章与前面《论语·八佾》所记不但在繁简上不同，并且编纂者的出发点也不同。这也体现了与当时士人只注重礼之形式不同，孔子看重的是礼的本质。

一个人的生活方式源于内心的价值认知,这种价值认知亦有源泉,生活方式是其外在表现。古时的太庙每逢祭祀开放,任人观礼。作为一种仪式,它能够追怀先德、洗涤心灵,能够正人心、施教化,达到"慎终追远,民德归厚"的目的。实际上,孔子的言行是在一种很深的礼乐文明的浸泽与润染之中形成的。也正是因为始终在"礼"的浸泽与润染之中,再看夫子之动容周旋,无不中礼。

读此章,细细品思"入太庙,每事问",越是那些懂礼的、有作为的、有学识的人说"我不知道这件事该怎么做",越是令人深受震动。

10·22 朋友死,无所归,曰:"于我殡。"

"所",处所。"归",归置。"殡",停放尸体、灵柩,这里指为其举行殡葬之礼。

这一章的意思是,客死他乡的朋友,没有地方安置。孔子说:"我来为他举行殡葬之礼。"

本章记述孔子对待死而无所归的朋友的态度。古代的典籍中也有相关的记述,如《礼记·檀弓》曰:"宾客至,无所馆。夫子曰:'生于我乎馆,死于我乎殡。'"《孔子家语·曲礼子夏问》载,子夏问于孔子曰:"客至无所舍,而夫子曰:'生于我乎馆。'客死无所殡,夫子曰:'于我乎殡。'敢问礼与?仁者之心与?"从中可以看出孔子对朋友的仁义态度。

君子之交淡如水,君子之交又情似海。客死他乡的朋友,没有地方安置,孔子说:"我来为他举行殡葬之礼。"这是怎样的深情厚谊!

10·23 朋友之馈,虽车马,非祭肉,不拜。

这一章的意思是,朋友馈赠的物品,即使是车马这样贵重的礼物,只要不是祭肉,孔子接受的时候也不拜谢。

上一章讲的是孔子如何对待朋友,本章记的是孔子对待朋友馈赠的不同礼物的态度。将这两章联系起来看,我们对朋友、对社会交往的实质就有了深层的理解。当朋友需要时给予力所能及的帮助,当朋友不在了又为其归葬,朋友之间有着深情厚谊,但又不矫情、不虚伪。同样是朋友馈赠,拜还是不拜,孔子有自己的标准。朋友送的礼物,纵然是贵重的车马,只要记在心中就可以了。也正是因为是好朋友,所以并不一定要用外在的礼仪来表达和还礼,而是在朋友需要时全力以赴,比如朋友若是客死他乡,无所归依,可以为他送殡。

《礼记·坊记》曰:"父母在,馈献不及车马。"可见赠送车马之礼的分量。但孔子不拜,是因为他有自己的标准。孔子之所以把祭肉看得比车马还重要,是因为祭肉虽小,但它关系到"孝"的问题,肉在祭祀过祖先之后,就不仅仅是可以食用的肉了,而是对祖先尽孝、对天地诚敬的表现。

此外,孔子之所以如此重视祭肉,还有更深层次的原因。分送祭肉的制度与古代的礼制有一定的关系,西周春秋时祭宗庙的肉称膰(又称胙),祭社的肉称脤,正所谓"国之大事,在祀与戎。祀有执膰,戎有受脤"。祭祀祖宗神祇与分受祭肉是一件十分重要的事情,一般只有在位的贵族才能参与祭祀,分享祭肉。当时不仅同姓贵族共祭共食,不同姓的贵族也互相馈赠祭肉,分享祭肉就成了维系贵族统治的一条纽带,也成为古代的一种礼制。

据《史记·孔子世家》记载,鲁定公十四年(前496),正值孔子由大司寇摄相事之时,齐国送美女车马给鲁国,季桓子经常去偷看,多日不理朝政。子路认为可以离开鲁国了,孔子说:"鲁今且郊,如致膰乎大夫,则吾犹可以止。"但是,季桓子接受了女乐,在祭祀后也没有按惯例送祭肉给大夫们。这一方面说明了孔子在鲁国不再受到重视,同时反映了就连礼乐制度保存最完好的鲁国也已经礼崩乐坏到一定程度了。于是,孔子不得已离开了鲁国。孟子是十分理解孔子当时的心情的,他说:"不知者以为为肉也,其知者以为为无礼也。"既然如此,孔子在这里的做法我们就不难理解了,孔子重视的是"祭肉"所蕴含的礼的内涵和孝道。

10·24 寝不尸,居不容。

"尸",扮作父祖形象并代父祖受祭之人,引申为矜庄的样子。"寝不尸",自古对该句的理解颇有争议,总结起来主要有三种说法:一、为死尸之尸,目前《论语》白话译本多从这一说法,以杨伯峻《论语译注》为代表。二、为祭祀之,以程树德《论语集释》为代表。三、为卧为伏，《说文解字》解"尸"："象卧之形。"清人段玉裁注曰："卧下曰伏。"依其注语，可以释"寝不尸"为"寝毋伏"。这里的"寝不尸"应与后面的"居不容"相对应，"尸"与"容"都应引申为一种形貌或姿态。

"居"，平时在家。"居不容"，学术界主要有两种不同的说法：一、平时闲居家中，故不必如上朝或参加祭奠时那样威仪肃穆，而应顺乎自然，"申申如也，夭夭如也"，故"不容"；二、"容"，通"客"，谓居家不必庄敬如做客一样。通过二者之间的比较，应以第一种说法更合著者原意。

这一章的意思是，睡觉的时候，没必要像祭祀时扮作受祭之人那样矜庄。平时居家时，没必要像上朝或参加祭奠时那样恭敬庄重。

这一章记述孔子闲居时生活起居之形貌。读"寝不尸，居不容"，可见一名君子当很好地把握自己的阴阳，该进则进，该息则息，动静有常，张弛有度。他在朝堂之上自信谦和，接见宾客从容有度，在家则是安然闲适，全然放松。

10·25 见齐衰者，虽狎，必变。见冕者与瞽者，虽亵，必以貌。凶服者式之。式负版者。有盛馔，必变色而作。迅雷风烈，必变。

"狎"，亲近而不庄重。"变"，变脸色，与后面的"貌"有互文之义，特指改变容貌。"亵"，轻慢、不庄重。"凶服者",穿送丧、出殡衣服之人。"式",同"轼",古代车辆上的横木,这里作动词,意思是俯身伏在轼上,是表示敬意的礼节。

"负版者",传统上对此有三种解释:一是背负国家图籍之人;二是"负版"应为"负贩",指做买卖之人;三是穿丧服之人。清代周柄中《四书典故辨正》引叶少蕴曰:"丧服有负版。瞿公異谓式负版者,非版籍之版,乃丧服之版。"黄怀信《论语新校释》也说:"孝服肩背上重出之布,方平如版,故曰版,简称负。今民间女儿为父母所服孝服多有之。"由此也印证了《仪礼·丧服》中的说法:"凡衰,外削幅;裳,内削幅,幅三袧。若齐,裳内衰外。负,广出于适寸。适,博四寸。"郑玄注曰:"广袤当心也。前有衰,后有负板,左右有辟领,孝子哀戚,无所不在。"故此处取第三种解释。

"盛馔",丰厚的祭品。"有盛馔,必变色而作",传统上有多种解释:一是主人设丰盛的肴馔,必起坐其身以敬主人;二是主人亲馈佳肴,必变色而起以示敬意;三是面对丰厚的祭品,必变色起身。传统上仍以前两种为主,比如何晏《论语集解》引孔安国曰:"作,起也。敬主人之亲馈也"。朱熹《论语集注》曰:"敬主人之礼,非以其馔也。"联系上下文,这里孔子面对的应该不是平常的食物,而是祭祀之物,故取第三种解释。

"迅雷风烈",天上打疾雷,地上刮大风。《礼记·玉藻》曰:"若有疾风、迅雷、甚雨,则必变,虽夜必兴,衣服冠而坐。"

这一章的意思是,看见穿丧服的人,即使平日来往密切,也一定要把态度变得严肃起来。看见戴礼帽和失去视力的人,即使很熟悉,也一定要表现得有礼貌。看见穿着丧葬衣服的人,乘车时要俯身伏在车前的横木上。遇见丰盛的祭品陈列,一定要改变神色站立起来。遇到迅雷、大风,也一定要改变原来的容貌,变得严肃起来。

本章集中记述变色貌的几种情况,也体现了日常生活中待人接物的礼节。《论语·子罕》记:"子见齐衰者、冕衣裳者与瞽者,见之,虽少必作,过之必趋。"虽然与此章的记述稍有不同,但都显示了孔子对人情事变寄予的同情,敬人之盛情,敬天之威仪,诚敬无处不在。

俗话说,生而在世,有三不笑:不笑天灾、不笑人祸、不笑疾病。立地为人,有三不黑:育人之师、救人之医、护国之军。多一些宽厚和敬意,生命才会更美好。

10·26 升车,必正立,执绥。车中,不内顾,不疾言,不亲指。

"升车",上车、登车。"执绥(suí)",抓住上车时的绳索。历代学者多从"安"或"敬"的角度解说,如皇侃《论语义疏》曰:"谓孔子升车礼也。绥,牵以上车之绳也。若升车时,则正立而执绥以上,所以为安也。"何晏《论语集解》引周生烈亦曰:"必正立执绥,所以为安也。"而朱熹《论语集注》曰:"绥,挽以上车之索也。范氏曰:'正立执绥,则心体无不正,而诚意肃恭矣。盖君子庄敬无所不在,升车则见于此也。'"这种上车的方式一定得符合礼的要求。"内顾",回头看。"疾言",快速说话。"亲指",用手指指点点。

这一章的意思是,上车的时候,一定先端端正正地站好,然后拉着扶手带上车。在车里面,不回头看,不快言快语地说话,不用手指指点点。

本章记述与御车有关的礼节。上车的镜头本来是动感的,但在这里仿佛被定格:一定先端端正正地站好,然后拉着扶手带上车。在车里面,不回头看,不快言快语地说话,不用手指指点点。车轮滚滚向前,车中的孔子如如不动,有一种被凝固的优雅。反之,若是一个人在车内摇头晃脑,东张西望,左顾右盼,指指点点,闲言碎语,人们所能感知到的,只能是无知与浅薄。

10·27 色斯举矣,翔而后集。曰:"山梁雌雉,时哉!时哉!"子路共之,三嗅而作。

这一章的意思是,(孔子与弟子子路一起走在山间,一群野鸡)被惊吓飞了起来,在空中盘旋了一阵又停落在树上。孔子说:"山梁上的这些雌雉,得其时呀!得其时呀!"子贡朝它们拱拱手,那群野鸡振振翅膀飞走了。

本章文字向来众说纷纭,分歧很大,正如杨伯峻《论语译注》所说:"这段文字很费解,自古以来就没有满意的解释。"朱熹《论语集注》甚至认为"必有阙文"。

争议较大的是"子路共之,三嗅而作",主要有两种观点:一种观点认为是言子路向野鸡拱拱手,野鸡张开翅膀飞去了;另一种观点认为意思是子路杀野鸡为肴以奉献孔子,孔子闻了三闻,站起来走了。如何晏《论语集解》说:"子路以其时物,故共具之。非本意,不苟食,故三嗅而作。"朱熹《论语集注》引邢昺之言:"子路不达,以为时物而共具之。孔子不食,三嗅其气而起。"在本章中,"共""嗅"二字是问题的关键。朱熹在《论语集注》中说:"晁氏曰:'《石经》"嗅"作戞,谓雉鸣也。'刘聘君曰:'嗅,当作臭,古阒反。张两翅也。见《尔雅》。'愚案:如后两说,则共字当为拱执之义。"从语法上讲,子路杀野鸡为肴以奉献孔子的说法难以讲通。前言"子路共之",主语为子路;后言"三嗅而作",此语不应及于孔子。如果"三嗅而作"说的是野鸡,那么,应依《尔雅》,"嗅"当作"臭"更为合理。《石经》"嗅"作"戞",谓雉鸣,虽然也能说通,但《石经》后出,而且野鸡三戞也不如振翅意长。如此,"共"应与"拱"相通,"嗅"当作"臭",为张两翅之貌。

本章蕴含着十分丰富的思想内涵。孔子时代,天下无道,他曾多次谈到自己所处非"时"。如《孔丛子·记问》两次说到"时",当"楚王使使奉金帛聘夫子"时,他的弟子向他表示祝贺,认为老师的主张终于有实践的机会了,但孔子感叹而歌道:"大道隐兮礼为基,贤人窜兮将待时,天下如一欲何之。"有人"樵于野而获兽",孔子看到是麒麟,又叹自己时运不济,歌曰:"唐虞世兮麟凤游,今非其时来何求?麟兮麟兮我心忧。"有人说,孔子晚年所作《易传》最能够体现孔子"时"的思想,体现孔子"时"的哲学。郭店楚墓竹简中发现的《穷达以时》篇,更是印证了这一观点。《论语》首章中"学而时习之"的"时"也是此意。很明显,在孔子那里,"时"是一个重要的概念,孔子谈到"时"的思想,并以之教导子路,非常合乎情理。

其实,本章描绘了一幅很美的画面:孔子与弟子子路走在山间,不远处有几只野鸡停留在那里。那几只野鸡看到来人,便很机警地飞起来。它们盘旋飞翔一阵,便在远处飞落到一起。孔子看到这一情景,感叹地说道,山梁上的这些雌雉,得其时啊!得其时啊!孔子认为,这些野鸡能够远害避险,能够看到自己所处的形势。这时,子路悟出孔子所要表达的意思,也非常感慨,遂不无俏皮地向它们拱拱手。这群野鸡见状,便振振翅膀飞走了。

大家可以思考这样一个问题,为什么将本章作为《乡党》篇的最后一章?回首《乡党》全篇,看到的是彬彬有礼,处处在表达"中"。由此而知,至高哲学就在生活中,生活本就是至高哲学的表达。宗庙朝堂、宗族乡里、衣食住行均不离此。在现实生活中,每个人都有不同的社会地位、不同的工作岗位、不同的社会关系,只有找准自己的定位,明白自己是谁,做到"执时""时中",才能走好健康的人生路。

《周易》有云:"富有之谓大业,日新之谓盛德。"广泛创造物质财富和精神财富叫作宏大功业,持续永久的日日更新叫作盛美德行。真正的富有体现在格局和境界上,在天道不停变化的形势下主动顺应变化、调整策略、革新自我,正所谓"圣人以能变通体化,合变其德,日日增新,是德之盛极,故谓之'盛德'也"。所以要识得变化,懂得"时中"。"山梁雌雉,时哉!时哉!""于止,知其所止,可以人而不如鸟乎?"明白自己是谁,正在做什么,将要走向哪里,才能更好地找准自己的位置。这就是《乡党》篇最后一章给我们的启示。